S. FISCHER

PHILIPPE SANDS

DIE LETZTE KOLONIE

Verbrechen gegen die Menschlichkeit
im Indischen Ozean

Aus dem Englischen von Thomas Bertram
Mit Illustrationen von Martin Rowson

S. FISCHER

2. Auflage Juli 2026

Erschienen bei S. FISCHER

Die Originalausgabe erschien 2022 unter dem Titel »The Last Colony. A Tale of Exile, Justice and Britain's Colonial Legacy« bei Weidenfeld & Nicolson, einem Imprint der Orion Publishing Group Ltd., London.

Satz: Dörlemann Satz, Lemförde
Druck und Bindung: CPI Books GmbH, Leck
ISBN 978-3-10-397146-0

Kontaktadresse nach EU-Produktsicherheitsverordnung:
produktsicherheit@fischerverlage.de

Gewidmet dem Andenken an
James Crawford (1948–2021) und
Louise Rands Silva (1964–2021

»Was ist eine Kolonie,
wenn nicht die brutale Wahrheit,
dass die Gräber sich öffnen,
sobald wir reden.
Und die Toten leben?«
Eavan Boland, »Witness«, 1998

INHALT

MITTEILUNG AN DEN LESER

Dies ist eine wahre Geschichte, erstmals erzählt in einer Reihe von Vorträgen, die ich im Sommer 2022 an der Haager Akademie für Völkerrecht hielt. Als Beteiligter an Teilen dieser Geschichte bin ich kein unabhängiger Beobachter und verstehe, dass man die Ereignisse aus unterschiedlichen Blickwinkeln betrachten und zu unterschiedlichen Deutungen gelangen kann. Ich habe versucht, eine persönliche, gleichwohl auf Fairness und Ausgewogenheit bedachte Darstellung vorzulegen.

Die Geschichte, die kaum bekannt ist und ein breiteres Publikum verdient, besteht genau genommen aus einer Reihe miteinander verwobener Geschichten. Eine handelt vom Internationalen Gerichtshof in Den Haag und von dessen Rolle beim allmählichen Niedergang des Kolonialismus, wobei das Hauptaugenmerk schlussendlich auf dem Fall Mauritius liegt. Eine andere ist persönlicher: mein eigenes, sich ständig weiterentwickelndes Verhältnis zur Welt des Völkerrechts. Und eine dritte, das Herzstück dieses Buches, ist die Geschichte von Liseby Elysé – die Geschichte des Unrechts, das ihr und anderen Chagossianern zugefügt wurde, und von ihrer Suche nach Gerechtigkeit, die bis auf den heutigen Tag andauert.

Ich habe mich bemüht einzufangen, was Madame Elysé mir während vieler gemeinsam verbrachter Stunden, in denen wir den Text und die Ereignisse durchgingen, anvertraute, und ihren Erinnerungen gerecht zu werden. Ich hoffe, dass unsere Zusammenarbeit und unsere Freundschaft ihren Erwartungen entsprechen. Wir entstammen unterschiedlichen Verhältnissen, doch unsere Wege verbanden sich, über rechtsstaatliche Verfahren und Gerichtsprozesse, die allmählich den Vorhang über der Kolonialzeit schlossen, in die Madame Elysé hineingeboren wurde und in der sie lebte und in der mein Berufsleben seine Prägung erfuhr.

Bei der Abfassung dieses Berichts über Chagos habe ich mit Martin Rowson zusammengearbeitet, der eine visuelle Interpretation der bahnbrechenden Fälle beisteuerte, die in jedem Kapitel kurz gestreift und in den historischen Kontext eingebettet werden.

London und Bonnieux
Juli 2022

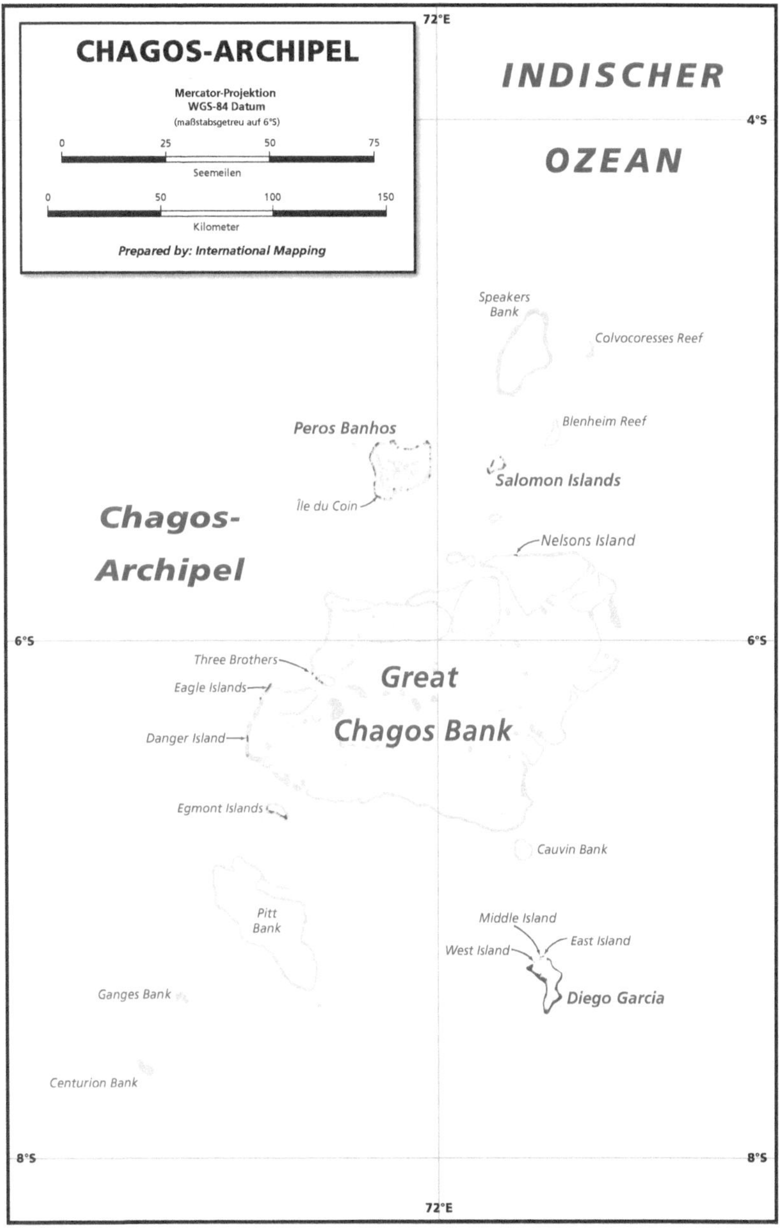
CHAGOS-ARCHIPEL
Mercator-Projektion
WGS-84 Datum
(maßstabsgetreu auf 6°S)
0 25 50 75
Seemeilen
0 50 100 150
Kilometer
Prepared by: International Mapping
72°E
INDISCHER
OZEAN
4°S
Speakers Bank
Colvocoresses Reef
Blenheim Reef
Peros Banhos
Salomon Islands
Île du Coin
Chagos-Archipel
Nelsons Island
6°S
Three Brothers
Eagle Islands
Great Chagos Bank
Danger Island
Egmont Islands
Cauvin Bank
Pitt Bank
Middle Island
East Island
West Island
Diego Garcia
Ganges Bank
Centurion Bank
8°S
72°E

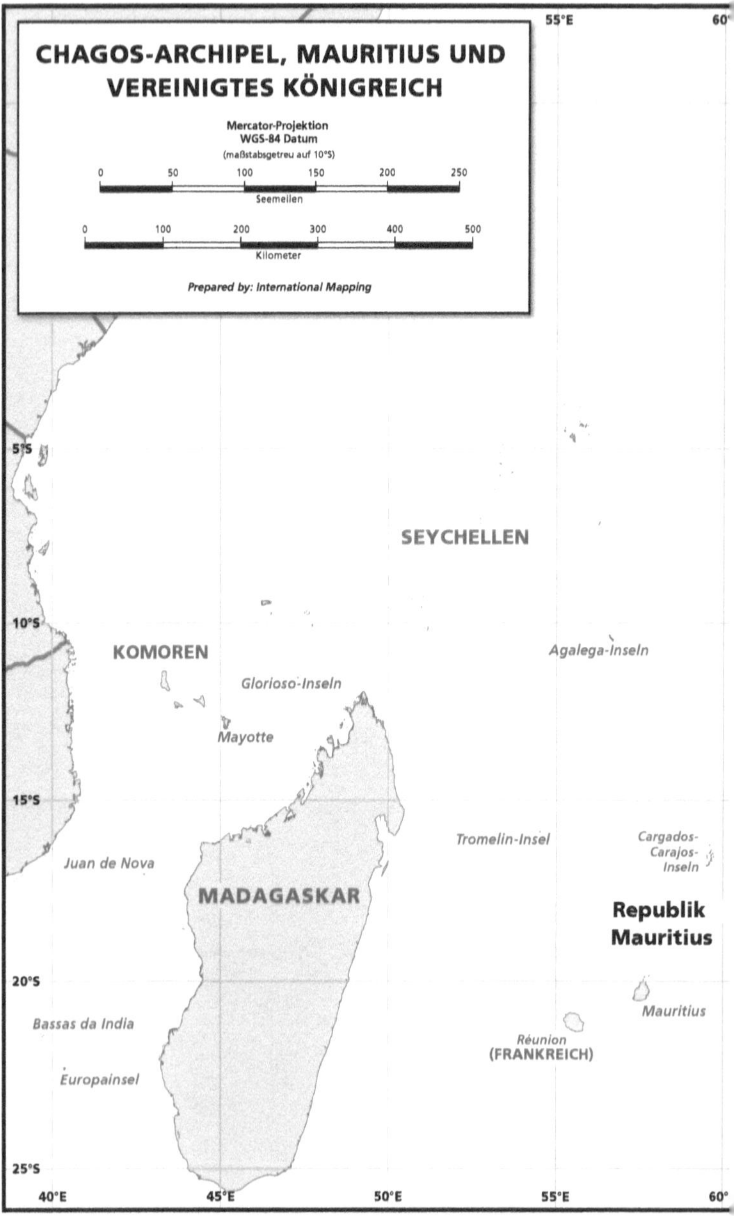

CHAGOS-ARCHIPEL, MAURITIUS UND VEREINIGTES KÖNIGREICH
Mercator-Projektion
WGS-84 Datum
(maßstabsgetreu auf 10°S)
0 50 100 150 200 250
Seemeilen
0 100 200 300 400 500
Kilometer
Prepared by: International Mapping
55°E
60°
5°S
10°S
15°S
20°S
25°S
40°E
45°E
50°E
55°E
60°
SEYCHELLEN
KOMOREN
Agalega-Inseln
Glorioso-Inseln
Mayotte
Tromelin-Insel
Cargados-
Carajos-
Inseln
Juan de Nova
MADAGASKAR
Republik
Mauritius
Mauritius
Bassas da India
Réunion
(FRANKREICH)
Europainsel

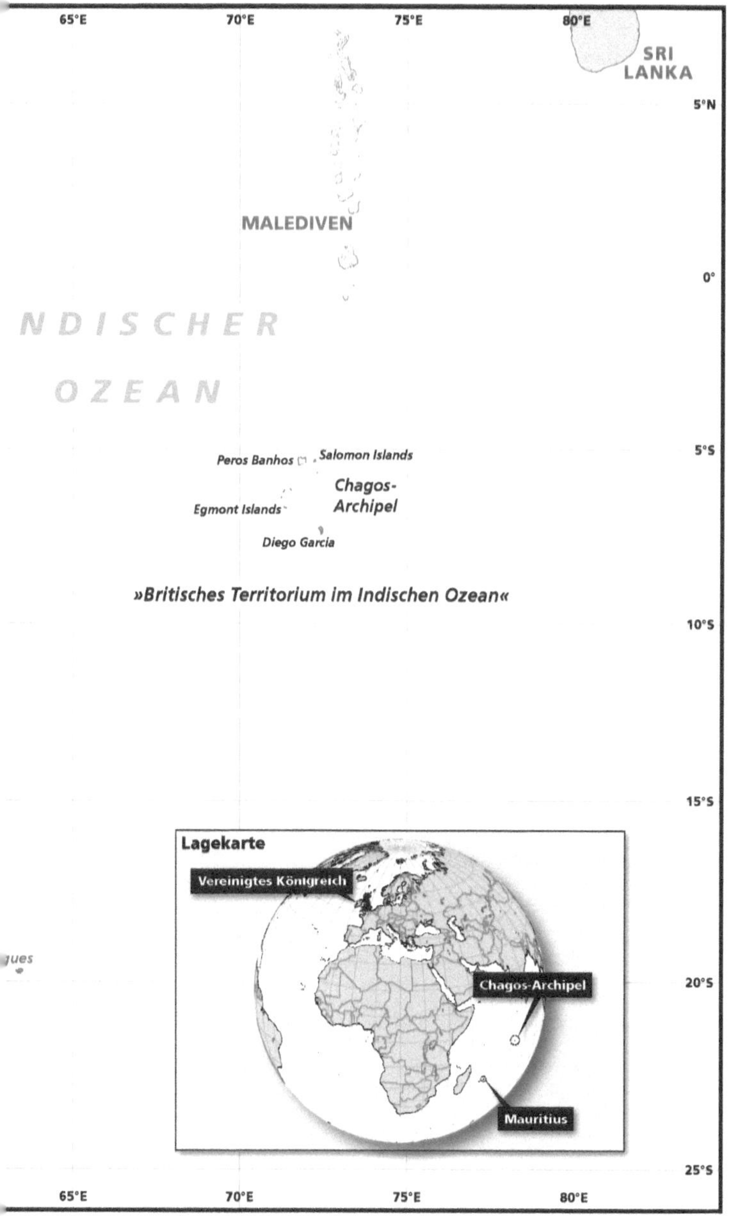
65°E
70°E
75°E
80°E
SRI LANKA
5°N
MALEDIVEN
0°
NDISCHER
OZEAN
Peros Banhos
Salomon Islands
Chagos-Archipel
Egmont Islands
Diego Garcia
5°S
»Britisches Territorium im Indischen Ozean«
10°S
15°S
Lagekarte
Vereinigtes Königreich
Chagos-Archipel
Mauritius
20°S
25°S

Kommentierter Ausschnitt aus Seekarte 3 der britischen Admiralität

INDISCHER OZEAN
CHAGOS-ARCHIPEL 1837

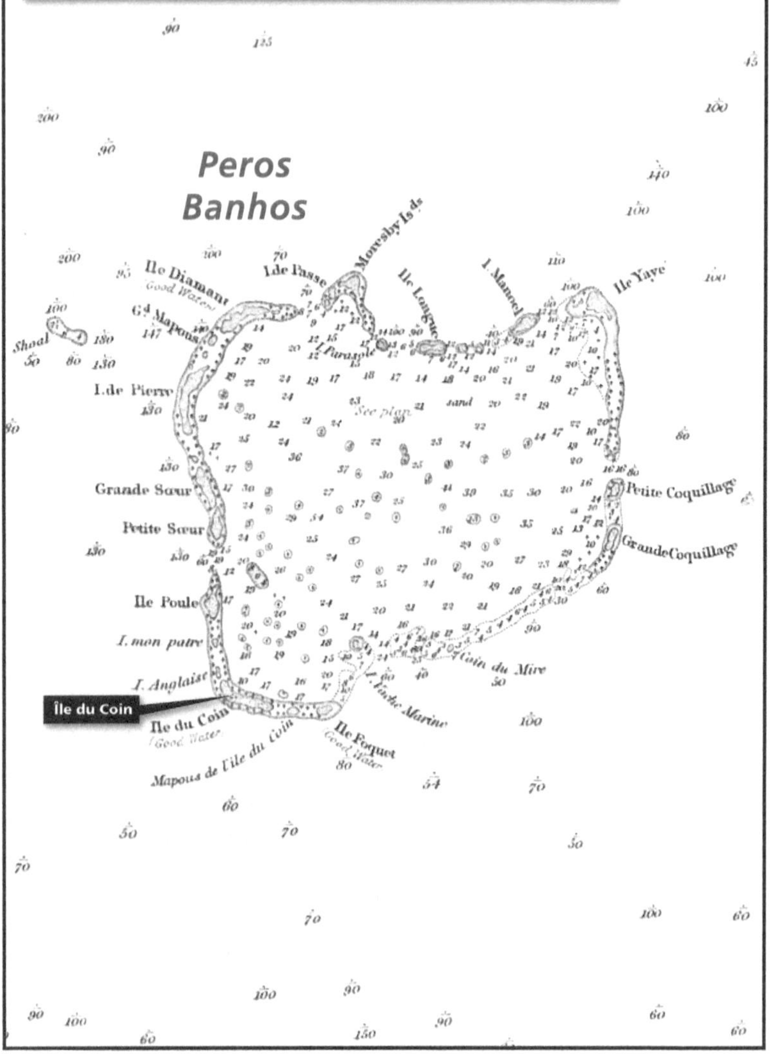

PROLOG: »LA COUR!«

»Der Chagos-Archipel. Ein Name, so seidenweich wie ein Streicheln, so brennend wie die Sehnsucht, so hart wie der Tod …«
Shenaz Patel, Die Stille von Chagos, 2017

»La Cour!« Die Worte wurden an einem Sommermorgen in Den Haag feierlich von einem Mann in Amtstracht ausgerufen, vor seiner Brust hing eine eindrucksvolle Silberkette, ein Symbol der Autorität. Wie seit vielen Jahrzehnten eingespielt, verkündete er den Einzug der Richter. In plissierten schwarzen Roben betraten sie gesetzten Schrittes den Großen Saal des Friedenspalastes, wo sie sich in Reih und Glied zu ihren Plätzen hinter einem sehr langen Tisch begaben. In ihrer Mitte der Präsident, ein ruhiger Mann aus Somalia, der aus eigener Erfahrung wusste, was es bedeutete, Empfänger britischen und italienischen kolonialen Edelmuts zu sein. Er sah sich im Gerichtssaal um, blickte auf die Reihen von Anwälten und Diplomaten, Journalisten und Übersetzern, umrahmt von riesigen Buntglasfenstern und Kristallleuchtern, dann forderte er uns auf, Platz zu nehmen.

Direkt hinter mir, in der zweiten Reihe, saß eine schwarz gekleidete zierliche Dame, und die kleine Handtasche, die sie umklammert hielt, verlieh ihr ein förmliches, würdevolles Aussehen. Sie war aus dem fernen Mauritius als Mitglied der Delegation dieses Staates angereist. Sie war hier, um eine Geschichte zu erzählen, eine kurze Geschichte über ihre Jugendjahre, in der Hoffnung, dass ihr Bericht die Entscheidung der 14 Richter vielleicht in eine Richtung lenkte, die ihr ermöglichen konnte, an den Ort zurückzukehren, an dem sie geboren wurde. Ihre Heimat, im wahren Sinne, dort, wo das Herz ist, war Peros Banhos, ein Atoll, das zu einem Archipel namens Chagos gehört, der inmitten der Weiten des Indischen Ozeans liegt. Von dort war sie vor fünf Jahrzehnten zusammen mit Hunderten anderer Chagossianer zwangsumgesiedelt worden.

Liseby Elysé lebte bis zu ihrem 20. Lebensjahr glücklich auf einer der Inseln von Peros Banhos. Dann wurde sie eines Frühlingstages ohne Vorwarnung von den britischen Behörden aus ihrem Haus geholt, sie durfte einen einzigen Koffer mitnehmen, und man befahl ihr, an Bord eines Schiffes zu gehen, das sie tausend Meilen weit weg befördern würde. »Die Insel wird Sperrgebiet«, teilte man ihr mit. Niemand erklärte ihr, warum. Niemand erwähnte eine neue Militärbasis, welche die Amerikaner auf einer anderen Insel des Archipels, Diego Garcia, mit britischer Erlaubnis errichteten. Und niemand sagte ihr, dass Chagos, das lange zu Mauritius gehört hatte, von diesem Territorium abgetrennt worden war und nun eine neue Kolonie in Afrika war, bekannt als »Britisches Territorium im Indischen Ozean«. Madame Elysé und die gesamte Gemeinschaft von etwa 1500 Menschen, fast alle Schwarz und viele von ihnen Nachfahren versklavter Plantagenarbeiter, wurden gezwungen, ihre Heimatorte zu verlassen, und deportiert.

Madame Elysé war in Den Haag, um in einem ihre Inseln betreffenden Rechtsfall auszusagen. Die 14 Richter wussten noch nicht, wer sie war oder welche Rolle sie in dem Verfahren spielte. Sie würden Argumente in Bezug auf Großbritanniens letzte Kolonie in Afrika hören, erfahren, wie sie von Mauritius abgetrennt wurde, und sie würden entscheiden, ob sie völkerrechtlich zu Mauritius oder zu Großbritannien gehörte. Die Richter würden sich mit historischen Fragen und mit Aspekten der Kolonialherrschaft befassen, dabei völkerrechtliche Probleme von »Rasse« und Recht erörtern. Sie würden sich mit dem

Prinzip der »Selbstbestimmung« beschäftigen und am Ende darüber urteilen, ob eine Gruppe von Menschen selbst über ihr Schicksal entscheiden durfte oder ob diese Menschen sich von anderen diktieren lassen mussten, wie ihr Leben zu verlaufen hatte.

Madame Elysé war eine Zeugin für Mauritius, den afrikanischen Staat, den ich in diesem Fall vertrat. Sie würde im Namen der Chagossianer sprechen, in ihrer Kreolsprache, mit Klarheit, Kraft und Leidenschaft. Weil sie weder lesen noch schreiben konnte, hatten die Richter eingewilligt, dass sie mittels einer vorher aufgezeichneten Erklärung aussagen würde. Sie würde sie währenddessen beobachten, so wie die Richter sie beobachteten, eine Frau in einem schwarzen Kostüm und einer spitzengeränderten weißen Bluse, am Revers eine kleine blau-rote Plakette, die forderte: »Let Us Return!«, »Lasst uns zurückkehren!«

Der Präsident eröffnete das Verfahren mit einer kurzen Zusammenfassung des Falles, dann bat er den ersten Sprecher, sich an das Gericht zu wenden. Langsam begab sich Sir Anerood Jugnauth – 88 Jahre alt, ehemaliger Premierminister von Mauritius, Mitglied der höheren Anwaltschaft von England und Wales, Queen's Counsel (Kronanwalt) – zum Podium. Er sprach exakt 15 Minuten, es folgten zwei weitere Anwälte, eine kurze Kaffeepause und dann ein dritter Anwalt. Er und die Rechtsanwälte lasen von vorbereiteten Skripten ab, was für die Richter wie das Publikum eine gewisse Theateratmosphäre aufkommen ließ. Die Richter unterbrachen weder, noch stellten sie Fragen.

Dann begab ich mich zum Podium. Ich hatte schon viele Male zu diesem Gericht gesprochen, war diesmal jedoch angespannter als sonst. Madame Elysé, die jetzt in der ersten Reihe saß, stand kurz auf, als ich sie vorstellte. »Das Gericht sollte die Stimme der Chagossianer direkt hören«, erklärte ich, damit es ein Gespür für die Realitäten der Kolonialherrschaft bekommen würde.

Madame Elysés Erklärung wurde auf zwei große Bildschirme projiziert, die über den Richtern hingen, Worte und Bilder wurden weltweit ausgestrahlt. Im fernen Port Louis, der Hauptstadt von Mauritius, wurde das Verfahren live im Staatsfernsehen übertragen, und die Freunde von Madame Elysé hatten sich zum Zuschauen in einem Gemeindezentrum versammelt. Sie weinten, als sie sprach.

* * *

»Mappel Liseby Elysé.«

»Mein Name ist Liseby Elysé.« Die Übersetzung erschien in Englisch und Französisch in Form gut lesbarer Untertitel unten auf dem Bildschirm.

»Ich wurde am 24. Juli 1953 auf Peros Banhos geboren. Mein Vater wurde auf Six Îles geboren. Meine Mutter wurde auf Peros Banhos geboren. Meine Großeltern wurden auch dort geboren. Ich gehöre zur Delegation von Mauritius. Ich erzähle nun, wie ich gelitten habe, seit ich von meiner paradiesischen Insel entwurzelt worden bin. Ich bin froh, dass der Internationale Gerichtshof uns heute anhört. Und ich bin zuversichtlich, dass ich auf die Insel zurückkehren werde, auf der ich geboren wurde.«

Bei diesen Worten änderte sich die Stimmung in dem Großen Saal. Plötzlich war eine lastende Stille zu spüren, eine Stille, wie sie einen bedeutungsvollen Moment in einem öffentlichen Raum begleitet, eine Stille von der Art, wie man ihr in einem Theater oder Konzertsaal begegnet, wenn ein Künstler Kontakt mit einem Publikum herstellt, dessen Aufmerksamkeit so gefesselt wie gespannt ist. Während Madame Elysé sprach, ohne Skript, blickte der Präsident, der nur gut einen Meter entfernt saß, in ihre Richtung, derweil die Erinnerungen hervorpurzelten, in harten und eindringlichen Worten, die einen Kontrapunkt zum Prunk des Großen Saals bildeten:

»Jeder hatte eine Arbeit, seine Familie und seine Kultur. Aber wir aßen ausschließlich frische Nahrungsmittel. Schiffe, die von Mauritius kamen, brachten alle unsere Waren. Wie erhielten unsere Lebensmittel. Wir bekamen alles, was wir brauchten. Es mangelte uns an nichts. Auf Chagos führte jeder ein glückliches Leben.«

Der Tonfall änderte sich, wurde weniger sanft:

»Eines Tages sagte uns der Verwalter, dass wir unsere Insel verlassen, unsere Häuser verlassen und fortgehen müssten. Alle Menschen waren unglücklich. Sie waren wütend, dass man uns sagte, wir müssten fortgehen. Aber wir hatten keine Wahl. Sie nannten uns keinen Grund. Bis heute hat man uns nicht gesagt, warum wir gehen mussten. Aber danach kamen die Schiffe, die früher immer Nahrungsmittel gebracht hatten, nicht mehr. Wir hatten nichts zu essen. Keine Medizin. Überhaupt nichts. Wir litten viel. Aber dann eines Tages kam ein Schiff namens *Nordvær.*«

Madame Elysé hielt inne:

»Der Verwalter sagte uns, wir müssten an Bord des Schiffes gehen, alles hierlassen, alle unsere persönlichen Habseligkeiten zurücklassen, außer ein paar Kleidungsstücken, und weggehen. Die Leute waren sehr wütend darüber, und all das spielte sich im Dunkeln ab.«

Sie hielt abermals inne, während sie die Stirn runzelte. Sie nannte weder den Verwalter – Monsieur Willis-Pierre Prosper – beim Namen, noch nannte sie das Datum. Es war der Abend des 27. April 1973, bei Einbruch der Dämmerung:

»Wir gingen im Dunkeln an Bord des Schiffes, so dass wir unsere Insel nicht sehen konnten. Und als wir an Bord gingen, waren die Zustände im Bauch des Schiffes schlimm. Wir waren wie Tiere und Sklaven auf diesem Schiff. Die Leute starben an Traurigkeit auf diesem Schiff.«

»Tiere«. »Sklaven«. Madame Elysé spuckte die Worte aus:

»Und was mich betraf, ich war damals im vierten Monat schwanger. Das Schiff brauchte vier Tage, um Mauritius zu erreichen. Nach unserer Ankunft wurde mein Kind geboren und starb. Warum ist mein Kind gestorben? Ich denke, es starb, weil ich traumatisiert wurde auf diesem Schiff. Ich war sehr bekümmert, ich war durcheinander. Darum starb mein Kind, als es geboren wurde.«

Sie kniff die Lippen zusammen:

»Ich bleibe dabei, wir dürfen die Hoffnung nicht verlieren. Wir müssen daran glauben, dass der Tag kommen wird, wenn wir auf das Land zurückkehren werden, auf dem wir geboren wurden. Mein Herz leidet, und mein Herz gehört nach wie vor der Insel, auf der ich geboren wurde.«

Unmerklich zoomte die Kamera heran, Madame Elysés Entschlossenheit und aufsteigende Wut unterstreichend:

»Niemandem würde es gefallen, von der Insel entwurzelt zu werden, auf der er geboren wurde, entwurzelt zu werden wie ein Tier. Es zerreißt einem das Herz. Und ich bleibe dabei, es muss Gerechtigkeit geübt werden.«

Sie schien sich zu quälen, schien ihre Emotionen, ihren tiefen Quell der Wut zu zügeln, doch sie konnte nicht an sich halten. Es war, als würden sich Jahrzehnte aufgestauter Gefühle, Wut und Hoffnung Bahn brechen:

»Ich muss auf die Insel zurückkehren, wo ich geboren wurde. Meinen Sie nicht, dass es einem das Herz zerreißt, wenn jemand von seiner Insel entwurzelt wird wie ein Tier, und er weiß nicht, wohin er gebracht wird?«

Madame Elysé versagte die Stimme, ein Tremolo jenseits der Stille:

> »Und ich bin sehr traurig. Ich weiß noch immer nicht, wie ich mein Chagos verließ. Sie haben uns gewaltsam vertrieben. Und ich bin sehr traurig.«

Sie schwieg und schloss die Augen:

> »Mir kommen ständig jeden Tag die Tränen. Ich denke ständig, ich muss auf meine Insel zurückkehren.«

Dann, endlich, ließ sie alles heraus:

> »Ich bleibe dabei, ich muss auf die Insel zurückkehren, auf der ich geboren wurde, und ich muss dort und wo meine Großeltern begraben wurden sterben. An dem Ort, an dem ich geboren wurde, und auf meiner Heimatinsel.«

Sie holte tief Luft, atmete aus, wischte sich mit einer Hand über das Gesicht, wie in einer großen reinigenden Bewegung, blickte dann in die Kamera, wandte sich ab und ließ den Kopf sinken. Sie weinte. Wie mochten die Richter auf eine so aufrichtige und ungewöhnliche Gefühlsäußerung an einem so ehrwürdigen Ort der Gerechtigkeit reagieren?

* * *

Madame Elysé hatte drei Minuten und 47 Sekunden gesprochen.

Die Stille, die folgte, schien endlos. Während ich auf dem Podium stand, erfüllte ein zartes Geräusch den Großen Saal des Friedenspalastes, das Geräusch von leisem Schluchzen und Tränen, die geweint wurden.

Ich wartete, um mich dann an das Gericht zu wenden.

Später, als ich nach dem Ende der morgendlichen Sitzung mit Madame Elysé vor dem Großen Saal stand, schaute sie mich mit einem Gefühl der Erleichterung an, während ein warmes Lächeln ihr Gesicht überzog.

»Ist es gut gelaufen?«

»Ja.«

»Darf ich eine Frage stellen?«

»Ja.«

»Warum haben wir so lange gebraucht, um nach Den Haag zu kommen?«

I

1945

»Der einzelne Mensch (…) ist die höchste Einheit allen Rechts.«
Hersch Lauterpacht, 1943

Atlantic
Charter
1941

1514
UNITED NATIONS CHARTER
1945

Um die von Madame Elysé gestellte Frage zu beantworten, ist es notwendig, zu einem Wintertag in Cleveland, Ohio, zurückzugehen. Auf einem anderen Podium stehend, hielt Ralph Bunche im Februar 1945 vor dem Cleveland Council on World Affairs, einem Netzwerk aus 93 unabhängigen und überparteilichen Organisationen aus 40 US-Bundesstaaten, einen leidenschaftlichen Vortrag über den Kolonialismus und dessen Zukunft. Bunche, ein Beamter des US State Department, des amerikanischen Außenministeriums, war ein Schwarzer Amerikaner und ein ausgezeichneter Kenner der britischen und französischen Verwaltung in Afrika. Sein Vortrag war eine kernige Reaktion auf eine Meinung, die Arthur Creech Jones, der Kolonialismusexperte der britischen Labour Party, vor kurzem ihm gegenüber geäußert hatte. Vor die Wahl gestellt zwischen langsamem Fortschritt unter britischer Vorherrschaft oder Freiheit unter neuen internationalen Regeln, hatte Creech Jones erklärt, würden die Kolonisierten sich für die erste Alternative entscheiden. Und, fügte er hinzu, Bunche solle seine gefährlichen Ideen über Dekolonisierung auf sich selbst und auf die 15 Millionen Schwarzen Einwohner der Vereinigten Staaten anwenden.

»Die moderne Welt ist zu der Erkenntnis gelangt, dass die Fortschreibung des kolonialen Systems eine bedeutende moralische Frage mit sich bringt«, erklärte Dr. Bunche in

Erwiderung auf Creech Jones. Sei ein einziges Volk berechtigt, dauerhaft über ein anderes zu herrschen? Nein. In den kommenden Wochen sollte Bunche Gelegenheit haben, diesen Gedanken in die Tat umzusetzen, und zwar bei den Verhandlungen über ein neues internationales Abkommen, die »Charta«, welche die Vereinten Nationen begründen und den formellen Prozess der Beendigung des Kolonialismus einleiten würde. Bunche sprach als Experte, als das Mitglied der die »Charta« aushandelnden US-Delegation, das den Auftrag hatte, Einigung über die Dekolonisierung zu erzielen. Ein paar Wochen später, im April 1945, als im Opernhaus von San Francisco die Arbeit an dem internationalen Abkommen richtig begann, schrieb er an seine Frau: »Ich war an diesem Nachmittag wirklich ein bisschen stolz, dass ich der einzige ›Neger‹ war, der im Parkett saß.«

Der Entwurfsprozess dauerte acht Wochen, das Ergebnis spiegelte sich in Kapitel XI der UN-Charta wider, einer »Erklärung über Hoheitsgebiete ohne Selbstregierung«. Ein Delegierter nannte den Text die möglicherweise »weitreichendste jemals verfasste Erklärung zur Kolonialgeschichte«. Bunche erkannte die Grenzen seiner Bemühungen, als er die Hoffnung ausdrückte, dass die neuen Regeln in gutem Glauben vorangebracht und umgesetzt würden. Er konnte nicht wissen, dass seine Arbeit eine Tür öffnen würde, durch die viele Jahrzehnte später Madame Elysé gehen würde, auf einer Reise von Chagos nach Den Haag.

Neufundland

Die Ursprünge von Kapitel XI der UN-Charta und der dort festgeschriebenen Verpflichtung zur Dekolonisierung lassen sich zurückverfolgen zu früheren revolutionären Momenten in Amerika, Frankreich und andernorts sowie zu philosophischen und politischen Schriften über die Beziehung zwischen einem Individuum und der größeren Gemeinschaft, von der sie oder er ein Teil ist. Solche Ideen veranlassten Wladimir Iljitsch Lenin, seinen Artikel »Über das Selbstbestimmungsrecht der Nationen« zu veröffentlichen, eine Aufforderung zur Beendigung von Fremdherrschaft. Vier Jahre später wandte sich der amerikanische Präsident Woodrow Wilson mit ähnlichen Ideen an den US-Kongress, als er die Interessen kolonisierter Bevölkerungen streifte. Einer seiner »Vierzehn Punkte« führte für verschiedene Völker der österreichisch-ungarischen Monarchie und des Osmanischen Reiches den Grundsatz der »autonome[n] Entwicklung« ins Feld, die Idee, dass jede nationale Gruppe eigene Rechte haben könnte. Solche Ideen beeinflussten andere Denker, wie etwa W.E.B. Du Bois und Eliézer Cadet, sowie die von Marcus Garvey gegründete Universal Negro Improvement Association (UNIA). Sie drangen in den Jahren nach dem Ersten Weltkrieg darauf, das »Selbstbestimmungsrecht« müsse »auf Afrikaner und auf jede europäische Kolonie angewendet werden, in welcher die afrikanische Rasse überwiegt«, und Deutschlands afrikanische Kolonien müssten »den Ureinwohnern« zurückgegeben werden.

Zwei Jahrzehnte später, als wieder Krieg wütete, stießen deutsche Truppen in die Sowjetunion und nach Nordafrika vor. Sie bedrohten die britische Kontrolle über Ägypten und den Suezkanal und damit die Route nach

Mauritius, Indien und in andere Kolonialgebiete. Im Osten stellte Japan seinerseits eine Bedrohung für britische, niederländische und französische Kolonien dar. Noch waren die USA nicht in den Krieg eingetreten, und Präsident Franklin Delano Roosevelt nutzte diesen Moment, um ein Treffen mit dem britischen Premierminister Winston Churchill vorzuschlagen. »Irgendwo im Atlantik«, raunte Churchill, an einem geheimen Ort.

Die beiden trafen sich am Samstag, dem 9. August 1941, an Bord der USS *Augusta*, die im Little Placentia Sound vor der Küste Neufundlands, einer britischen Kolonie, vor Anker lag. Am folgenden Tag besprachen sie den Entwurf einer gemeinsamen Erklärung. Beim Abendessen wurde Roosevelts Sohn Elliot, Captain der US Army Air Forces, Zeuge einer »höchst aufgeladenen« Auseinandersetzung zwischen FDR und Churchill über Kolonialismus und das britische Empire. Roosevelt provozierte Churchill, indem er ihm erzählte, er wolle den präferenziellen Handel und andere Wirtschaftsvereinbarungen für Großbritanniens Kolonien aufheben.

»England beabsichtigt nicht einen Moment lang, seine begünstigte Position unter den britischen Dominions zu verlieren«, erwiderte Churchill verärgert. Roosevelt konterte: Echter Frieden erfordere die »Entwicklung rückständiger Länder«, und die beiden Mächte müssten zusammenarbeiten, um dem Faschismus die Stirn zu bieten und um Menschen von »einer rückständigen Kolonialpolitik« zu befreien.

Churchills Versuch, das Thema zu wechseln, war erfolglos. Die Vereinigten Staaten würden nicht für den Kolonialismus bürgen, fuhr Roosevelt fort, und würden »Volksbewegungen« für Unabhängigkeit und Selbstregierung unterstützen. Im Rückblick auf die Jahre des Kalten

Krieges, die folgten, auf die Entwicklung in Chile, Nicaragua, Irak und Afghanistan und anderswo kann gegen die USA leicht der Vorwurf der Heuchelei erhoben werden. Nichtsdestotrotz hoffte Roosevelt, den britischen Kolonialismus durch ein »neues amerikanisches Jahrhundert« zu ersetzen, und eine seiner Ideen sollte als das »Prinzip der Selbstbestimmung« erfolgreich weiterentwickelt werden.

Mehrere Tage lang tauschte man robuste Ansichten aus. Die Amerikaner trafen mit einem Textentwurf ein, aber Roosevelt enthielt ihn Churchill vor, weil er fürchtete, er würde von diesem auf der Stelle abgelehnt. Sollten die Briten lieber einen eigenen Entwurf ausarbeiten, auf den die Amerikaner reagieren konnten. Der Trick funktionierte. Der erste Entwurf der Atlantik-Charta, pflegte Churchill zu sagen, war »eine britische Produktion, formuliert in meinen eigenen Worten«.

Er tappte direkt in die von Roosevelt gestellte Falle.

Der Entwurf wurde überarbeitet, Wörter wurden hinzugefügt oder geändert oder entfernt. Sätze wurden eingefügt, neue Punkte formuliert. Nach drei Tagen verständigten die beiden sich auf einen kurzen Text, der ihre Hoffnungen »auf eine bessere Zukunft der Welt« umriss. Die Ideen umfassten die Achtung von Hoheitsgebieten, mehr wirtschaftliche Zusammenarbeit, ein Ende der Handelspräferenzen für die Kolonien, individuelle Freiheiten, und Grenzen für den Einsatz militärischer Gewalt.

Die Atlantik-Charta bestand aus einer einzigen, maschinengeschriebenen Seite mit acht kurzen Punkten. Punkt 3 sollte zu gegebener Zeit äußerst wichtig für Mauritius und Madame Elysé werden, die Worte, die Großbritannien und Amerika auf den folgenden Grundsatz verpflichteten: »Sie achten das Recht aller Völker, sich jene Regierungsform zu geben, unter der sie zu leben wünschen.« Die Idee war revolutionär, beschwor sie doch die Vorstellung, dass »die souveränen Rechte und autonomen Regierungen aller Völker, die ihrer durch Gewalt beraubt wurden, (...) wiederhergestellt werden«. Churchill schrieb diese Worte, ohne gründlich darüber nachzudenken, wie sie interpretiert und angewendet werden könnten.

Die Atlantik-Charta fand ein breites Echo in der Presse. Eine Absichtserklärung, stellte die Zeitschrift *The New Yorker* fest, und noch dazu eine ziemlich gute, wenn auch interpretierbar. Aus Roosevelts Sicht verkündete die Charta das Ende des Imperiums, waren ihre acht Punkte eine Fortführung von Wilsons »Vierzehn Punkten«, ein Instrument, das Menschen im Osten Europas »ihren eigenen Nationalstaat« verhieß.

Churchill verstand den Text anders. Nein, versicherte er dem britischen Unterhaus, die Atlantik-Charta bedeute nicht das Aus für die Kolonien Großbritanniens – ihr entscheidender dritter Punkt gelte nur für jene, die »unter dem Joch der Nazis« lebten. Diejenigen, die der Krone Loyalität schuldeten, in Indien, Birma, Mauritius und anderen Teilen des britischen Empire, fielen nicht unter die im dritten Punkt zum Ausdruck gebrachte Verpflichtung.

Churchills Auslegung wurde nicht so breit geteilt. Überall in Afrika bezogen viele die Worte von Punkt 3 auf sich und die Kolonien ihres Kontinents, leiteten daraus eine Verpflichtung zur »Afrikanisierung« der Regierungen ab. In Südafrika verstand ein junger Nelson Mandela die Worte der Atlantik-Charta nicht als »leere Versprechungen«, sondern sah in ihnen die Verheißung der »volle[n] Staatsbürgerschaft«, des »Rechts, Land zu kaufen«, und der »Aufhebung aller diskriminierenden Gesetzgebung«.

Die Welt des Völkerrechts war – und ist nach wie vor – konservativ und vorsichtig, aber sind Worte erst einmal vereinbart, entfalten sie oft ein Eigenleben. Ein paar Monate nach der Annahme der Atlantik-Charta wurde der dritte Punkt aufgegriffen, und sein Grundgedanke fand Eingang in die im Januar 1942 in Washington, D.C., angenommene »Deklaration vereinter Nationen«. Sechsundzwanzig Staaten vereinbarten, sich gegen Deutschland und Japan zusammenzutun, dessen Angriff auf Pearl Harbor einen Monat zuvor die Amerikaner zum Kriegseintritt veranlasst hatte. Zu den Ländern, welche die Verpflichtung zur Selbstregierung aus der Atlantik-Charta akzeptierten und nach der Wahrung »der Menschenrechte und des Rechts in ihren eigenen Ländern wie auch in anderen Ländern«, verlangten, zählten auch die Sowjetunion und China.

Binnen weniger Jahre unterstützten etwa 50 Staaten die Deklaration von 1942, darunter vier aus Afrika: Ägypten, Äthiopien, Liberia und Südafrika. Die Verpflichtung zur Dekolonisierung war im Bewusstsein vieler Menschen angekommen, auch wenn die Modalitäten noch ungewiss waren.

Im Februar 1945 widersetzte sich Churchill auf der Konferenz von Jalta, wo er, Roosevelt und Stalin zusammentrafen, um über die Niederlage Deutschlands und Regelungen für die Nachkriegswelt zu sprechen, erneut Roosevelts Versuchen, die britischen Kolonien international anerkannten Regeln und internationaler Kontrolle zu unterwerfen. »Ich werde keinen Vorschlag zulassen, dass das britische Empire auf die Anklagebank gesetzt und von allen überprüft werden müsse, um festzustellen, ob es ihrem Standard entspricht«, sagte der Premierminister zu Stalin. »Niemals, niemals, niemals ... jedes Stückchen Land, über dem die britische Flagge weht, ist immun.«

Die USA standen an der Spitze, als es um die Schaffung

einer neuen Organisation, der Vereinten Nationen, ging. Der Außenminister wollte, dass jemand mit Engagement und Kenntnissen über Afrika die Dekolonisierung weiterführte. »Für die künftigen kolonialen Probleme dieser internationalen Organisation wollen wir den kompetentesten Mann einstellen, der zufällig ›Neger‹ ist«, erklärte der Generalsekretär der Konferenz über die Vereinten Nationen. Dieser Mann war Ralph Bunche, ein Politikwissenschaftler, der im US-Außenministerium mit dem Thema Kolonialismus befasst war, ein entschiedener Befürworter von Dekolonisierung und Selbstbestimmung, der aus seinen eigenen Erfahrungen mit rassischen Vorurteilen in den Vereinigten Staaten schöpfte.

Im Juni 1945, einen Monat nach dem Kriegsende in Europa, unterzeichneten 50 Staaten die Charta der Vereinten Nationen und füllten damit die durch den Niedergang des Völkerbunds hinterlassene Lücke. Diese Charta schrieb in Kapitel III, Artikel 7, einen Sicherheitsrat fest, ein einflussreiches Organ aus 15 Mitgliedern – darunter fünf ständige Mitglieder (die Vereinigten Staaten, Großbritannien, Frankreich, China und die Sowjetunion), die übrigen zehn gewählt für jeweils zwei Jahre – »zur Wahrung des Weltfriedens und der internationalen Sicherheit«. Zu den weiteren UN-Organen zählten eine Generalversammlung aus »allen Mitgliedern« als »das wichtigste beratende, politikgestaltende und repräsentative Organ« sowie ein neuer Internationaler Gerichtshof als wichtigstes rechtsprechendes Organ der UN. Fünfzehn Richter im Friedenspalast in Den Haag sollten Streifragen zwischen Staaten lösen. (Im Mai 1947 reichten die Briten die erste Klage ein, in der sie anführten, dass Albanien in Verletzung internationalen Rechts und der »Gebote der Menschlichkeit« Minen in der Straße von Korfu gelegt hätte – der sogenannte Korfu-

Kanal-Zwischenfall.) Die Richter wurden außerdem ermächtigt, »Gutachten zu jeder Rechtsfrage auf Antrag jeder Einrichtung ab[zu]geben, die durch die Charta der Vereinten Nationen oder im Einklang mit ihren Bestimmungen zur Einholung eines solchen Gutachtens ermächtigt ist«.

Die Amerikaner drängten in der UN-Charta auf Dekolonisierung, wenngleich mit einer anderen Bezeichnung. Die »am härtesten arbeitende Konferenz, an der ich je teilgenommen habe«, sollte Ralph Bunche sie später nennen, »bei jedem Schritt ein erbitterter Kampf«, wobei Treuhandverwaltung und Dekolonisierung die »heißesten« Themen von allen gewesen seien. Er erreichte im Wesentlichen sein Ziel: Die Dekolonisierung wurde ein grundlegendes Ziel der Vereinten Nationen, da Artikel 1 der Charta die Mitglieder zur »Achtung vor dem Grundsatz der Gleichberechtigung und Selbstbestimmung der Völker« verpflichtete. Die Worte waren kühn und bedeutsam, die Sprache ein Kompromiss, ein Wink für die Briten und Franzosen, die um den Verlust von Kolonien fürchteten. »Nicht so gut, wie ich es mir gewünscht hätte«, berichtete Bunche, »aber im Ergebnis besser als das, was irgendeiner von uns erwartet hätte.«

Die Charta erwähnte die Kolonien nicht. Stattdessen sprach Kapitel XI von »Hoheitsgebieten ohne Selbstregierung«, eine weniger aufrührerische und für besorgte Europäer annehmbarere Formulierung. Artikel 73 erlegte denjenigen Verpflichtungen auf, »welche die Verantwortung für die Verwaltung von Hoheitsgebieten haben oder übernehmen, deren Völker noch nicht die volle Selbstregierung erreicht haben«: Die Kolonisatoren müssten anerkennen, »dass die Interessen der Einwohner dieser Hoheitsgebiete Vorrang haben«, und »das Wohl dieser Einwohner« und deren Selbstregierung »aufs äußerste (…) fördern«. Wie dies geschehen sollte, hinge von »den besonderen Verhältnissen jedes Hoheitsgebiets, seiner Bevölkerung und deren jeweiliger Entwicklungsstufe« ab. Die Charta schuf ein neues internationales »Treuhandsystem«, um andere, sogenannte »Treuhandgebiete« unter der Zuständigkeit eines »Treuhandrates« zu verwalten.

Auf diese Weise schuf die UN-Charta einen Rahmen für den Wandel, eine rudimentäre Verpflichtung zur Dekolonisierung. Der Text spiegelte eine Einigung wider, eine Übereinkunft zur Nichtübereinkunft, die Vereinigten Staaten auf der einen, Großbritannien auf der anderen Seite. Doch es war ein Anfang, und wie bei so vielen Dingen im Leben: Sobald eine Idee auf den Weg gebracht ist, kann nichts sie mehr aufhalten.

Deportation

Während sich der Vorrang der Interessen der Kolonisierten manifestierte, suchten andere Entwicklungen im Völkerrecht die Rechte von Einzelnen und Gruppen zu befördern. Ein neues System der Menschenrechte entstand, als Regierungen sich auf eine Reihe von Ideen verpflichteten, darunter das Recht von Menschen, nicht von ihren Heimatorten zwangsumgesiedelt und an andere Orte überführt zu werden.

Ein Katalysator für den Wandel war der Nationalsozialismus und seine Idee vom »Lebensraum«: die Vorstellung, dass Deutsche »arischer« Abstammung im gesamten besetzten Europa (vor allem im Osten) »mehr Raum zum Leben« bräuchten. Das »Lebensraum«-Konzept war brutal: Einheimische wurden zusammengetrieben, deportiert und durch deutsche Kolonisten ersetzt. Die schrecklichen menschlichen Folgen inspirierten die im Sommer 1945 in London versammelten Verfasser des Londoner Statuts zur Schaffung des ersten internationalen Strafrechtstribunals, mit der Befugnis, hochrangige NS-Führer wegen »Verbrechen gegen die Humanität« strafrechtlich zu belangen. Für diesen Rechtsbegriff warb Hersch Lauterpacht, ein Rechtswissenschaftler aus Cambridge, dessen soeben in New York erschienenes Buch *An International Bill of the Rights of Man* eine Blaupause für die Allgemeine Erklärung der Menschenrechte lieferte.

Zu den »Verbrechen gegen die Humanität« in Nürnberg gehörte die »Deportation« – die zwangsweise Überführung einer Gruppe von einem Gebiet in ein anderes. Dieses Thema war von persönlichem Interesse für mich, wie ich in *Rückkehr nach Lemberg* geschrieben habe: Zwei meiner Urgroßmütter, ältere Witwen, wurden von Wien nach Theresienstadt beziehungsweise Treblinka deportiert, wo sie umkamen. Jede durfte nur einen einzigen Koffer mitnehmen. Die Anklagepunkte gegen viele der NS-Angeklagten in Nürnberg umfassten auch ihre Rolle beim Einsatz für »Lebensraum« als Bestandteil der »neuen Ordnung« Deutschlands, einer Ordnung, die beabsichtigte, die britischen Kolonien in Afrika und anderswo aufzulösen, während sie zugleich Polen und andere europäische Gebiete kolonisierte.

In seiner Rede zur Eröffnung der Anklage vor dem Internationalen Militärgerichtshof in Nürnberg am 21. November 1945 sprach der Hauptanklagevertreter der USA, Robert H. Jackson, das Thema Deportationen und NS-Kolonien sowie den Gedanken eines »Selbstbestimmungsrechts« für Deutsche an. Jackson kontrastierte Deutschlands Verhalten mit den »rechtmäßigen« kolonialen Methoden Großbritanniens und Frankreichs;

Letztere hätten sich, so versicherte er, ihre Kolonien ohne »Angriffskrieg« verschafft. Sir Hartley Shawcross, der britische Ankläger, hob auf die Legitimität des britischen Weltreichs und auf Deutschlands Krieg gegen das Empire ab. Im Oktober 1946 wurden neun der 24 Angeklagten unter anderem wegen »Kriegsverbrechen und Verbrechen gegen die Menschlichkeit«, worunter auch ihre Rolle bei den Deportationen fiel, verurteilt. Sieben von ihnen wurden gehängt.

Somit gab der Nürnberger Prozess den Anstoß für neue Prinzipien, die zeit- und raumübergreifend Fuß fassen sollten, da Deportation als »Verbrechen gegen die Menschlichkeit« anerkannt wurde. In groben Zügen funktioniert so das Völkerrecht: Jemand entwickelt eine Idee, legt sie schriftlich nieder (vielleicht in einem Aufsatz oder einem Buch), sie reift zu einem genehmigten Gesetzestext, findet Eingang in einen anderen Gesetzestext und entwickelt anschließend ein Eigenleben, wenn Richter die Worte interpretieren und anwenden. Die Ideen der drei Gründungsurkunden – Atlantik-Charta, UN-Charta und Statut für den Internationalen Militärgerichtshof – befruchteten sich gegenseitig, breiteten sich anderswo aus und würden am Ende die Richter erreichen.

Im Dezember 1946 beschloss die UN-Generalversammlung auf ihrer allerersten Sitzung, dass Deportation ein »Verbrechen gegen die Menschlichkeit« sei. Zwei Jahre später, im Dezember 1948, verabschiedete die Generalversammlung in Paris die Allgemeine Erklärung der Menschenrechte. Obschon sie sich über Selbstbestimmung und Kolonialismus ausschwieg, erkannte die Erklärung dennoch an, dass jeder von uns, jeder einzelne Mensch, das Recht hat, »jedes Land, einschließlich seines eigenen, zu verlassen sowie in sein Land zurückzukehren«.

Im darauffolgenden Sommer trafen sich Regierungsvertreter in Genf, um eine neue internationale Vereinbarung über Kriegsverbrechen zu unterzeichnen, die Zivilisten in Kriegszeiten größeren Schutz bieten sollte. Das Genfer Abkommen von 1949 verbot ausdrücklich »zwangsweise Einzel- oder Massenumsiedlungen sowie Deportationen von geschützten Personen aus besetztem Gebiet nach dem Gebiet der Besetzungsmacht oder dem irgendeines anderen besetzten oder unbesetzten Staates«. Das Rote Kreuz hoffte, die neuen Regeln würden dem »hassenswerten« Akt der Deportation für alle Zeiten ein Ende bereiten. Großbritannien unterstützte die Entwicklung aktiv und unterzeichnete als eines der ersten Länder das Abkommen.

Die Nachkriegsjahre waren bedeutsam, weil damals die Grundlagen für eine neue Rechtsordnung gelegt wurden. Im Jahr 1950 wurde Ralph Bunche als erster Schwarzer Person der Friedensnobelpreis verliehen; im kolonisierten Mauritius war er eine Quelle der Inspiration für Universitätsstudenten. Ebenfalls in jenem Jahr unterzeichneten europäische Staaten die Europäische Menschenrechtskonvention, das erste Abkommen, das Einzelpersonen gestattete, vor einem internationalen Gericht gegen ihre eigenen Staaten Rechte durchzusetzen.

Großbritannien unterstützte die Konvention, die 1953 in Kraft trat. Doch London nahm wohlweislich Mauritius von den Kolonien aus, für welche die Konvention galt, so dass jene, die dort und auch auf den Inseln des Peros-Banhos-Atolls und weiteren Inseln des Chagos-Archipels lebten, keine Rechte gemäß der Konvention oder ihrer späteren Protokolle hatten. Eines dieser Protokolle würde zu gegebener Zeit ausdrücklich verbieten, dass irgendjemand von dem Territorium des Staates, dessen Bürger sie oder er war, vertrieben wurde. Großbritannien hat es nie unterzeichnet.

Etwa um die Zeit, als die Europäische Menschenrechtskonvention für Großbritannien verpflichtend wurde, bekamen Marcelle und Charles Bertrand, die auf der Île du Coin, einer der vielen Inseln von Peros Banhos und Chagos, lebten, ein Kind. Es wurde in der einzigen Kirche der Insel, weißes Mauerwerk und hellrotes Dach, getauft. Liseby, wie das Mädchen genannt wurde, war ein Kind des Kolonialismus, eine Untertanin der britischen Krone, aber mit weit weniger Rechten als jene, die ihren Geburtsort verwalteten.

Peros Banhos

Peros Banhos besteht aus drei Dutzend Inseln und Inselchen, von denen sieben bewohnt waren, als Liseby Bertrand im Sommer 1953 geboren wurde. Die Île du Coin war die bevölkerungsreichste, ein Fleckchen Sand mit Kokospalmen, Heimat von etwa 400 Seelen.

Zur Zeit von Lisebys Geburt war Peros Banhos seit anderthalb Jahrhunderten britische Kolonie, als Schutzgebiet verwaltet von Mauritius. Regiert wurde die Inselgruppe von London aus, eine Folge des im Mai 1814 unterzeichneten Vertrags von Paris, der die Napoleonischen Kriege beendete, den internationalen Sklavenhandel verbot und verschiedene französische Kolonien Großbritannien zuschlug. Eine dieser Kolonien war die Île de France, welche die Briten unter dem Namen Mauritius kannten, eine durch vulkanische Aktivität entstandene größere Insel, die zusammen mit zahlreichen ihrer Schutzgebiete, darunter der Chagos-Archipel, britische Kolonie wurde. Das Peros-

Banhos-Atoll war 2000 Kilometer entfernt von der Île de France und fünfmal so weit weg von London und Paris. Der nächste Ort waren die etwa 500 Kilometer entfernten Malediven, ein britisches Protektorat.

Dass Liseby als britische koloniale Untertanin geboren wurde, war ein historischer Zufall. Sie hätte Portugiesin sein können, da ihre Inselgruppe angeblich 1513 von Afonso de Albuquerque, einem Seefahrer und Gouverneur von Portugiesisch-Indien, beansprucht wurde. Es hieß zuweilen, sie sei zu Ehren von Pêro dos Banhos benannt worden, einem portugiesischen Forschungsreisenden, der 1555 dort umkam, als sein Schiff, die *Conceição*, auf Grund lief, obwohl in dem durch den Seefahrer Manuel Rangel in seiner *Tragedia dos Baixos de Pêro dos Banhos* überlieferten Bericht über die Tragödie Zweifel hinsichtlich der tatsächlichen Lage des Atolls geäußert wurden. Rangel protokollierte die Mühen der 165 Reisenden, darunter zwei Frauen und fünf katholische Priester, die den Schiffbruch überlebten und auf einer kleinen, von Kokospalmen und Gräsern bewachsenen Insel strandeten, wo sich Frischwasser in flachen, in den Sand gegrabenen Kuhlen sammelte und auf der ansonsten nur Schildkröten und Tausende von Vögeln lebten. Zu ihrer Überraschung wurden die Schiffbrüchigen später und anderswo von einer »Gruppe schwarzer Menschen« mit Booten begrüßt.

Später nahmen die Niederländer den Chagos-Archipel in Besitz, einschließlich der als Peros Banhos bekannten Inselgruppe. Sie hielten sich dort bis 1769, als Frankreich die größte der Inseln, Diego Garcia, beanspruchte. Monsieur Pierre Marie Normande, einem Franzosen, wurde eine Konzession zum Betrieb einer Kokosplantage erteilt. Mit Hilfe versklavter Menschen, die von den Küsten Südostafrikas eingeführt wurden, von Orten, die heute Mosambik und Madagaskar heißen, erzeugte die Plantage reichliche Mengen Kopra, das saftige Fleisch getrockneter Kokosnüsse. Die Versklavten, zu denen Madame Elysés Vorfahren gehörten, bearbeiteten die Kopra, um das wertvolle Kokosöl zu gewinnen.

Im Jahr 1810 vertrieben die Briten die Franzosen gewaltsam von der Île de France. Vier Jahre später wurde das Gebiet offiziell an Großbritannien abgetreten, zusammen mit dem Chagos-Archipel. Binnen eines Jahres wurde der Handel mit versklavten Menschen in allen Besitzungen, Dominions und Schutzgebieten der Regierung Ihrer Majestät, selbst in den äußerst »entlegenen und winzigen«, ausdrücklich verboten. Die Versklavten von Peros Banhos erhielten eine gewisse formelle Freiheit, ob sie jedoch eine Veränderung in ihren tatsächlichen Lebensbedingungen bemerkten, ist nicht überliefert.

Die Briten blieben, und während des Zweiten Weltkriegs befanden sich auf den Chagos-Inseln Tankstellen für Kriegsschiffe. Im Jahr 1945, als die »Selbstbestimmung« Eingang in die UN-Charta fand, arbeiteten die Bewohner von Chagos – die aus den auf den Inseln geborenen *îlois* und Vertragsarbeitern bestanden – größtenteils für die *Société Huilière de Diego et Peros*, die den Kokosölarbeitern Beschäftigung und Unterkunft und ihren Kindern Bildung bot.

Es ist nicht leicht, an Informationen über Peros Banhos aus jener Zeit zu kommen, und nur wenige Fotografien sind erhalten. Eine zeigt die Uferzone der Île du Coin etwa um die Zeit, als Madame Elysé geboren wurde, und vermittelt eine Ahnung vom Leben auf der Insel. Zwei weiße Männer schlendern die Betonpier entlang, einer trägt einen Hut und hält eine Kamera. Über die Pier verlaufen Eisenschienen, über die ein Fischernetz ausgebreitet ist.

Ein hölzernes Boot nähert sich, das vier Schwarze Personen mit nacktem Oberkörper befördert. Ein Stromkabel baumelt an Holzmasten. Ein Polizist in einer ausgeblichenen Uniform entfernt sich von dem Fotografen. Als Insignien kolonialer Autorität trägt er Koppel, Schirmmütze und Knüppel.

Auf einer anderen Fotografie sieht man das Haus des Inselverwalters: zwei weiß gestrichene Stockwerke und ein Dachgeschoss. Es besitzt eine Veranda, zwei große Steinsäulen zeigen den Eingang an, eine Treppe führt hinauf zum oberen Stockwerk. Vier Besucher, Weiße, stehen in der Nähe des Gebäudes bei einer umzäunten Rasenfläche mit zwei Holzbänken. Kokospalmen wiegen sich im Wind, ein Blumenbeet ist akkurat gepflegt. Die Szenerie strahlt Ordnung und Beschaulichkeit aus, die Gelassenheit kolonialer Autorität.

Eine dritte Fotografie zeigt das Innere der kleinen Kirche, in der Madame Elysé getauft wurde. Reihen hölzerner Bänke unter einem Balkendach. Eine Jesus-Statue steht da, die Arme ausgebreitet, weiterhin zwei Figuren von bekränzten Damen mit gefalteten Händen und verzückten Gesichtern. Die Wände sind bemalt und rissig, gesäumt von Schatten und Schimmel. Auf dem Altar stehen zwei Vasen mit einfachen Blumengestecken.

Die Fotografien bilden koloniale Macht und religiöse Hingabe ab, dazu moderne Annehmlichkeiten wie Elektrizität und Verkehrsmittel, und sie vermitteln einen Eindruck von Bewohnbarkeit, während Großbritanniens Imperium ins Wanken geriet. Transjordanien war die erste der britischen Kolonien, die verloren ging, kurz nach dem Zweiten Weltkrieg, dann Indien, mit viel Blutvergießen, anfangs zersplittert in zwei Staaten, später kam ein dritter hinzu. Die Dynamik nahm zu: Das britische Mandat in Palästina wurde 1948 beendet; Birma und Ceylon erlangten 1948 die Unabhängigkeit; Neufundland (bis 1934 als Dominion of Newfoundland Teil des britischen Empire) wurde 1949 eine Provinz von Kanada; Libyen wurde nach italienischer Kolonialherrschaft und britisch-französischer Besetzung (ab 1943) 1949 von den Vereinten Nationen in die Unabhängigkeit entlassen; Eritrea verschmolz mit Äthiopien.

Weite Teile Afrikas verblieben unter kolonialer Herrschaft. Frankreich, Spanien, Portugal und Belgien – und auch Großbritannien – hielten an ihren fernen Besitzungen und Untertanen fest. In Mauritius hatte der britische Gouverneur Sir Hilary Rudolph Robert Blood es sich in seinem »Taschentuchparadies«, wie er es nannte, bequem gemacht.

Dies war die Welt am 24. Juli 1953, dem Tag, an dem Liseby Bertrand geboren wurde, etwa sieben Wochen nach der Krönung von Elisabeth II., ihrer Königin. In London war »I Believe« des amerikanischen Sängers Frankie Lane gerade von der Spitze der Charts verdrängt worden.

Liseby, 1953

Liseby ist eine wunderbare Geschichtenerzählerin, und ich genoss es, ihr zuzuhören, wie sie aus der Fülle schöpfte und klar und strukturiert berichtete und dem kollektiven Gedächtnis der Menschen und des Ortes Ausdruck verlieh:

»Ich wurde 1953 auf der Île du Coin geboren, die zu Peros Banhos gehört. Mein Vater war Charles Bertrand. Er war 35 Jahre alt, geboren 1917, am 26. April. Er wurde auf Six Îles geboren, welche die Engländer Egmont Islands nannten. Er war Bäcker, er machte Brot für die Arbeiter der *Société Huilière de Diego et Peros*, das Unternehmen, das die Kokosplantagen betrieb, die Kopra herstellten, woraus Öl gewonnen wurde.

In den 1960er-Jahren, als ich noch ein Kind war, wurde das Unternehmen von der auf den Seychellen beheimateten Chagos Agalega Company gekauft. Geleitet wurde die Firma, glaube ich, von Monsieur Mouliné. Mein Vater arbeitete nebenbei auch als Gärtner, er baute Gemüse an.

Meine Mutter war Marcelle, aus der Familie Antalika. Sie war jünger als mein Vater, sie wurde in den 1930er-Jahren geboren. In welchem Jahr, weiß ich nicht. Wie ich wurde auch sie auf Peros Banhos geboren, auf der Île du Coin. Sie kümmerte sich um die Kinder. Wir waren sieben: ich, meine fünf Brüder – Alexis, France, Hervé, Cyril und Sylvie, den wir Toto nennen – und meine Schwester Ailine. Wie alle chagossianischen Frauen bearbeitete auch meine Mutter die Kopra, für die Plantage.

Wo wir wohnten? Wie alle, in einer Hütte mit Wänden aus Holz und Stroh. Das Dach bestand ebenfalls aus Stroh, das zusammen mit Blättern von Kokospflanzen verlegt war. Wir hatten keinen Strom und kein fließend Wasser. Das ganze Wasser, das wir brauchten, zum Kochen und zum Saubermachen, kriegten wir aus einem Brunnen. Wir hatten alles, was wir brauchten.

Über meine Familienverhältnisse weiß ich nicht allzu viel. Mein Vater erzählte uns gerne und oft Geschichten über die Familie. Er redete auf Kreolisch, das war die Sprache, die wir sprachen und die ich noch immer spreche. Er erzählte oft von seinen Eltern, und obwohl ich mich an meine Großmutter nicht erinnere, erfuhr ich aus seinen Geschichten viel über sie.

Mein Vater erzählte uns immer, dass weiße Menschen auf die Inseln gekommen waren und Schwarze Menschen mitgebracht hatten. Er sagte, dass unsere Vorfahren aus Mosambik kamen, dass sie Sklaven waren, aber dafür habe ich keinen Beweis, weiß darüber nichts Genaues. Eigentlich habe ich keine Ahnung, wann meine Vorfahren hierhergelangten. Ich weiß kein Datum, und mir gegenüber ist nie ein Jahr erwähnt worden. Mein Vater erzählte uns einfach viele Geschichten, wie wir, sagte er, auf die Insel kamen.

Wir waren katholisch – und gläubig. Wir gingen jeden Sonntag zur Messe in die Kirche, auf der Île du Coin. Es war eine kleine weiße Kirche, ein hübscher Ort. Manchmal kam ein Priester von Mauritius, vielleicht alle drei Monate oder vielleicht weniger oft, alle sechs Monate. Wenn kein Priester da war, feierte meistens der Inselverwalter die Messe. Sein Name war Monsieur Robert Talbot. Er war Mauritier, und ich glaube, sein Bruder war auf Peros Banhos geboren.

Monsieur Talbot wohnte in dem großen Haus, das mehr als eine Etage hatte, dem auf dem Foto. Da war eine lange Treppe, die zum Eingang führte. Das Haus stand in der Nähe der Kirche. Er wohnte dort, bis die Inseln von dem englischen Unternehmen übernommen wurden. Das war später in den 1960er-Jahren, glaube ich.«

Das Dorf war gut versorgt. Es gab einen Laden, Schuppen für Boote und die Holztischlerei, einen Stall, einen Schmied, ein Gefängnis, eine Kapelle und eine Missionsstation und eine Mühle. Es gab kleine Fabriken, eine Station zur Stromerzeugung, Pferche für Kühe und Meeresschildkröten, ein Schlachthaus und einen Landungssteg mit einem Flaggenmast für den Union Jack. Es gab ein Krankenhaus und einen Fußballplatz, und 1956 wurde eine Schule eröffnet.

> »Als ich sieben Jahre alt war, wurde meine Mutter krank. Unsere Familie reiste gemeinsam per Schiff nach Mauritius, nach Port Louis. Dort blieben wir einige Zeit, aber meine Mutter erholte sich nicht. Sie starb. Ich kehrte mit meinem Vater nach Peros Banhos zurück. Ich blieb noch zwei Jahre auf der Schule, die ein paar Jahre zuvor eröffnet worden war, aber damit war Schluss, als ich neun Jahre alt war. Ich hatte weder Lesen noch Schreiben gelernt. Damals fing ich an zu arbeiten, half meinem Vater im Garten, bei seinem Gemüse.
>
> Ich war sehr glücklich als Kind. An Peros Banhos erinnere ich mich als ein Paradies. Wir hatten alles, was wir brauchten. Wir hatten ein Dach über dem Kopf und Wasser. Wir hatten Freunde und Familie. Wir hatten zu essen. Es gab Fisch und das Gemüse, das mein Vater anbaute, und wir hatten Hühner.«

Liseby hat keine Fotos von sich auf Peros Banhos, aber ihr Neffe Olivier Bancoult zeigte mir Bilder, die einen Eindruck von der Zeit vermittelten. Sie war zu jung, um sich an den Besuch des britischen Gouverneurs Sir Robert Scott auf Peros Banhos im Jahr 1955 zu erinnern. Angetan mit einem federgeschmückten Hut, wurde er bei seiner Ankunft auf dem Kai von Kindern begrüßt, die »God Save the Queen« sangen und mit kleinen Union Jacks winkten. In dem Lagerhaus, in dem Nahrungsprodukte auf-

bewahrt wurden, zeigte sein Stab einen Charlie-Chaplin-Film und einen Tarzan-Film mit Johnny Weissmuller in der Titelrolle.

»Woran ich mich aus meiner Kindheit sonst noch am besten erinnere? Ich kletterte sehr gerne auf Bäume, Meerrettichbäume. Ich glaube, ihr nennt sie Trommelstockbaum, wegen der Samenschoten, die an den Zweigen hängen. Wir kochten die Blätter des Meerrettichbaums in Kokosmilch, oder wir machten eine Suppe daraus, mit Öl, Zwiebeln und Knoblauch. Wir spielten gern mit den Samenschoten, *les batons mouroum* nannten wir sie, die Trommelstöcke. Wir machten Musik mit den Trommelstöcken. Ich erinnere mich an die Musik. Jeden Samstagabend war Tanz, für die ganze Gemeinschaft, wir alle zusammen. Wir nannten diesen Abend *La soirée*. Wir hatten unsere eigene Musik und unsere eigenen Lieder, wir sangen sehr gerne. Wir tanzten. Wir tanzten sehr gerne, bis spät in die Nacht.

Dann änderte sich eines Tages alles.«

II

1966

»Das Ziel ist, ihm mit Hoffnung Angst einzujagen.«
Mitteilung an Harold Wilson, September 1965

THEM
LAOS
SOUTH
WEST

BLANKE GEBIED
WHITE AREA
1514
USAF
MANDELA N
46664

Montag, 18. Juli 1966, 15 Uhr. Vierzehn Richter des Internationalen Gerichtshofs betreten den Großen Saal des Friedenspalastes in Den Haag, um in zwei wichtigen Rechtsfällen zu urteilen, die durch Liberia und Äthiopien gegen Südafrika vor Gericht gebracht worden sind. Tausende von Kilometern entfernt, auf Peros Banhos, schickt sich Liseby Bertrand an, ihren 13. Geburtstag zu feiern, in seliger Unkenntnis des kolonialen Streits, der in Den Haag ausgefochten wird.

Die Fälle wurden vor Gericht gebracht, um Südafrika für seine rassistische Misshandlung der Bewohner Südwestafrikas – heute Namibia – und seine Weigerung, der ehemaligen Kolonie zu erlauben, ein unabhängiger Staat zu werden, zur Rechenschaft zu ziehen. Sechs Jahre zuvor hatte die UN-Generalversammlung Resolution 1514 (XV) verabschiedet, die »Erklärung über die Gewährung der Unabhängigkeit an koloniale Länder und Völker«.

Präsident des Gerichtshofs war zu der Zeit Sir Percy Spender, ein ehemaliger australischer Außenminister und Botschafter seines Landes in den Vereinigten Staaten. Spender galt als Selfmademan, als kompetent, tatkräftig, auf vornehme Art aggressiv, ständig mit einem weißen Einstecktuch in der Brusttasche seines Jacketts und einem ordentlich getrimmten Schnurrbart. Ende der 1950er-Jahre zum Richter am Internationalen Gerichtshof gewählt, war er in Sachen Kolonialismus und »Rasse« ein Mann seiner Zeit, ein »klassischer *homo americanus*«, dem Geist der Atlantik-Charta gegenüber aufgeschlossen, aber jede echte Veränderung in Kolonialangelegenheiten ablehnend. Er verteidigte energisch Australiens Verwaltung des Territoriums Papua und Neuguinea und war gegen die Dekolonisierung Westneuguineas, überzeugt davon, dass die niederländischen Kolonisatoren den Interessen der Ureinwohner besser dienen würden als Indonesien.

Er genoss das Leben und Reisen, den jährlichen Abstecher von Den Haag nach Hause, mit bequemen Unterbrechungen, manchmal in der britischen Kolonie Mauritius, ein Ort, den er mochte. Einmal machten die Spenders Urlaub auf einer ehemaligen Plantage in South Carolina: Pferde, Hunde und »Neger-Stallburschen« hätten den Gästen geholfen, schrieb seine Frau in ihren Erinnerungen, und »weitere Neger, hinter deren Pflichten zu kommen mir nie gelang«.

An jenem Tag der richterlichen Entscheidung, im Sommer 1966, im Friedenspalast, verlas Sir Percy die beiden Entscheidungen, die weltweit Empörung hervorrufen sollten. Die Worte, die er sprach, sollten seinen Ruf – und den des Internationalen Gerichtshofs – für immer beschädigen. Um die Kluft zwischen Sir Percys Sicht auf die Welt und der Sicht der Welt auf die Worte, die er verlesen würde, zu verstehen, ist es notwendig, auf einen Moment in New York zurückzukommen, sechs Jahre zuvor.

Resolution 1514

Liseby Bertrand war im Herbst 1960 sieben Jahre alt, ein kleines Kind in einer sich weiterentwickelnden Welt. »Der Wind des Wandels weht durch diesen Kontinent. Ob es uns gefällt oder nicht, dieses Wachstum des nationalen Bewusstseins ist eine politische Tatsache«, erklärte der britische Premierminister Harold Macmillan in Kapstadt, Südafrika, da immer mehr Länder die Unabhängigkeit erhielten. »Wir alle müssen das als Tatsache akzeptieren, und unsere nationale Politik muss dem Rechnung tragen.«

In jenem Jahr traten 16 afrikanische Länder den Vereinten Nationen bei, wenngleich Mauritius nicht zu ihnen gehörte. In der Generalversammlung prüften Komitees zur Dekolonisierung ellenlange Berichte der Kolonialmächte über die Maßnahmen, die sie nach eigener Aussage für die Bewohner von »Hoheitsgebieten ohne Selbstregierung« trafen, wie die Kolonien genannt wurden. Großbritanniens Bericht über Mauritius enthielt Informationen über Chagos und seine sogenannten »Ölinseln«, darunter Peros Banhos – Großbritannien hatte nicht vor, Mauritius in naher Zukunft aufzugeben.

Die Dekolonisierung war nicht nach jedermanns Geschmack, als die Kolonialangelegenheiten auf der Tagesordnung der internationalen Politik immer weiter nach oben rückten. Ein britischer UN-Delegierter beklagte sich, dass die Debatten vielfach auf Gefühlen beruhten, statt vernunftgeleitet zu sein. Dies spiegele, vermerkte er in einem Bericht nach London, eine Form von »umgekehrtem farbigen Vorurteil« wider, ein ungerechtfertigter »Groll der dunkleren Völker gegen die frühere Beherrschung der Welt durch europäische Nationen«.

Die Vereinigten Staaten behaupteten öffentlich, die Abwicklung der alten Kolonialmächte zu befürworten, doch hinter den Kulissen vertraten sie eine andere Position. Auf dem Höhepunkt des Kalten Krieges galten die Sowjets als wachsende Bedrohung, was dazu führte, dass man in Washington eine Verbindung zwischen »kolonialen Fragen« bei den UN und Angelegenheiten der nationalen Sicherheit zog. Ende der 1950er-Jahre begannen die USA im Rahmen eines »globalen Kampfs zwischen der freien und der kommunistischen Welt« mit Planungen für neue Militärstützpunkte überall auf der Welt, von denen einige auf unbedeutenden Atollen errichtet werden könnten. Solche Stützpunkte mussten in den Händen von Freunden bleiben, womit die Kolonialmächte in Afrika gemeint waren.

Im Herbst 1960 erreichte das Thema »Selbstbestimmung« den Plenarsaal der UN-Generalversammlung. Inspiriert durch die Worte der von Ralph Bunche ausgearbeiteten UN-Charta, erhielt die Thematik zusätzlichen Schub durch die fünf Jahre zuvor in Bandung, Indonesien, abgehaltene asiatisch-afrikanische Konferenz: Damals hatten 29 Staaten, deren Vertreter sich als die neu gegründete »Bewegung der Blockfreien« (auch »Bewegung der Blockfreien Staaten« oder »Blockfreien-Bewegung«) trafen, erklärt, der Kolonialismus sei »ein Übel«, eines, das »zügig« beendet werden müsse. Sie verlangten, das Prinzip der Selbstbestimmung auf alle Völker und Nationen anzuwenden.

Von dieser sogenannten Bandung-Erklärung führte ein direkter Weg zur UN-Generalversammlung in New York. Im Sommer 1960 kursierten unter den Fittichen von Frederick H. Boland, einem irischen Diplomaten, der in jenem Jahr als Präsident der Versammlung amtierte, mehrere Entwürfe einer Resolution. In eine britische Kolonie hineingeboren – Irland erhielt im Mai 1921 die Unabhängigkeit, als die Insel geteilt wurde, wobei Großbritannien

Nordirland behielt –, war Boland ein unerschrockener Befürworter der Dekolonisierung. Seine Tochter Eavan wurde später eine berühmte Autorin. »Was ist eine Kolonie?«, fragte sie in einem ihrer Gedichte.

Die Weltenlenker reisten nach New York, um über die Dekolonisierung zu debattieren. Nikita Chruschtschow, der sowjetische Führer, unterbreitete einen weitreichenden Entwurf. Der amerikanische Präsident Dwight D. Eisenhower verstand den Drang nach Selbstbestimmung, ließ der Idee aber keine eindeutige Unterstützung zuteilwerden. Der britische Premierminister Harold Macmillan war zurückhaltend, vermochte zwar »politische Unabhängigkeit« als Ziel für Afrika anzuerkennen, ohne jedoch irgendwelche spezifischen Details zu nennen oder Zusagen anzubieten. Man befand sich inmitten einer Zeit der Erhebungen und nationalen Befreiungsbewegungen in Asien und Afrika, aber auch in Europa. Iran, Zypern, Algerien und Kenia gehörten zu den vielen Ländern, wo innere Unruhen geschürt wurden.

Delegierte aus Afrika und Asien sprachen sich entschieden für die Dekolonisierung aus, unterstützt von einer Handvoll Europäer, die durch Delegierte aus Zypern und Irland angeführt wurden. »Mein Land hat seine ›historische Einheit‹ noch nicht wiedererlangt«, erklärte der irische Vertreter und bekundete Unterstützung für die territoriale Integrität kolonialer Gebiete, den Gedanken, dass in der Phase vor der Unabhängigkeit keine Kolonie zerstückelt werden dürfe. Er brachte die Hoffnung zum Ausdruck, dass Irland bald seine Einheit wiedererlangen werde (sechs Jahrzehnte später ist es noch immer ein Wunsch, obwohl seine Erfüllung in Sicht sein mag).

Amerikanische, honduranische und sowjetische Resolutionsentwürfe blieben auf der Strecke, und am Ende war nur ein einziger Text übrig, einer, der von 43 afrikanischen und asiatischen Staaten für eine »Erklärung über die Gewährung der Unabhängigkeit an koloniale Länder und Völker« vorgeschlagen worden war. Die Abstimmung fand am Nachmittag des 14. Dezember 1960 statt: Für Resolution 1514 stimmten 89 Staaten, neun votierten dagegen. Neun Staaten enthielten sich der Stimme (größtenteils die Kolonisatoren, wie Großbritannien und Frankreich, aber auch ehemalige Kolonien: Australien, Südafrika und die Dominikanische Republik). Das US-Außenministerium hoffte, den Entwurf zu unterstützen, aber in letzter Minute schritt Präsident Eisenhower ein und ordnete eine Enthaltung an, angeblich auf Ersuchen des britischen Premiers Harold Macmillan.

Resolution 1514 war kurz, bestand nur aus ein paar Paragraphen. »Alle Völker haben das Recht auf Selbstbestimmung«, erklärte sie: »Die Unterwerfung von Völkern unter fremde Unterjochung, Herrschaft und Ausbeutung stellt eine Verweigerung grundlegender Menschenrechte dar.« Die Resolution proklamierte ein Prinzip der »territoriale[n] Integrität«: »Jeder Versuch, die nationale Einheit und die territoriale Integrität eines Landes ganz oder teilweise zu zerstören, ist mit den Zielen und Grundsätzen der Charta der Vereinten Nationen unvereinbar.«

Ein gedemütigter Delegierter erläuterte die Stimmenthaltung Großbritanniens: Sein Land könne Selbstbestimmung als Prinzip anerkennen, aber nicht als gesetzliches »Recht«. Zur »territoriale[n] Integrität« sagte der Brite nichts. Doch Mr. Boland aus Irland konnte es sich nicht verkneifen, seine Zufriedenheit über Resolution 1514 zu bekunden, und schloss die Sitzung mit einer optimistischen Bemerkung: »Die Versammlung kann sich durchaus beglückwünschen zu dieser Leistung.«

Südwestafrika

Während Resolution 1514 verhandelt wurde, leiteten Liberia und Äthiopien in Den Haag gerichtliche Schritte ein, um Südafrikas Herrschaft über Südwestafrika anzufechten. Im 19. Jahrhundert durch das Deutsche Kaiserreich kolonisiert, gehörte zur brutalen deutschen Herrschaft der Massenmord am Volk der Herero, eine Tat, welche die Bundesrepublik Deutschland erst jüngst als Genozid anerkannt hat. Während des Ersten Weltkriegs wurde das Territorium von Südafrika erobert, und 1919 verwandelte der Völkerbund die ehemalige Kolonie Deutsch-Südwestafrika in ein Mandatsgebiet unter Verwaltung der Südafrikanischen Union, einem Dominion des britischen Empire. Südwestafrika wurde die Kolonie einer Kolonie.

Nachdem Südafrika 1931 seine Unabhängigkeit erlangt hatte, hielt es das Gebiet weiter besetzt. Mit der Gründung der Vereinten Nationen und angesichts neuer Regeln über Treuhandschaft und Dekolonisierung wurden seine Aktivitäten in Südwestafrika genauer unter die Lupe genommen. Südafrika wollte seine Verwaltung nach den alten Prinzipien des Völkerbundmandats fortführen, ein Weg, um die neuen UN-Regeln über grundlegende Menschenrechte und Dekolonisierung zu umgehen. Südafrikas Apartheidspolitik veranlasste die UN-Generalversammlung zu handeln, und sie ersuchte die Richter in Den Haag um ein Rechtsgutachten zu Südafrikas Verpflichtungen in Bezug auf Südwestafrika.

Im Jahr 1950 kam der Internationale Gerichtshof in seiner gutachterlichen Stellungnahme zu dem Schluss, dass Südafrika, obwohl sein ursprüngliches Mandat nicht erloschen sei, den Vereinten Nationen über seine Kontrolle des Territoriums Bericht erstatten müsse. Kurz, das Gericht entschied, dass Südafrika, obwohl es Südwestafrika den neuen UN-Regeln nicht unterwerfen oder auf den Weg zur unweigerlichen Unabhängigkeit bringen müsse, den Status des Territoriums nicht ändern dürfe.

Fünf Jahre später gab der Gerichtshof ein zweites Rechtsgutachten für die UN-Generalversammlung ab. Es bestätigte die Rechtmäßigkeit verschiedener durch die Generalversammlung getroffener Entscheidungen zur Kontrolle von Südwestafrika. Ein Jahr später, 1956, bestimmte ein drittes Rechtsgutachten, dass Menschen, die in Südwestafrika lebten, das Recht hätten, sich direkt bei den Vereinten Nationen über ihre Behandlung unter der Apartheid und über andere südafrikanische Maßnahmen zu beschweren.

Indem sie Südafrikas Machtausübung Beschränkungen unterwarfen, stärkten diese drei Rechtsgutachten in den Augen vieler afrikanischer Staaten die Position des Internationalen Gerichtshofs. Für manche war der Haager Friedenspalast plötzlich »ein Ort progressiver Möglichkeiten«. Aufmerksamen Lesern der dritten gutachterlichen Stellungnahme des Gerichts dürfte eine deutliche Warnung von Richter Lauterpacht aufgefallen sein, dass die beharrliche Missachtung von Entscheidungen der Generalversammlung durch Südafrika nach Völkerrecht rechtswidrig sein könne. Die Generalversammlung griff Lauterpachts Hinweis auf und ersuchte Staaten, über eine Klage gegen Südafrika wegen dessen Misshandlung der Einwohner Südwestafrikas nachzudenken. Der Moment war günstig: Südafrika trotzte dem »Wind des Wandels«, verbot den (1912 zur Verteidigung der Rechte und Freiheiten von Afrikanern gegründeten) Afrikanischen Nationalkongress (African National Congress, ANC) und klagte Nelson Mandela wegen Hochverrats an. In Sharpeville wurden 69 Menschen getötet, als südafrikanische Polizisten auf friedliche Protestierende schossen.

Liberia beschloss, Südafrika zu verklagen. Es versicherte sich der Dienste von Ernest Gross, eines ehemaligen Anwalts im US State Department, der bei den Vereinten Nationen eng mit Ralph Bunche zusammengearbeitet hatte; Äthiopien folgte dem Beispiel unverzüglich mit einer zweiten Klage. Im November 1960, kurz vor der Annahme von Resolution 1514, reichten Liberia und Äthiopien ihre Klagen gegen Südafrika in Den Haag ein. Beide Länder waren Mitglieder des Völkerbunds gewesen: Sie wollten der Apartheid und der Misshandlung der Einwohner Südwestafrikas ein Ende machen und Südafrikas Weigerung, die Unabhängigkeit der ehemaligen Kolonie zu billigen, anfechten.

Der Internationale Gerichtshof führte beide Fälle zusammen, die, so argumentierte Südafrika, mit der Begründung abgewiesen werden müssten, dass kein Staat irgendein berechtigtes gesetzliches Interesse an der Behandlung der Einwohner der Kolonie habe. In seinem Urteil von 1962 verwarf das Gericht mit knapper Mehrheit Südafrikas gerichtliche Anfechtung: Acht der 15 Richter entschieden, dass Äthiopien und Liberia »ein gesetzliches Recht oder Interesse« hätten, die Rechte der Einwohner Südwestafrikas zu schützen. Sieben Richter stimmten dagegen, angeführt von dem australischen Richter, Sir Percy Spender, und seinem britischen Kollegen, Sir Gerald Fitzmaurice, einem ehemaligen Rechtsberater im britischen Außenministerium. Die beiden schrieben gemeinsam ein erbittertes, wegen seiner Länge und seines Formalismus bemerkenswertes Sondervotum. Sie wandten ein, dass der Internationale Gerichtshof politisch gehandelt habe, indem er das »Wohlergehen und den sozialen Fortschritt«

der Bewohner der Kolonie berücksichtigte. Solche humanitären Instinkte lägen außerhalb des Gesetzes und dürften durch ein internationales Gericht nicht thematisiert werden.

Als in dem Fall die Entscheidung in der Sache anstand, war Sir Percy Spender mit tatkräftiger Unterstützung von Richter Fitzmaurice zum Präsidenten des Internationalen Gerichtshofs gewählt worden. Spender war in gewisser Hinsicht ein Modernisierer – er führte die Simultanübersetzung zwischen Englisch und Französisch, den beiden Sprachen des Gerichts, ein sowie den öffentlichen Zutritt zu Anhörungen –, aber er war auch äußerst konservativ, wenn es um rechtliche und verfahrenstechnische Fragen ging. Während die Fälle zwei Runden Schriftsätze und mündliche Anhörungen durchliefen, die sich über mehr als 20 Wochen hinzogen, tauchte ein Problem hinsichtlich der Zusammensetzung der Richterbank auf. Siebzehn Richter hätten die Fälle verhandeln sollen, die 15 ständigen Richter und zwei Ad-hoc-Richter, einer von Südafrika ernannt, der andere von Liberia und Äthiopien. Am Ende waren drei der 17 Richter an den Urteilen in der Sache nicht beteiligt – einer starb, ein anderer wurde krank, und der dritte wurde in einem anscheinend von Spender und Fitzmaurice koordinierten Schritt an der Teilnahme gehindert.

Die Ablösung des dritten Richters, Sir Muhammad Zafarullah Khan, sollte sich als äußerst folgenreich erweisen. Khan, der aus Pakistan stammte, hatte die All-indische Muslimliga bei der Dekolonisierung und Teilung Indiens vertreten, später fungierte er als erster Außenminister seines Landes. Sein erster Versuch, an den Internationalen Gerichtshof gewählt zu werden, war erfolglos gewesen, trotz britischer Unterstützung. (»Meilenweit vor allen anderen Kandidaten«, schrieb ein britischer Offizieller, insbesondere denen aus dem »mohammedanischen und nahöstlichen Block.«) Beim zweiten Versuch, 1954, setzte Khan sich durch, obwohl sich die Briten inzwischen scharf gegen ihn gewandt hatten (beunruhigt durch eine, wie sie es empfanden, »fanatisch antikoloniale« Haltung).

Als Richter am Gerichtshof trug Sir Zafarullah die Rechtsgutachten zu Südwestafrika von 1955 und 1956 mit. Nachdem seine Amtszeit 1961 endete, kehrte er als Botschafter Pakistans zu den Vereinten Nationen zurück und amtierte 1962/63 als Präsident der UN-Generalversammlung. Im Jahr 1960 lehnte er eine Einladung Äthiopiens und Liberias ab, die ihn als Ad-hoc-Richter in den beiden Südwestafrika-Fällen berufen wollten. Vier Jahre später wurde er für eine zweite Amtszeit als Richter am Internationalen Gerichtshof gewählt.

Sir Zafarullah Khans Wahl war Spender kaum willkommen, der dem Pakistaner zu verstehen gab, dass er ihn als Richter bei diesen Fällen allein deswegen für befangen hielt, weil Äthiopien und Liberia ihn als ihren Ad-hoc-Richter hatten berufen wollen. Als Khan dem Australier sagte, dass er keinen Interessenkonflikt sehe, da er die Berufung abgelehnt habe, behauptete Spender, dass eine »satte Mehrheit« der Richter anders dächte. »Wir werden Ihre Entscheidung [die Fälle nicht zu verhandeln] zu schätzen wissen«, schrieb Spender, womit er faktisch Sir Zafarullahs Rückzug erzwang, unterstützt von Sir Gerald Fitzmaurice, der kein Freund von Khan war. (Fitzmaurice hatte ein Jahrzehnt zuvor als Anwalt im britischen Außenministerium in London Khans Richterkandidatur mit der Begründung abgelehnt, dieser sei zu unabhängig, »äußerst schwer zu beeinflussen« und neige dazu, »unter allen Umständen an seinem eigenen Standpunkt festzuhalten«.)

Lady Spender hielt Khan für eloquent und einen »alten Freund«, auch wenn er zu gerne den Koran zitiere.

Angesichts solchen Drucks trat Khan wegen Befangenheit zurück. Die 14 Richter, die in der Sache selbst entschieden, teilten sich gleich auf: Sieben unterstützten die von Liberia und Äthiopien eingereichten Klagen, sieben waren dagegen. Nach den Regularien des Gerichts fiel damit dem Präsidenten die entscheidende Stimme zu. Als Spender das Urteil sprach, konnte ein im Großen Saal anwesender Diplomat kaum glauben, was er da hörte, bis ihm nach 40 Minuten Vortrag dämmerte, dass Südafrika recht bekommen würde. Als Spender zur Schlussausführung des Gerichts kam – Äthiopien und Liberia hätten nicht das Recht, sich an den Internationalen Gerichtshof zu wenden, um Südafrika zur Rechenschaft zu ziehen –, war im Gerichtssal ein schweres Atmen vernehmbar. Spenders Schlussworte fassten den Richterspruch zusammen: »Das Gericht entscheidet mit der ausschlaggebenden Stimme des Präsidenten – bei bestehender Stimmengleichheit –, die Ansprüche des Kaiserreichs Äthiopien und der Republik Liberia abzuweisen.«

Bemerkenswerterweise konnten Spender und Fitzmaurice während der vier Jahre, die sich der Fall hinzog, auf das frühere Urteil von 1962 – in dem sie eine Mehrheit nicht hatten überzeugen können, die Klage abzuweisen – zurückkommen und einen Spruch herbeiführen, dass zwei afrikanische Staaten kein berechtigtes gesetzliches Interesse hätten, rassistische und diskriminierende Maßnahmen des weißen Südafrika gegen die Schwarzen Bewohner seiner Kolonie anzufechten. Ihr Denken – dass humanitäre Erwägungen aus dem Wirken der Justiz auszuschließen seien – obsiegte nun. Aufgabe des Gerichts sei es, gesetzliche Regelungen anzuwenden, nicht moralische Prinzipien. Spenders Mehrheit entschied, und jene Regelungen bedeuteten, dass ein einzelner Staat nicht einen Fall vor den Internationalen Gerichtshof bringen konnte, um die Rechte von Menschen in einem anderen Staat zu schützen: Die Idee einer »*actio popularis*«, einer »Popularklage«, existierte im Völkerrecht nicht. (Drei Jahre später hob das Gericht in einem anderen Fall diesen Richterspruch auf und gestand ein, dass das Völkerrecht sehr wohl ein solches Recht anerkenne, eine Entscheidung, die fünf Jahrzehnte später Gambia den Weg ebnen sollte, Myanmar wegen mutmaßlicher genozidaler Handlungen gegen die Gemeinschaft der Rohingya zu verklagen.)

Mehrere Richter in dem Südwestafrika-Fall schrieben gewichtige abweichende Gutachten. Ich erinnere mich, dass ich Jahre später als Student das Gutachten von Philip Jessup las, eines US-Richters, die erste und einzige abweichende Stellungnahme, die er je schrieb: Die Entscheidung war seiner Ansicht nach ein grober Fehler, und sie »entbehrt[e] jeder [rechtlichen und faktischen] Grundlage«, da Äthiopien und Liberia offenkundig ein berechtigtes gesetzliches Interesse hatten und ihr Antrag Erfolg hätte haben müssen. Jessup gab der Hoffnung auf die »Klugheit künftiger Zeiten« Ausdruck; seine Worte ärgerten Spender, der ihn tadelte, weil er Ansichten in der Sache selbst äußere, nachdem das Gericht entschieden habe, dass es für diese nicht zuständig sei.

* * *

Die Urteile zu Südwestafrika stürzten den Internationalen Gerichtshof in einen Abgrund der Schande, aus dem er zwei Jahrzehnte lang nicht mehr herauskommen sollte. Mitten in der Epoche der Dekolonisierung erlebte man, wie die Richter eine Lanze für die Kolonialherrschaft brachen, indem sie Apartheid und Diskriminierung unangetastet ließen. Die Regierung von Südafrika feierte, während andere das Gericht geradezu bedauerten, weil es »nach dem Gesetz des ›weißen Mannes‹« Recht gesprochen habe. Manche sahen in der Entscheidung die völkerrechtliche Entsprechung zu dem berüchtigten Urteilsspruch des US Supreme Court im *Dred-Scott-v-Sandford*-Prozess ein Jahrhundert zuvor, wonach das Wort »Volk« in der US-Verfassung nicht Afrikaner oder jene, die versklavt wurden, einschließe.

Sir Zafarullah Khan tat den – für einen Richter – höchst ungewöhnlichen Schritt, offiziell mit einer Zeitung zu sprechen. »Es gab keinen Grund, mich auszuschließen«, sagte er dem *Observer* in London. Seine Worte steigerten das Gefühl der Empörung und bestätigten, dass die Entscheidung gegenteilig ausgefallen wäre, wenn er bei dem Fall als Richter amtiert hätte. Viele – darunter einige der Anwälte Äthiopiens und Liberias – waren der Meinung, dass der Internationale Gerichtshof sich in ein Instrument des Kolonialismus verwandelt und auf diese Weise in die anachronistische Bedeutungslosigkeit verabschiedet hatte.

UN-Mitglieder veranlassten die Generalversammlung zu bekräftigen, dass Resolution 1514 den Menschen Südwestafrikas »das unveräußerliche Recht auf Selbstbestimmung, Freiheit und Unabhängigkeit im Einklang mit der Charta der Vereinten Nationen« einräume. Die Generalversammlung beendete mit sofortiger Wirkung das Großbritannien übertragene und durch Südafrika ausgeübte Mandat und beschloss, dass das Mandatsgebiet Südwestafrika künftig unmittelbar durch die UN verwaltet werden sollte. Einhundertvierzehn Staaten stimmten für diese Resolution, zwei dagegen und drei enthielten sich, darunter Großbritannien. Die Versammlung änderte den Namen des Territoriums in Namibia und ernannte einen Kommissar und einen Rat, um es bis zur Unabhängigkeit zu verwalten. Ein paar Wochen nach dem Urteil verabschiedete die Generalversammlung den Internationalen Pakt über bürgerliche und politische Rechte (Zivilpakt), ein weitreichendes und rechtsverbindliches Menschenrechtsinstrument von potenziell globaler Anwendbarkeit. Artikel 1 bekräftigte: »Alle Völker haben das Recht auf Selbstbestimmung«, und verpflichtete die »Vertragsstaaten (...) die Verwirklichung des Rechts auf Selbstbestimmung zu fördern und dieses Recht zu achten«.

Der Unmut der Generalversammlung spiegelte sich in den nächsten Wahlen an den Internationalen Gerichtshof wider. Spender schied aus, und ihm folgte ein nigerianischer Richter nach, womit ein traditionell weißer Commonwealth-Sitz an Schwarzafrika übergeben wurde. Lady Spender ging in ihren Erinnerungen stillschweigend über die schmerzhafte Episode Südwestafrika hinweg. Allerdings erwähnte sie eine Person, deren Handeln und traurige Berühmtheit dem Internationalen Gerichtshof – unabsichtlich – in späteren Jahren erlaubte, den Schaden zu reparieren, den er sich selbst zugefügt hatte: Sie schilderte den Besuch der Spenders in Nicaragua, wo sie von dem despotischen Führer des Landes, Präsident Anastasio Somoza Debayle, herzlich empfangen wurden. Zu gegebener Zeit sollte das Ende von Somozas Herrschaft im Jahr 1979 einem anderen Fall an dem Gericht Tür und Tor öffnen. Aber noch schrieb man das Jahr 1968, und es war ein bedeutsames Jahr für Mauritius.

Trennung

Am 12. März 1968 hörte der größte Teil von Mauritius auf, eine Kolonie Großbritanniens zu sein und wurde unabhängig. Bei einer Zeremonie auf der Champ-de-Mars-Pferderennbahn in Port Louis wurde der Union Jack eingeholt und eine neue Flagge gehisst, eine mit vier strahlenden Farben: Rot für die Freiheit, Blau für den Indischen Ozean, Gelb stand für das Licht der Unabhängigkeit und Grün symbolisierte die üppige Vegetation des Landes. Gemäß der neuen Verfassung würde Königin Elisabeth II. als Staatsoberhaupt fungieren, und Sir Seewoosagur Ramgoolam wurde der erste Premierminister des Landes.

Der Weg des Landes in die Unabhängigkeit war mühsam gewesen, da Großbritannien sich gegen die Worte von Atlantik- und UN-Charta gewehrt hatte. Die Verfassung der Kolonie wurde durch die Schaffung neuer, vom Volk gewählter legislativer und exekutiver Organe in Maßen reformiert; stimmberechtigt waren alle, die einfache Sätze in Englisch, Französisch oder Kreolisch, den drei Sprachen des Landes, lesen und schreiben konnten. Es gab Konferenzen und Verfassungsänderungen, da den Einheimischen etwas mehr Mitbestimmung eingeräumt wurde, während die tatsächliche Gewalt beim Gouverneur und in London lag. Im Jahr 1959 verlangten der Legislativrat und Dr. Ramgoolam Autonomie, gefolgt von der Unabhängigkeit.

Im Jahr 1964 weigerte sich Großbritannien noch immer, ein Datum für die Unabhängigkeit zu nennen. Dafür gab es einen Grund – einen geheimen Grund. Während die mauritischen Führer mit Großbritannien sprachen, wussten sie nicht, dass London sich insgeheim mit Washington verständigte, das ein Auge auf einige der entlegeneren Inseln von Mauritius geworfen hatte. Im Frühjahr 1963 begannen geheime Unterredungen über die Nutzung »bestimmter kleiner Inseln im Indischen Ozean in britischem Besitz« durch die Amerikaner für eine neue Militärbasis. Gestützt auf ein von Stuart Barber, einem Marine-Planer im US-Verteidigungsministerium, entwickeltes und von Paul Nitze umgesetztes »Strategic Island Concept«, bestimmte man Diego Garcia zum Ort der Wahl. Entsprechend inspizierten die Briten die Insel als potenzielle »militärische Nachrichtenstation«. Im Jahr 1964 baten die Amerikaner die Briten, eine Räumung der Insel Diego Garcia durch Umsiedlung der Bewohner zu prüfen. Die Gespräche, die unter höchster Geheimhaltung stattfanden, zielten auf »Kündigungsschutz« und eine langfristige Verpachtung.

Obwohl sie sich der rechtlichen und politischen Risiken bewusst waren, boten die Briten dennoch an, »auf Kosten der Regierung Ihrer Majestät« das Notwendige zu veranlassen. »Wir haben die Macht, dies zu tun«, schloss ein geheimes Memorandum, »müssen aber den Vorwurf vermeiden, dass wir ›mit kolonialem Territorium handeln‹ oder keine Rücksicht auf die Interessen der Bewohner nehmen.« Die Furcht vor einer negativen Reaktion bei den UN war offensichtlich. Es gäbe »weiterhin eine einheimische Bevölkerung, wenn auch zahlenmäßig sehr klein«, vermerkte ein weiteres Memorandum, so dass Großbritannien dafür kritisiert werden könnte, eine neue Kolonie zu schaffen.

Um eine Idee nie verlegen, dachten die Beamten und Anwälte in London sich eine Lösung aus, um die UN-Regeln und Resolution 1514 zu umgehen. Die Kritik an Großbritannien würde ihre Kraft einbüßen, wenn – ein großes »Wenn« – ein Mittel gefunden werden konnte, sich der Zustimmung der mauritischen Führung oder, sollte die nicht zu bekommen sein, »zumindest ihrer stillschweigenden Billigung« zu versichern. Eine andere Möglichkeit sei, »die Mauritier vor vollendete Tatsachen zu stellen« oder einfach »ihnen in letzter Minute zu sagen, was wir tun«. Juristische Köpfe in London wurden angewiesen, Vereinbarungen zu ersinnen, um den Vorwurf der Rechtlosigkeit zu vermeiden.

Entsprechend ließen die britischen und amerikanischen Kollaborateure sich einen auf Zustimmung beruhenden Plan einfallen: Man würde eine gemeinsame Einrichtung schaffen, den Mauritiern davon aber nichts verraten, und der Gouverneur, Sir John Rennie, würde Konsultationen mit Dr. Ramgoolam, dem mauritischen Premier, aufnehmen, in der Hoffnung, dessen Zustimmung zu erhalten. Aber Dr. Ramgoolam widersetzte sich, da ihm nicht wohl war bei der »Abtrennung« von Chagos, und er bestand darauf, dass das Territorium der Kolonie unversehrt bliebe, wie es die Prinzipien der Selbstbestimmung und territorialen Integrität aus Resolution 1514 verlangten. Stattdessen bot er eine »langfristige Verpachtung« an. Ohne die Beteiligung der Vereinigten Staaten zu erwähnen, informierte Gouverneur Rennie die Mauritier lediglich, dass bestimmte Chagos-Inseln evaluiert würden. Die Studie wurde unter Leitung von Mr. Robert Newton durchgeführt, dem Kolonialminister von Mauritius, einem begeisterten Vogelbeobachter. »Ich war mit den Inselverwaltern der Auffassung, dass es in einem wissenschaftlichen Zeitalter einen wachsenden Bedarf an exakten wissenschaftlichen Studien gebe«, erklärte Newton und äußerte »vage Anspielungen auf die Entwicklungen im Funkverkehr«. Von einem zukünftigen US-Stützpunkt sagte er nichts.

Newton schlug die Abtrennung des Chagos-Archipels von Mauritius vor, die Herausnahme sämtlicher 55 oder mehr Inseln aus dem »unberechenbaren Lauf der Politik, der in Richtung Unabhängigkeit tendiert«. Er empfahl, die Inseln des Archipels zu »unmittelbaren Schutzgebieten der britischen Krone« zu machen, zu einer neuen Kolonie. Resolution 1514 unverhohlen ignorierend, räumte Newton dessen ungeachtet ein, dass eine Abtrennung »erhebliche politische Schwierigkeiten verursachen würde«. Es »wäre kaum opportun, Mauritius seiner Schutzgebiete zu berauben«, schrieb er, »ohne irgendein Quidproquo, eine Gegenleistung«. Die Briten erkannten Chagos als Teil des Territoriums von Mauritius an.

Im Januar 1965 bekräftigten die Amerikaner ihren Wunsch, dass der gesamte Archipel von Mauritius abgetrennt würde und nicht bloß Diego Garcia. »Die vollständige Abtrennung könnte jetzt wirksamer gewährleisten, dass die politische Aufmerksamkeit der Mauritier und damit auch jeglicher Wiedervereinigungsdruck auf lange Sicht von Diego Garcia abgelenkt wird.« Drei Monate später fügte London sich den Amerikanern: Nachdem er es abgelehnt hatte, Großbritannien in Lyndon B. Johnsons Vietnamkrieg zu verwickeln, willigte Premierminister Harold Wilson ein, das Chagos-Projekt »so schnell wie möglich« voranzutreiben. Eine weitere geheime Note untermauerte, dass die Chagos-Inseln »rechtlich Teil des Territoriums der Kolonie« seien, so dass für die Rechtmäßigkeit die Zustimmung der mauritischen Führer erforderlich wäre. Die Rede war von »großzügiger Entschädigung«, ins Gespräch gebracht wurde die Summe von zehn Millionen britischen Pfund.

Im Mai willigten die USA ein, finanzielle Unterstützung anzubieten, aber unter Bedingungen »großer Geheimhaltung«, da der US-Kongress Fragen stellen würde. Gouverneur Rennie wurde angewiesen, den mauritischen Führern die Idee einer Abtrennung mitzuteilen, so dass Chagos als neues und eigenständiges Territorium gegründet würde. Dies würde durch eine Order-in-Council (Kabinettsorder) und nicht durch einen Act of Parliament, ein vom britischen Parlament beschlossenes Gesetz, geschehen, um die Geheimhaltung zu wahren und eine genaue Prüfung zu vermeiden.

Premier Ramgoolam und seine Mitarbeiter waren nicht überzeugt. Sie waren gegen eine Abtrennung und erbaten sich Zeit, um die Vorschläge zu überdenken. Im September wurden sie zu Gesprächen über die Unabhängigkeit, die Großbritannien nach wie vor nicht gewillt war anzubieten, nach London eingeladen. Auf der Konferenz im Lancaster House verhärteten sich die Verhandlungspositionen: Die Briten wollten ohne Zustimmung abtrennen, die Mauritier wollten einer Verpachtung zustimmen, nicht aber einer Abtrennung. Zur mauritischen Delegation gehörte Anerood Jugnauth, ein junger Rechtsanwalt.

Am 23. September traf sich Wilson in 10 Downing Street mit Ramgoolam, ausgestattet mit einem Schriftstück, das Instruktionen enthielt und in nüchternen Worten haarklein das gewünschte Ergebnis darlegte: »Das Ziel ist, ihm mit Hoffnung Angst einzujagen: Hoffnung, dass er die Unabhängigkeit bekommen könnte; Angst, dass nicht, sollte er sich unempfänglich zeigen für die Abtrennung des Chagos-Archipels.« Das Schriftstück empfahl: »Der Premierminister möchte daher vielleicht verdeckt Bezug nehmen auf die Tatsache, dass die Regierung Ihrer Majestät den Rechtsanspruch hat, Chagos durch eine Order-in-Council abzutrennen, *ohne* die Zustimmung von Mauritius, aber dies wäre ein schwerwiegender Schritt.«

Wilson legte seinem Gegenüber die Optionen im Detail dar: »Der Premier und seine Kollegen könnten entweder mit der Unabhängigkeit nach Mauritius zurückkehren oder ohne sie. (...) Diego Garcia könne entweder durch eine Order-in-Council oder mit dem Einverständnis des Premiers und seiner Kollegen abgetrennt werden. Die beste Lösung von allen könne die Unabhängigkeit und die Abtrennung nach Übereinkunft sein. (...).« Einmal mehr ließ Ramgoolam sich nicht überreden und schlug eine Verpachtung vor. »Inakzeptabel«, erwiderten die Briten.

Dies war der Kontext, in welchem eine »Verständigung« über die »Abtrennung« erzielt wurde: Mauritius würde die Unabhängigkeit bekommen, dazu drei Millionen britische Pfund als Entschädigung und mehr für Grundeigentümer und Chagossianer, die umgesiedelt würden. Die Briten boten Handelskonzessionen für Zuckerimporte, Fischereirechte rund um Chagos – »soweit machbar« – und Zugang zu den Vorteilen von Mineralien oder Öl an, die rund um Chagos entdeckt wurden. Die Briten willigten ein, dass, sollte kein Bedarf mehr an den Einrichtungen bestehen, die Inseln an Mauritius zurückgegeben werden sollten.

Widerstrebend und unter starkem Druck besprach Ramgoolam die Angelegenheit mit seinen Kollegen. Am nächsten Tag wurden Briten und Amerikaner informiert, dass Ramgoolam und eine Mehrheit seiner in London anwesenden Minister der Abtrennung unter diesen Bedingungen zugestimmt hätten. Die Briten legten die nächsten Schritte dar, in drei Phasen: Nach der Abtrennung würde auf Peros Banhos und anderen Inseln, die nicht unmittelbar für Verteidigungsanlagen vorgesehen waren, das normale Leben weitergehen; die Bevölkerung von Inseln, die für Verteidigungszwecke gebraucht wurden, würde »vertrieben«, und Diego Garcia würde von allen einheimischen zivilen Bewohnern geräumt werden.

Am 24. September 1965 – zwei Tage nach Wilsons Treffen mit Ramgoolam – gab Großbritannien die Entscheidung bekannt, Mauritius die Unabhängigkeit zu gewähren. Im November informierte Gouverneur Rennie London, dass eine Mehrheit des Ministerrats von Mauritius der Abtrennung zugestimmt habe. Die Angelegenheit war nun dringend: Um Schwierigkeiten bei den Vereinten Nationen zu vermeiden, musste die Abtrennung »möglichst bald« durchgeführt werden, weil Großbritannien seinerzeit wegen seines Festhaltens an Aden und Rhodesien scharf kritisiert wurde.

Es sei wahrscheinlich, warnte Kolonialminister Anthony Greenwood, dass Chagos »der Liste ›imperialistischer‹ Maßnahmen, für die wir angegriffen werden, hinzugefügt« würde und dass Großbritannien beschuldigt würde, »in einer Epoche der Dekolonisierung eine neue Kolonie zu schaffen und neue Militärstützpunkte zu errichten, wo wir von den alten verschwinden sollten«. Entscheidend seien Geschwindigkeit und Geheimhaltung, da Verzug den Plan »gefährden« würde. Die UN-Generalversammlung stehe im Begriff, eine Debatte über Mauritius zu führen, und wenn die Mauritier von dem Deal mit den USA erführen, geriete Großbritannien unter enormen Druck, das Abkommen zurückzuziehen. Außerdem, fügte Greenwood hinzu, würden wir »uns dem zusätzlichen Vorwurf der Unaufrichtigkeit aussetzen«, wenn Großbritannien das Thema in UN-Ausschüssen meide und dann seine Entscheidung treffe. Seine Lösung? »Die UN vor vollendete Tatsachen stellen.« Das Parlament umgehen, die Order-in-Council verabschieden, die Inseln abtrennen, »eine gesonderte Kolonie« schaffen – und es jetzt tun.

Das Foreign Office stimmte zu. Die britische UN-Gesandtschaft in New York wurde angewiesen, mit den Amerikanern die »Taktik abzustimmen« und auf der Grundlage einer großen Lüge zu verfahren, sprich: den UN zu erzählen, dass die Chagos-Inseln »praktisch keine dauerhaften Bewohner haben«. Lord Caradon, dem Ständigen Vertreter des Vereinigten Königreichs bei den Vereinten Nationen in New York, war nicht ganz wohl bei der Verwendung des Wortes »praktisch«. Wenn die Wahrheit herauskäme, dass Chagos doch eine Bevölkerung hatte, wie klein auch immer, gäbe es »Vorwürfe, unseren Verpflichtungen aus der UN-Charta gegen jene nachzukommen, die dauerhafte Bewohner sind«. Es wäre wohl besser, riet Caradon, auf der Grundlage zu verfahren, dass es »keine dauerhaften Bewohner« gebe. Das Wort »praktisch« wurde gestrichen.

Einigen der Anwälte in London, den Hütern des Rechtsstaatsprinzips, war alles andere als wohl. »Das ist wirklich ziemlich unbefriedigend«, warnte ein Referent im Außenministerium. »Wir trennen diese Inseln ab – an sich schon eine Sache, die kritisiert wird« –, dann würden die Bewohner umgesiedelt oder es würde (»auf mehr oder weniger betrügerische Weise«) bestätigt, dass sie woanders hingehörten, eine Methode, die kaum mit den UN-Regeln in Einklang gebracht werden könne, schrieb Mr. Darwin. Einem anderen Anwalt hingegen war vollkommen wohl bei einer umfassenden Deportation, die auf der Fiktion beruhte, dass die Bewohner des Chagos-Archipels dort nicht dauerhaft lebten. Dies sei vom rechtlichen, finanziellen und UN-Standpunkt aus »die wünschenswerteste Lösung für das Problem des Britischen Territoriums im

Indischen Ozean«, riet Mr. Aust. An einer vollständigen Deportation sei »rechtlich oder im Prinzip nichts falsch«, da Großbritannien »sich seine eigenen Regeln machen« und die Bewohner als in jeder Weise »nicht zu Chagos gehörig« behandeln könne.

Am Morgen des 8. November verfasste der Privy Council (Kronrat) eine Order-in-Council, mit der ein neues »Britisches Territorium im Indischen Ozean« (BIOT, *British Indian Ocean Territory*) geschaffen wurde, das sämtliche Inseln des Chagos-Archipels umfasste. Einem BIOT-Kommissar *(Commissioner)* wurden weitreichende gesetzliche Befugnisse erteilt, darunter die Zwangsumsiedlung der gesamten einheimischen Bevölkerung. Die Order-in-Council änderte die Verfassung von Mauritius, indem sie Chagos aus der Definition des Territoriums der Kolonie herausnahm.

Trotz der umsichtigen Pläne sickerte die Nachricht durch und erreichte New York, wo sie eine unmittelbare, scharfe Reaktion hervorrief. Die UN-Generalversammlung verabschiedete rasch eine Resolution zu Mauritius, in welcher sie ihre »tiefe Sorge« über die Abtrennung von Chagos äußerte und Großbritannien anwies, das Territorium nicht zu »zerstückeln« und »seine territoriale Integrität zu verletzen«, und die Briten auf künftige Schwierigkeiten aufmerksam machte. Großbritannien ignorierte die Resolution. Ein Jahr später folgte eine zweite Resolution, die ebenfalls ignoriert wurde. Zehn Tage später tauschte Großbritannien mit den Vereinigten Staaten Memoranden über ein *Agreement Concerning the Availability for Defense Purposes of the British Indian Ocean Territory* aus. Darin wurde erklärt, das BIOT sei britisch und stehe 50 Jahre lang, bis 2016, für die Verteidigungszwecke beider Staaten zur Verfügung, gegebenenfalls mit einer Verlängerung um weitere 20 Jahre, bis 2036. Den USA würde keine Nutzungsgebühr berechnet. Es war ein sehr britisches Geschenk.

Im Sommer 1967 missbilligte der UN-Sonderausschuss Dekolonisierung (C-24) die »Zerstückelung von Mauritius«, eine klare Verletzung des Prinzips der territorialen Integrität. Der Ausschuss ersuchte Großbritannien, die Unversehrtheit des Territoriums wiederherzustellen. Auch diese Forderung ignorierte Großbritannien. Im Dezember 1967 verabschiedete die Generalversammlung eine dritte Resolution, in welcher sie die Abtrennung von Chagos kritisierte. Sie wurde ebenfalls nicht beachtet.

Im darauffolgenden Frühjahr wurde Mauritius ein unabhängiger Staat, aber einer mit unvollständigem Territorium. Als die britische Flagge eingeholt und die mauritische Flagge gehisst wurde, reichte Gouverneur Rennie, der einen mit vielen weißen Federn geschmückten zeremoniellen Hut trug, Sir Seewoosagur Ramgoolam, dem ersten Premierminister des unabhängigen Mauritius, die Hand. Als ich mir eine Wochenschau ansah, fiel mir auf, dass Sir Seewoosagur zögerte, bevor er die Hand des scheidenden Gouverneurs ergriff. Die letzte Handlung des Gouverneurs war die Annahme einer neuen Verfassung für Mauritius. Es war eine Verfassung, die lediglich »die Territorien, welche unmittelbar vor dem 12. März 1968 die Kolonie Mauritius bildeten«, einbezog. Die neue Definition schloss Chagos aus. Einen Monat später wurde Mauritius das 125. Mitglied der Vereinten Nationen. In New York stand Otis Redding mit »Sittin' on the Dock of the Bay« an der Spitze der Charts.

* * *

Auf Peros Banhos bemerkten Liseby und ihre Familie und Freunde nichts von diesen Entwicklungen. Sie wusste nicht, dass sie nun die Bewohnerin einer neuen britischen Kolonie war und nicht eines unabhängigen Mauritius. Sie wusste nichts von irgendeinem Abkommen mit den Vereinigten Staaten. Und sie wusste nicht, dass ihre Zeit auf Peros Banhos bald enden würde, dass sie in Kürze von der Insel und ihrem Zuhause deportiert werden würde, zusammen mit allen anderen.

Andere wussten sehr wohl, was kam. Die britische UN-Gesandtschaft in New York sorgte sich wegen der »vertretbaren These«, dass die Abtrennung rechtswidrig sei. Die Umsiedlung der gesamten Bevölkerung würde die Sache noch weit schlimmer machen, »schwer in Einklang zu bringen« mit dem »heiligen Auftrag« von Kapitel XI der UN-Charta und deren Artikel 73. Britische Offizielle standen vor einem sehr menschlichen Problem, also beschlossen sie, es mit Lord Caradons Lüge zu halten: Sie würden der Welt erzählen, dass es auf Chagos keine »dauerhafte Bevölkerung« gebe.

Um eine Lösung nie verlegen, behaupteten die Briten, dass Liseby Bertrand und alle Chagossianer lediglich »Vertragsarbeiter« seien, nicht Bewohner mit Familien, von denen viele, die sogenannten *îlois*, schon seit Generationen auf den Inseln lebten. Lisebys Verbundenheit mit der Insel, über eine lange Reihe von Vorfahren einschließlich der versklavten weitergegeben, wurde beiseitegewischt. Wir müssen »sehr hart« sein, entschied das britische Außenministerium. »Zweck des Ganzen ist es, ein paar Felsen zu bekommen, die auf Dauer uns gehören werden«, vermerkte ein Beamter, so werde Chagos ein Ort »ohne einheimische Population, ausgenommen ein paar Möwen«. Die Fiktion beflügelte die britische koloniale Vorstellungskraft. »Mit-

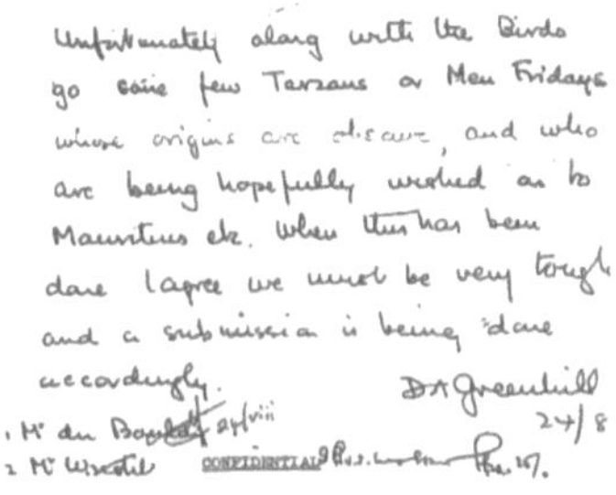
Unfortunately along with the Birds
go some few Tarzans or Men Fridays
whose origins are obscure, and who
are being hopefully wished on to
Mauritius etc. When this has been
done I agree we must be very tough
and a submission is being done
accordingly.
D A Greenhill
24/8
CONFIDENTIAL

samt den ›Vögeln‹ gehen (…) einige wenige ›Tarzans‹ oder ›Freitage‹, deren Herkunft zweifelhaft ist«, schrieb Mr. (später Lord) D. A. Greenhill. Sie wären bald fort, umgesiedelt nach Mauritius und an andere ferne Orte.

Die Zwangsumsiedlung Hunderter Menschen erfolgte in drei Phasen und begann 1967. Die Ersten, die umgesiedelt wurden, waren jene, die sich durch Zufall vorübergehend fern von Chagos aufhielten, auf Mauritius oder anderswo. Bedaure, wurde ihnen gesagt, es ist kein Schiff verfügbar, das Sie nach Chagos zurückbringen kann. Die Nächsten, die gingen, im Anschluss an eine Entscheidung, die Harold Wilson und Außenminister Michael Stewart im April 1969 getroffen hatten, waren jene, die auf Diego Garcia lebten. Die Insel sei nun »Sperrgebiet«, informierte man die Bewohner. Manche wurden nach Peros Banhos oder auf andere Inseln verfrachtet, einige nach Mauritius oder auf die Seychellen gebracht. Jahre später trafen einige, die deportiert worden waren, auf dem Londoner Flughafen Gatwick ein, um sich im nahe gelegenen Crawley ein neues Leben aufzubauen. Die letzte Gruppe, die umgesiedelt wurde, umfasste jene, die auf allen anderen Inseln des Chagos-Archipels lebten, darunter auch Peros Banhos. Auf diese Weise entstand eine Diaspora, für welche die Briten in vollem Umfang verantwortlich waren, denn das Abkommen mit den USA »verlangte nur die Räumung von Diego Garcia«, wie dem britischen Hochkommissar in Port Louis später mitgeteilt wurde. »Sie [die Amerikaner] hatten keine Einwände dagegen, dass die anderen Chagos-Inseln bewohnt blieben; es war unsere Entscheidung, die Leute zu entfernen und auf Mauritius wieder anzusiedeln.«

Bis zum Sommer 1973 war die gesamte Bevölkerung des Chagos-Archipels, etwa 1500 Menschen, zwangsumgesiedelt worden. Zurück ließen sie Häuser, Wohnungen und Besitztümer, Mobiliar und Tiere und viele Hunde. Die Haustiere schufen ein weiteres Problem, für das mit Kugeln und Strychnin eine Lösung gefunden wurde. Als diese Lösung scheiterte, wurden die Hunde zusammengetrieben, in einen Kopra-Trockenschuppen gesperrt, vergast, dann verbrannt.

Über nichts davon wurde in der britischen Presse berichtet. Ich ging damals noch zur Schule, erfuhr in den Geschichtsstunden aber nichts von solchen Dingen. In meinem Schulunterricht wurde der britische Kolonialismus ganz anders dargestellt, woran mein Geschichtsbuch von 1973, das ich noch immer besitze, mich mit seinem wehmütigen Kapitel »Sonnenuntergang über den Imperien« erinnerte. Über Indien erfuhren wir, dass Lord Mountbatten, Großbritanniens letzter Vizekönig, ein »bemerkenswerter Mann« war, einer, der gut abschnitt im Vergleich zu Mahatma Gandhi, einem »verschrumpelten, knochigen, fast affenartigen« Führer mit »billiger Brille, ein Vegetarier, ein Pazifist«. Mir wurde beigebracht, dass das Ende eines Imperiums der »Elternteil-und-Kind«-Situation ähnele, in welcher das Elternteil partout nicht zugeben will, dass das Kind schon ziemlich erwachsen ist, und das Kind aufsässig darauf besteht, dass es das auch tatsächlich sei. »Am Ende setzt das Kind meist seinen Kopf durch und lernt, manchmal schmerzhaft, aus seinen eigenen Fehlern.«

Liseby, 1973

Liseby Bertrand hat keine Erinnerung an die Unabhängigkeit von Mauritius, weil diese niemals nach Peros Banhos oder zu irgendeinen Teil von Chagos gelangte. Sie war fünfzehn und arbeitete als Kindermädchen. »Ich kümmerte mich um die beiden Kinder von Monsieur Jean Guillemet, dem neuen Verwalter von Chagos«, erinnerte sie sich. »Seine Tochter Gilberte wurde auch auf Peros Banhos geboren. Sie lebt heute in Port Louis, wir haben immer noch Kontakt.«

Erst nach Unabhängigkeit und Zerstückelung, da lebte Liseby bereits in der neu geschaffenen Kolonie »BIOT«, begegnete sie zum ersten Mal einer englischen Person. »Es war vielleicht 1970 oder 1971, nachdem die Briten die Agalega Company gekauft hatten. Ein Mann, den man den ›Administrator‹ nannte, besuchte Peros Banhos, ich glaube, sein Name war Mr. Todd. Das war das erste Mal, dass ich eine weiße Person auf Peros Banhos sah. Tatsächlich war es überhaupt das erste Mal, dass ich irgendeine weiße Person sah.« (Ihre Erinnerung war richtig: John Rawling Todd, der 1955 in den Kolonialdienst eintrat und von 1965 bis 1974 als Administrator des »Britischen Territoriums im Indischen Ozean« fungierte, versah seine Amtsgeschäfte von den Seychellen aus und suchte die Chagos-Inseln nur selten auf.)

Etwa um die Zeit von Mr. Todds Besuch auf Peros Banhos begannen Gerüchte die Runde zu machen. »Es wurde gemunkelt, dass wir die Inseln verlassen müssten, wir alle, die wir dort lebten. Ich glaubte es nicht so richtig. Das war der Moment, wo ich begriff, dass es einen Unterschied gab zwischen weißen und Schwarzen Menschen. Wir würden fortgehen, weil wir Schwarz waren. Das begriffen wir.«

Im Jahr 1972 heiratete Liseby auf Peros Banhos ihre Sandkastenliebe, France Elysé, der ebenfalls von der Insel stammte. »Unsere Hochzeit war am 11. Dezember, ein Tag, an den ich mich sehr gut erinnere. Die Trauung wurde von dem Verwalter vollzogen. Ich erinnere mich an das Kleid, das ich trug, und die Feier in der ›Salle Verte‹, im grünen Saal. Wir tanzten und tanzten. Ich wurde Madame Elysé.«

Ob sie ein Foto von diesem besonderen Tag habe? »Nein, ich habe kein Foto von meiner Hochzeit. Wissen Sie, was? Ich habe aus meiner gesamten Kindheit kein einziges Foto. Das erste Foto von mir wurde gemacht, als ich schon 20 Jahre alt war, nachdem wir Peros Banhos verlassen hatten.«

Ihr Mann arbeitete als Schmied in der Schmiede der Agalega Company. »Nach der Hochzeit wohnte ich nicht mehr im Haus meines Vaters und zog bei meinem Mann ein, in das Haus, das wir uns mit seiner Mutter, meiner Schwiegermutter, teilten. Die Schwester meines Mannes ist die Mutter von Olivier Bancoult, er ist der Anwalt für die Chagossianer. Ich bin seine Tante.«

Binnen eines Jahres war sie schwanger mit ihrem ersten Kind. Vor der Geburt jedoch wurden die Gerüchte zur Tatsache: Man informierte die Bewohner von Peros Banhos, dass ihre Insel »Sperrgebiet« werden sollte, dass sie alle fortgehen müssten. Liseby war auf dem letzten Schiff, das die Inseln und Chagos verließ, eine aus einer Gruppe von etwa 400 Menschen, die zwangsumgesiedelt wurden.

»Der 27. April 1973, das war der Tag, an dem wir alle weggingen. Ich. Mein Mann. Mein Vater. Meine Brüder und Schwestern. Ich war fast 20 Jahre alt. Ich war schwanger.«

Sie durften nicht viel mitnehmen auf ihrer Reise. »Sie

sagten uns, wir müssten alles zurücklassen. Wir durften unsere Hunde nicht mitnehmen. Jedem von uns wurde ein Schrankkoffer erlaubt, den wir mit unseren wichtigsten Sachen füllten. Wir hatten keinen Handkoffer, wir hatten hölzerne *malles*, Überseekoffer. Man erlaubte jedem von uns ungefähr 25 oder 30 Kilo. Ich habe meinen Überseekoffer noch.«

Sie versammelten sich auf dem Landungssteg, dem, den ich von der alten Schwarz-Weiß-Fotografie kannte. Einer nach dem anderen gingen sie an Bord eines Schiffes, der 1958 in Elmshorn gebauten MS *Nordvær*. Jahrelang war sie die norwegische Küste rauf und runter gefahren, zwischen Trondheim und den Lofoten, mit sehr wenigen Passagieren an Bord, vornehmen englischen Touristen. Sie wurde von der Verwaltung des »Britischen Territoriums im Indischen Ozean« gekauft, und eines Tages, viele Jahre später, setzte man sie bei den Seychellen, vor Desnœufs, auf Grund, damit sie fortan als Wellenbrecher diente.

Die englischen Passagiere des Schiffs wurden durch Chagossianer ersetzt. »Die Bedingungen waren nicht gut«, erinnerte sich Liseby. »Die Fahrt über den Ozean dauerte vier Tage. Wir kamen am 2. Mai 1973 in Mauritius an. Wir waren traurig. Wir hatten das Gefühl, wie Tiere oder Sklaven behandelt zu werden.« Bei der Ankunft weigerten sich die Passagiere zunächst, von Bord zu gehen, da sie nicht wussten, wohin, ohne Geld oder Unterkunft. »Von der Regierung von Mauritius oder von der katholischen Kirche war niemand dort, um sie abzuholen«, erzählte mir ein Chagossianer, der in Crawley lebte, »und der Kapitän des Schiffes, Ronny Saminaden, sagte, er hätte noch nie Menschen unter so schrecklichen Umständen befördert.« Diese entsetzlichen Umstände sollten eine dauerhafte Altlast bedeuten, eine, die viele Chagossianer daran zweifeln lassen würde, ob sie darauf bauen konnten, dass Mauritius sich in Zukunft ihrer Interessen annähme. Sie würde Unstimmigkeiten unter den in der Diaspora Lebenden schüren, darüber, wie ihre Interessen am besten zu schützen seien und ihrem Willen Ausdruck und Wirkung zu verleihen wäre.

Am Ende besorgte die Regierung von Mauritius Liseby und ihren Mann France eine einfache Unterkunft in der Nähe des Hafens von Port Louis, in einer Gegend namens Baie du Tombeau. »Bald nach unserer Ankunft verlor ich das Kind, mein erstes«, sagte Liseby. »Ich nehme an, es waren das Trauma und die Traurigkeit.« Etwa um diese Zeit wurden Liseby und France zum ersten Mal fotografiert, beide blicken ein wenig verlegen in die Kamera.

»Das Gebäude, in dem wir wohnten, war groß, mit drei Stockwerken, jedes aufgeteilt in Wohnungen. Ich glaube, sie waren für Hafenarbeiter gebaut worden. Ein oder zwei Blocks standen leer, und dort hinein steckten sie uns, die Chagossianer. Die Verhältnisse waren alles andere als angenehm. Es gab keine Fenster, keine Türen, überall war Schutt und Müll. Wir räumten alles auf und machten sauber, und dort wohnten wir dann, 14 Jahre lang, bis 1987. Wir waren zu viert oder fünft in jedem Zimmer.«

Liseby fing beinahe sofort an zu arbeiten. »Ich musste, da wir das Geld brauchten. Wir hatten nichts. Ich fing in einem Laden an, später arbeitete ich als Hausangestellte. Bald war ich wieder schwanger. Mein erstes Kind wurde dort geboren, 1977, ein Junge. Wir nannten ihn Desiré. Er starb 2016, in England. Nach ihm bekam ich noch fünf Kinder, ein Mädchen, das wir Anesa nannten, und dann noch vier Jungs. Jimmy. Ivan. Brian. Andy.«

Drei der Söhne leben heute in Manchester, England, der vierte Sohn und die Tochter auf Mauritius. »Sie alle wollen gern zurück nach Peros Banhos«, fügte sie hinzu. »Genau wie meine Brüder und Schwestern. Alle von ihnen sind am Leben, obwohl zwei von ihnen, France und Toto, in England wohnen, in Crawley. Wir alle dachten an Peros Banhos, jeden Tag. Wir alle fragten uns, was daraus geworden war. Wir tun es immer noch, jeden Tag.«

III

1984

»Die Verarmung und Vertreibung der Schwachen zum Wohle der Mächtigen gibt nach wie vor wenig Anlass zu Stolz.«
Lord Justice Stephen Sedley, London, 2004

NICARAGUA

Portcullis
678
IN A DIFFERENT
Bill of the Rights
OCCUPIED

Zum ersten Mal mit dem Völkerrecht in Berührung kam ich im Herbst 1980 als 19-jähriger Universitätsstudent. Mein akademischer Lehrer war Professor Jennings, ein pragmatischer Yorkshireaner mit trockenem Humor und buschigen Augenbrauen. Er sollte in Kürze Richter am Internationalen Gerichtshof in Den Haag werden, und er weckte mein Interesse an einem Gegenstand, der eng mit meiner eigenen familiären Situation verbunden zu sein schien, da meine Mutter ein Flüchtlingskind gewesen war. Ich besitze noch meine Vorlesungsmitschriften aus jenem Jahr, es war eine Lehrveranstaltung, an die ich mich mit Freuden erinnere – 300 Studenten, die sich in einen gewaltigen Hörsaal quetschten. Die Mitschriften bestätigen, dass Kolonialismus und Selbstbestimmung nicht thematisiert wurden, obwohl es einen flüchtigen Hinweis auf das Südwestafrika-Urteil des Gerichts von 1966 und die Grenzen der richterlichen Tätigkeit gab, aber ohne Erwähnung der Kontroverse um den Fall oder seine rassistischen Komponenten. Meine Kommilitonen waren fast durchweg weiß.

Ich blieb ein Jahr länger an der Uni, um meinen Abschluss in Völkerrecht zu machen, das mein beruflicher Lebensinhalt wurde. Meine akademischen Lehrer machten mich mit neuen Gegenständen und Themen bekannt: Mr. Lauterpacht, das einzige Kind von Sir Hersch, hielt Vorlesungen über Seevölkerrecht, und Mr. Greenwood belehrte uns über die Gesetze des Krieges. Eines seiner Seminare bot Anlass zu einer lebhaften Debatte über die Rechtmäßigkeit des Einsatzes von Atomwaffen, bei der er und ich diametral entgegengesetzte Ansichten äußerten, was ihn nicht veranlasste, mir im Abschlussexamen eine schlechtere Note zu geben, eine Tatsache, die ich bis heute sehr zu schätzen weiß. Doch es waren die von Mr. Allot angebotenen Lehrveranstaltungen, die mir neue Perspektiven eröffneten, indem sie ausdrücklich auf den Zusammenhang zwischen Recht, Politik und Geschichte abhoben, auch wenn Großbritanniens koloniale Vergangenheit keine große Rolle spielte. Meine Erstausbildung in Völkerrecht, auf die ich mit viel Zufriedenheit zurückblicke, wurde von Lehrern dominiert, die männlich und weiß waren und aufgewachsen mit einer Weltsicht, in der Großbritannien als besonders galt, als außergewöhnlicher Akteur, der sich unablässig für rechtsstaatliche Prinzipien engagierte.

Das darauffolgende Jahr, 1983, verbrachte ich in den Vereinigten Staaten, wo sehr viel umfassender auf das Zusammenwirken von Politik und Recht eingegangen wurde. Ich war wissenschaftlicher Mitarbeiter bei Professor David Kennedy an der Harvard Law School, wo ich in eine Welt kam, in der viele der Studenten nicht weiß waren. Zum ersten Mal besuchte ich ein Seminar in Völkerrecht, das von einem Schwarzen Professor angeboten wurde. Clyde Ferguson hatte an dem Entwurf zu einer »Erklärung über ›Rassen‹ und rassistische Vorurteile« mit Schwerpunkt auf Kolonialismus, Sklaverei und Rassismus mitgewirkt, die 1978 von der 20. Generalkonferenz der UNESCO verabschiedet worden war. Die Sichtweise, die seine Lehrveranstaltung über Menschenrechte bot, unterschied sich sehr von der, die ich gewohnt war.

Im Frühjahr 1984 wohnte ich in einem kleinen Apartment in der Massachusetts Avenue in der Nähe des Harvard Square. Ich kaufte mir jeden Tag eine Zeitung am Out-of-Town-News-Kiosk, und ich erinnere mich bis heute an den Vormittag, als ich auf der Titelseite der *New*

York Times eine Schlagzeile sah, eine, die Kontakt zu meiner Welt herzustellen schien: »Nicaragua bringt Klage gegen die USA vor Weltgerichtshof«.

Der Artikel schilderte die Bemühungen des kleinen zentralamerikanischen Staates, vom Internationalen Gerichtshof eine Entscheidung zu bekommen, dass die Vereinigten Staaten die Häfen von Nicaragua widerrechtlich verminten und andere Angriffe unterstützten. Er nahm Bezug auf Nicaraguas Anwälte, Professor Abram Chayes von Harvard und Professor Ian Brownlie von Oxford. Das US State Department hoffte, das Gericht würde es ablehnen, die Jurisdiktion auszuüben, wie es das in den Südwestafrika-Fällen getan hatte. Professor Chayes, der während der Kubakrise Präsident Kennedys Rechtsberater im Außenministerium gewesen war, bezeichnete dies als »Argument eines spitzfindigen Anwalts«.

Der Artikel schilderte nicht die ganze Geschichte hinter der Klage im Detail, von ihr erfuhr ich erst viele Jahre später. Sie war das Ergebnis kreativer anwaltlicher Bemühungen zweier vergleichsweise nachrangiger Juristen, Judith Appelbaum und Paul Reichler, von einer Kanzlei in Washington, D. C., die von der neuen sandinistischen Regierung von Nicaragua beauftragt worden war, und eines nicaraguanischen Anwalts, Carlos Arguello. Anfangs war es das Ziel, Gelder wiederzuerlangen, die durch den früheren nicaraguanischen Diktator Anastasio Somoza Debayle, der Sir Percy und Lady Spender herzlich empfangen hatte, heimlich außer Landes geschafft worden waren. Nach der Wahl von Ronald Reagan zum US-Präsidenten wechselten Reichler und Appelbaum zu einer anderen Anwaltskanzlei, die nach der US-Invasion von Grenada im Oktober 1983 vor der Aussicht zurückschreckte, die Vereinigten Staaten in Den Haag zu verklagen (»nicht im

Rahmen der Aufgaben, die wir für Nicaragua wahrnehmen wollten«). Die beiden gründeten daraufhin ihre eigene Kanzlei, Reichler & Appelbaum, und arbeiteten mit Carlos Arguello zusammen.

Am 9. April 1984 reichte Nicaragua eine Klage beim Internationalen Gerichtshof ein. Die Verfasser der Beschwerde ahnten nicht, dass sie dem Gericht erlauben würde, den durch die Urteile zu Südwestafrika entstandenen Schaden wiedergutzumachen. Außerdem würde der Fall eine weitere Tür öffnen, durch die, viele Jahre später, Madame Elysé schreiten würde.

Camp Justice

Um das Zusammentreffen von Ereignissen zu verstehen, die dem Internationalen Gerichtshof ermöglichten, zu einem Motor der Veränderung zu werden, ist es nötig, zeitlich etwas weiter zurückzugehen. Für einen Studenten des Völkerrechts, der wie ich in den 1980er-Jahren erwachsen wurde, war die Vergangenheit ein fremdes Land. Im Gegensatz zu heute, wo das Internet den direkten Zugriff ermöglicht, brauchte ein Dokument von den Vereinten Nationen in New York oder vom Internationalen Gerichtshof in Den Haag Monate, bis es in der Universitätsbibliothek eintraf. Informationen über bedeutende Entwicklungen, wie die Klage von Nicaragua vor dem Internationalen Gerichtshof oder die Unterzeichnung des bahnbrechenden Seerechtsübereinkommens der Vereinten Nationen zwei Jahre zuvor, waren nicht leicht zu bekommen. Informationen über bescheidenere politische Entwicklungen, wie die Rede, die der mauritische Premierminister Anerood Jugnauth im Herbst 1982 vor den Vereinten

Nationen hielt und in der zum ersten Mal der Anspruch des Landes auf Chagos klar ausgesprochen wurde, erreichten uns meist überhaupt nicht. Die Rede mochte in Port Louis Wellen geschlagen haben, aber in Großbritannien dürfte, vielleicht abgesehen von ein paar Leuten im Foreign Office, niemand sie zur Kenntnis genommen haben.

Ich wusste damals nichts über Chagos, so wie ich nichts über die Falklandinseln (Malvinen) wusste, die im April 1982 gewaltsam von Argentinien besetzt wurden, das die Inseln als sein Eigentum beanspruchte. Wir wussten nichts von einer Militärbasis auf Diego Garcia, die zehn Jahre zuvor, im März 1971, auf einer Insel errichtet worden war, deren Bewohner man zwangsumgesiedelt hatte. »Muss unbedingt weg«, hatte US Navy Admiral Elmo Zumwalt in Bezug auf die gesamte Bevölkerung erklärt. »Project Reindeer Station«, wie die Fernmeldeeinrichtung der US-Marine ursprünglich hieß, bestand anfangs nur aus einer kurzen Landepiste für Flugzeuge. Im darauf folgenden Jahr wurde die Station umbenannt in »Camp Justice«, was keineswegs ironisch gemeint war, und die Rollbahn wurde verlängert, um riesige C-141-Transportmaschinen aufnehmen zu können.

Das erste Flugzeug, das dort landete, brachte – am ersten Weihnachtsfeiertag 1971 – Mr. Bob Hope, den berühmten Entertainer, zusammen mit einer Truppe von 75 Künstlern, darunter 32 »amerikanische Schönheiten« und eine Australierin, die vor kurzem zur Miss World gekürt worden war. Eingerahmt von kristallklarem Wasser und Palmen, sangen und tanzten die Künstler, rissen Witze und unterhielten die Soldaten auf eine Weise, die blind zu sein schien gegenüber der Geschichte der Insel, einer Plantage, die von versklavten Menschen bewirtschaftet worden war, deren Nachfahren man soeben zwangsdeportiert hatte.

Im August 1973 baute ein taiwanesisches Unternehmen einen Schiffskanal in der tiefen Lagune von Diego Garcia, mit einem Wendebecken für größere Militärschiffe. Die Flugzeugpiste wurde noch einmal verlängert, dazu kamen weitere Rollfelder und ein Vorfeld, außerdem Hangars und andere Anlagen. Aus einer kleinen Fernmelde-Einrichtung wurde eine große Militärbasis, die vom US-Kongress ermächtigt wurde, Unterstützung für Militäroperationen im gesamten Indischen Ozean zu leisten. Die *Washington Post* brachte eine Reportage über die erbärmlichen Lebensverhältnisse, in denen viele der Chagossianer sich jetzt befanden, und über ihre Petition für ein besseres Leben, aber Letztere kam nicht voran. Ein Bericht der Minority Rights Group in London, der Diego Garcia den Falklandinseln vergleichend gegenüberstellte, blieb ebenfalls wirkungslos. Mit der Absetzung von Schah Mohammad Reza Pahlavi und der Beendigung der Monarchie in Iran durch die Islamische Revolution sowie durch den Einmarsch sowjetischer Truppen in Afghanistan Ende der 1970er-Jahre wurde die Region zum Brennpunkt eines neuen Kalten Krieges und anderer geopolitischer Auseinandersetzungen. Diego Garcia wurde immer wichtiger für die Vereinigten Staaten, die im Lauf des nächsten Jahrzehnts mehr als eine halbe Milliarde Dollar in die Erweiterung des Stützpunkts investierten, der schnelle Einsatzkräfte und eine große Flotte aus Marineschiffen aufnehmen sollte.

* * *

Während Camp Justice errichtet wurde und die Deportationen im Gange waren, kämpfte der Internationale Gerichtshof in Den Haag mit den negativen Auswirkungen der Südwestafrika-Fälle. Die Urteile von 1966 veranlassten viele Staaten, die unlängst aus der Kolonialherrschaft hervorgegangen waren, das Gericht mit Skepsis zu betrachten, als ein Relikt aus der Kolonialzeit. Nur wenige Fälle erreichten das Gericht, und diese wenigen Fälle kamen aus Europa. Ein maritimer Streit zwischen der Bundesrepublik Deutschland, Dänemark und den Niederlanden war die einzige Angelegenheit, die in den unmittelbar folgenden Jahren vor dem Internationalen Gerichtshof zur Verhandlung kam.

Doch vier Jahre nach den Urteilen von 1966 zeigte sich ein erster Riss. Der Sicherheitsrat hatte Südafrika aufgefordert, sich aus Namibia zurückzuziehen, und entschieden, dass die fortgesetzte Besetzung des Landes rechtswidrig und die Misshandlung seiner Bewohner eine eklatante Verletzung der Menschenrechte darstelle. Der Sicherheitsrat wies Staaten an, keine Geschäfte mit Südafrika in Verbindung mit Namibia zu machen. Als Südafrika sich weigerte, die ehemalige deutsche Kolonie zu räumen, ersuchte der Sicherheitsrat den Internationalen Gerichtshof um ein Rechtsgutachten zu den Rechtsfolgen der Unnachgiebigkeit Südafrikas.

Die Zusammensetzung des Internationalen Gerichtshofs hatte sich geändert: Sir Percy Spender war ausgeschieden, und sein Erzfeind, Sir Zafarullah Khan, war jetzt Gerichtspräsident. Im Juni 1971 entschied das Gericht mit großer Mehrheit – bei einem Sondervotum von Gerald Fitzmaurice –, dass die südafrikanische Verwaltung Namibias rechtswidrig sei, dass Südafrika sich »sofort« zurückziehen müsse und dass alle Mitgliedstaaten der Vereinten Nationen sich jeder Maßnahme zur Unterstützung des Besatzers zu enthalten hätten.

Die Entscheidung des Gerichts stützte sich auf Resolutionen der Generalversammlung einschließlich Resolution 1514 (XV), von denen man glaubte, dass sie »operative« Effekte hätten, sprich: rechtsverbindliche Folgen zeitigten. Eine weitere Resolution, 2145 (XXI), hatte das südafrikanische Mandat in Namibia beendet und verpflichtete den Sicherheitsrat zur Mitwirkung, um den Rückzug Südafrikas zu erreichen. Mit großer Mehrheit erklärten die Richter, dass die Praxis der Apartheid – die Diskriminierung von Menschen aufgrund von »Rasse«, Hautfarbe und anderen Faktoren – die fundamentalen Menschenrechte der Namibier sowie die Absichten und Prinzipien der UN-Charta verletze. Südafrika war ein Schurkenstaat.

Präsident Zafarullah Khan verfasste eine eindringlich formulierte Stellungnahme: Die fortgesetzte Kolonialherrschaft durch Südafrika sei »eine Verweigerung der in der Charta vorgesehenen Selbstbestimmung«. Dies war eine direkte Zurückweisung des langatmigen, verärgerten Sondervotums von Fitzmaurice, das aus mehr als einhundert Seiten juristischer Formalismen bestand. Man hätte Südafrika erlauben sollen, einen Ad-hoc-Richter zu benennen, lamentierte Fitzmaurice, Khan und zwei andere Richter hätten bei diesem Fall nicht als Richter amtieren dürfen, und die Klage hätte in der Sache abgewiesen werden müssen. Obwohl er die »humanitären Ansichten« des Gutachtens respektiere, schrieb Fitzmaurice, könne er die Argumentation nicht akzeptieren: Noch ganz dem kolonialen Denken verhaftet, war er der Ansicht, dass Südafrika keineswegs gegen sein Mandat verstoßen habe, welches nicht durch die Generalversammlung beendet werden könne, und dass Resolution 2145 ungültig und ohne Rechtskraft sei. (Wenn ich seine Worte heute wieder lese, fällt mir ein Sondervotum ein, das er ein paar Jahre später als Richter am Europäischen Gerichtshof für Menschenrechte in einem Fall über die Prügelstrafe für einen 15-jährigen Jungen auf der Isle of Man verfasste. Nachdem das Gericht entschieden hatte, dass solche Maßnahmen entwürdigend und rechtswidrig seien, widersprach er, weil er davon überzeugt war, dass die »natürliche Verdrehtheit« junger Leute bedeute, sie betrachteten die gegen sie verhängte körperliche Züchtigung als »matters of pride and congratulation«, etwas, worauf man stolz sei und wozu man sich beglückwünschen lasse.)

Spätestens in den 1970er-Jahren war Fitzmaurice eine isolierte Stimme. Der Internationale Gerichtshof stand im Begriff, sich zu einem neuen Abenteuer aufzumachen, als die Aussichten auf eine postkoloniale Welt sich abzeichneten.

Das Meer

Auch wenn das Rechtsgutachten von 1971 einen neuen Trend ankündigte, so räumte es die Skepsis vieler Entwicklungsländer, vor allem in Afrika, gegenüber dem Internationalen Gerichtshof doch nicht sofort aus. Mit Heftigkeit vorgetragen wurden die Bedenken in den Verhandlungen über ein neues Abkommen, das Seerechtsübereinkommen der Vereinten Nationen, die im Dezember 1982 mit einer Unterzeichnungszeremonie in Montego Bay, Jamaika, abgeschlossen wurden. Die Aushandlung des Übereinkommens unter Beteiligung von über 150 Staaten hatte mehr als ein Jahrzehnt in Anspruch genommen.

Das SRÜ, wie das Übereinkommen im deutschen

Sprachraum abgekürzt wird, galt als ein frühes postkoloniales Instrument, eines, das sich bemühte, dem Grundsatz der Selbstbestimmung Wirkung zu verleihen. Das Seerechtsübereinkommen beschäftigte sich mit technischen Fragen, wie der »Freiheit der Hohen See«, den Rechten der Küstenstaaten und der Abgrenzung von Seegrenzen. Es formulierte aber auch neue Regeln, indem es etwa Küstenstaaten das Recht einräumte, in einer Ausschließlichen Wirtschaftszone (AWZ) bis zu 200 Meilen vor ihren Küsten Fischfang zu betreiben sowie auf einem Festlandsockel weiter draußen Öl- und Gasvorkommen auszubeuten. Und es war innovativ, mit neuen Regeln für »den Schutz und die Bewahrung der Meeresumwelt« und für das »gemeinsame Erbe der Menschheit«, die allen Staaten, egal wie arm oder entlegen, und selbst jenen, die keinen Zugang zum Meer hatten, Rechte an den »mineralischen und sonstigen nichtlebenden Ressourcen des Meeresbodens und seines Untergrunds« einräumte.

Mit den neuen Regeln gingen neue Institutionen einher, außerdem Mechanismen zur Lösung der zukünftigen Streitigkeiten, zu denen es mit Sicherheit kommen würde, eine Materie, bei der die Vereinigten Staaten die Führung übernahmen. Viele Staaten wollten ein neues internationales Tribunal, um sich nicht an den Internationalen Gerichtshof in Den Haag wenden zu müssen. Die bisherigen Institutionen würden den »Interessen des Kolonialismus« dienen, glaubten China und andere Staaten, und es bräuchte neue Regeln, die neuen Interessen Rechnung trügen. Namibia trat dem Übereinkommen unter Berufung auf Resolution 1514 bei, obwohl das Land weiterhin widerrechtlich von Südafrika besetzt war.

Die Verhandlungen zur Streitbeilegung wurden zum Hebel für Abänderungen, und aus aller Welt wurden eindeutige Meinungen geäußert. Trinidad und Tobago war einer der vielen Staaten mit schwerwiegenden Vorbehalten gegen den Internationalen Gerichtshof, der untätig sei, und Kuba machte klar, dass man sich nicht an Den Haag wenden würde, eine Institution, die dem Status quo diene. Auch afrikanische Staaten äußerten starke Einwände gegen das Gericht: Madagaskar wollte einen neuen Gerichtshof für Seerechtsfragen, ebenso Nigeria, obwohl es mit einer Restfunktion von Den Haag leben könne. Mauritius schlug für jeden Streitfall zu schaffende Schiedsgerichte und Ad-hoc-Gremien anstatt des Internationalen Gerichtshofs vor. Auf dem amerikanischen Doppelkontinent wollte Ecuador, dass ein neues Tribunal »die Bestrebungen von Entwicklungsländern« widerspiegele, und Surinam schlug ein Tribunal mit »einer größeren Rolle für Entwicklungsländer« vor. Aus Asien schlossen sich Bangladesch und Indonesien Forderungen nach einem neuen Gericht, das den Interessen von Entwicklungsländern Rechnung trug, ebenso an wie Syrien und die Vereinigten Arabischen Emirate. Die Dynamik war umfassend und unaufhaltsam, da auch ehemalige Kolonien sich in die Debatte einschalteten. Irland äußerte Zweifel hinsichtlich eines neuen Gerichts, erkannte aber an, dass angesichts des fehlenden Vertrauens vieler Länder in den Internationalen Gerichtshof in Den Haag eine neue Institution geschaffen werden müsse.

Und so geschah es. Teil XV des Seerechtsübereinkommens schuf Wahlmöglichkeiten zur Beilegung maritimer Streitigkeiten: Die Parteien konnten einen Fall dem Internationalen Gerichtshof (IGH) in Den Haag vorlegen oder einem neuen Internationalen Seegerichtshof (ISGH) oder einem Schiedsgericht. Es sollten zwölf weitere Jahre vergehen, ehe das SRÜ in Kraft trat, und als es so weit war, wurde das neue Gericht in Hamburg etabliert. Es hatte 21 Richter, sechs mehr als der Internationale Gerichtshof in Den Haag, und im Gegensatz zu Den Haag gab es keine garantierten Plätze für Richter aus den fünf ständigen Mitgliedstaaten des Sicherheitsrats. Im Jahr 1996 zum ersten Mal gewählt, kam die Mehrzahl der Richter aus den Entwicklungsländern: Der erste Präsident des Internationalen Seegerichtshofs, Thomas Mensah aus Ghana, war ein Kind des Kolonialismus, geboren unter britischer Herrschaft in der britischen Kronkolonie Goldküste. Ich trat im ersten Fall des ISGH als Rechtsbeistand auf, mit Anwaltsperücke und -robe bei einer Anhörung in einem provisorischen Gerichtssaal im Hamburger Rathaus; Jahre später erzählte Richter Mensah mir mit breitem Grinsen, er habe sich bei dieser Gelegenheit gefragt, ob die Welt der internationalen Justiz irgendwann einmal nicht mehr in schöner Regelmäßigkeit von Briten bevölkert sein würde.

Die Schaffung des Internationalen Seegerichtshofs in Hamburg bedeutete, dass Den Haag sein Monopol verlor. Das dortige Gericht traf nun auf Konkurrenz, da ein Marktplatz internationaler Gerichte entstand, möglicherweise ein Reflex auf die Ideologien von Margaret Thatcher und Ronald Reagan, die in den frühen 1980er-Jahren allmählich die Politik in manchen Staaten bestimmten. Im Fall von Chagos sollte die Konkurrenz in der undurchsichtigen Welt des Völkerrechts schließlich große Bedeutung erlangen.

Nicaragua

Zwei Jahre nach Unterzeichnung des SRÜ verklagte Nicaragua die Vereinigten Staaten in Den Haag. Es war ein David-gegen-Goliath-Moment, einer, der dem Gericht in Anbetracht der Konkurrenz aus Hamburg die Möglichkeit verschaffte, sich zu erneuern.

Nicaragua war eine spanische Kolonie, bis es im frühen 19. Jahrhundert die Unabhängigkeit erlangte. Viele Jahrzehnte wurde das Land von den Somozas regiert, einer despotischen Familie mit stramm antikommunistischen und virulent proamerikanischen Ansichten. Im Juli 1979 wurden die Somozas durch die *Frente Sandinista de Liberación Nacional*, die Sandinistas, gestürzt. Präsident Reagan verhängte eine US-Blockade über das Land und bot der *Contrarevolución*, einer als »Contras« bekannten antisandinistischen paramilitärischen Gruppe, Geld, Ausbildung und Waffen an.

Im Herbst 1983 bestand das Hauptziel darin, den Fokus der Debatte im US-Kongress zu verschieben und eine Abstimmung über Hilfe für die Contras zu beeinflussen. Professor Chayes hoffte, die Klage würde den Vereinigten Staaten erlauben, sich selbst einen Spiegel vorzuhalten, ihr Selbstbild »als gesetzestreue Nation, die stolz ist auf ihre Rolle bei der Schaffung, Unterstützung und Verteidigung der internationalen Rechtsordnung«, zu hinterfragen. Nicaraguas Glück sei, glaubte Professor Chayes, dass man den Internationalen Gerichtshof in den USA außerordentlich schätze, nachdem dieser unlängst Iran wegen der Besetzung der amerikanischen Botschaft in Teheran und der Geiselnahme von Diplomaten verurteilt hatte.

Angesichts sowjetischen und kubanischen Widerstands gegen die juristische Initiative verfassten die Anwälte Nicaraguas ein Memorandum über den Internationalen Gerichtshof, die Richter, die Argumente, die Beweismittel und die wahrscheinliche Reaktion der Amerikaner. Die Sache entwickelte sich über mehrere Monate und umfasste »diskrete Konsultationen« mit befreundeten Regierungen, darunter Mexiko, dessen Außenminister später als Richter an den Gerichtshof gehen würde. Viele meinten, Nicaragua habe starke Argumente. Bei einem Treffen in New York wurden die Ansichten eines aktiven Richters am Haager Gerichtshof, der aus einem blockfreien Staat kam, eingeholt. Würde das Gericht ein unparteiisches Urteil fällen, oder würden sich die Richter verpflichtet fühlen, die USA zu begünstigen? Die Antwort, die zurückkam, war »unmissverständlich«, sie stärkte den Entschluss weiterzumachen: Die Zusammensetzung des Internationalen Gerichtshofs bedeute, dass man sich darauf verlassen könne, er werde ein Sachurteil fällen, wurde den Beratern ausgerichtet.

Im April 1984 reichte Nicaragua eine Klage gegen die Vereinigten Staaten ein, die Verstöße gegen das Verbot des Einsatzes von Gewalt in der UN-Charta und im allgemeinen Völkerrecht geltend machte. Die USA würden dagegenhalten, dass militärische Gewalt rechtmäßig in kollektiver Selbstverteidigung eingesetzt werde, um El Salvador gegen Einfälle Nicaraguas in sein Territorium zu unterstützen.

Im Mai 1984 verfügte der Internationale Gerichtshof unter dem Vorsitz von Richter Elias aus Nigeria nach einer kurzen Anhörung vorläufige Maßnahmen bis zu einer vollständigen Anhörung des Falles. Die Maßnahmen forderten die Vereinigten Staaten auf, die Blockade und Verminung der nicaraguanischen Häfen zu beenden sowie die Souveränität und politische Unabhängigkeit Nicaraguas zu respektieren. Die Verfügung fand ein breites Presseecho, was überall in den Entwicklungsländern erneut das Interesse für den Internationalen Gerichtshof weckte. Ein paar Monate später, im November, entschied das Gericht mit großer Mehrheit, dass es die Zuständigkeit habe, über die Sache zu verhandeln: Einzig der amerikanische Richter Stephen Schwebel äußerte eine abweichende Meinung, ohne bei seinem britischen Kollegen, Richter Jennings, meinem ersten akademischen Lehrer in Völkerrecht, Unterstützung zu finden. Die USA reagierten, indem sie ihren Rückzug von dem Prozess verkündeten und sich vom Internationalen Gerichtshof distanzierten. Das State Department behauptete, dass die Gerechtigkeit untergraben werde, dass Nicaragua und seine kubanischen und sowjetischen Förderer das Gericht »als politische Waffe« benutzten.

Der Fall wurde in der Sache weiter verhandelt und warf Fragen auf über die Umstände, unter denen ein Staat sich gewaltsam in die Angelegenheiten eines anderen Staates einmischen dürfe. Der Fall stand in keinem augenscheinlichen Zusammenhang mit Selbstbestimmung, doch das Thema schlich sich unverhofft ein. Anlass war ein wissenschaftlicher Aufsatz mit dem Titel »Coercion and Self-Determination« (»Zwang und Selbstbestimmung«). Sein Verfasser, Professor Reisman, plädierte für eine weite Auslegung der UN-Charta, die den Einsatz von Gewalt auf Selbstverteidigung begrenzte oder lediglich dort zuließ, wo der Sicherheitsrat sie erlaubte. Er sprach sich dafür aus, dass Länder in der Lage sein müssten, militärische Gewalt anzuwenden, um das Volk eines anderen Landes zu befreien, in welchem der »Volkswille« usurpiert werde »ohne öffentliche Unterstützung als Basis«. Der Aufsatz erwähnte Nicaragua nicht, doch seine Präsenz war spürbar. Artikel 2.4 solle im Sinne einer »Stärkung« der

Selbstbestimmung interpretiert werden, nicht ihrer Begrenzung, argumentierte der Aufsatz. Wenn Gewalt nicht angewendet werden dürfe, um die Grundrechte anderer zu schützen – um die Selbstbestimmung zu fördern –, würde das Völkerrecht ausgehöhlt, eine Konsequenz, die den »gesunden Menschenverstand vergewaltigen« würde.

Man schrieb das Frühjahr 1985, und Richter Singh aus Indien war Präsident des Internationalen Gerichtshofs. Etwa um diese Zeit besuchte ich die Institution zum ersten Mal, ein Jungakademiker, der Jurastudenten zu einem hypothetischen Wettstreit – einer inszenierten Gerichtsverhandlung – im Haager Friedenspalast begleitete. Ich erinnere mich an meinen ersten Eindruck aus der Ferne, wie ich durch ein hohes schmiedeeisernes Geländer auf einen Prachtbau aus einer anderen Epoche starrte, ein Bauwerk, das Anmutungen von Autorität und von der Macht des Rechts, wie wir es gerne hätten, weckte. Damals war mir nicht bewusst, dass meine Empfindungen gegenüber dem Ort sich im Lauf der Jahre bei jeder Rückkehr weiterentwickeln würden, mit Höhen und Tiefen.

Im Sommer 1986 fällte das Gericht das Urteil im Nicaragua-Fall. Eine große Mehrheit der Richter entschied, dass die Vereinigten Staaten die Rechte Nicaraguas nach Völkerrecht verletzt und seine Souveränität missachtet hätten. Sie wiesen das US-Argument kollektiver Selbstverteidigung zurück und entschieden, dass die USA Nicaragua Wiedergutmachung schuldeten. Richter Schwebel widersprach und beschwor in einer geistreichen, aber alleinstehenden Erörterung über Selbstbestimmung die Ideen von Professor Reisman. »Im gegenwärtigen Völkerrecht«, schrieb er, »wird das Recht von Völkern auf Selbstbestimmung, Freiheit und Unabhängigkeit universell anerkannt«, und jene, die sich auf dieses Recht beriefen, sollten ausländische Hilfe oder Unterstützung bekommen können. Wenn die USA einem Volk, das für seine Selbstbestimmung kämpfe, moralische, politische und humanitäre Hilfe anbieten könnten, warum nicht auch Waffen, insbesondere wenn es ein Kampf »in Verfolgung (...) der Dekolonisierung oder gegen rassische Vorherrschaft« sei? »Was eine Kolonie ist und wer ein Kolonisator, darüber gehen die Ansichten stark auseinander«, führte Schwebel aus. Die Erörterung fand keine Unterstützung, da andere Richter sich von der Auffassung distanzierten, dass die USA Gewalt anwenden dürften, um die »kolonisierte« Mehrheit der Bevölkerung Nicaraguas zu befreien.

Somit schob das Nicaragua-Urteil allen künftigen Versuchen einen Riegel vor, ein erweitertes Selbstbestimmungsrecht in einer Weise anzuwenden, die Bunche und Boland niemals im Sinn gehabt hätten. Zugleich veränderte der Richterspruch die Art, wie der Internationale Gerichtshof wahrgenommen wurde, indem er viele der durch den Südwestafrika-Fall hinterlassenen Makel beseitigte. Er half dem Gericht, sich aus einem Dickicht zu befreien und einen ersten Schritt zu tun, es zu einer Instanz zu machen, an die eine ehemalige Kolonie sich in Zukunft wenden könnte, um sich von fortgesetzter kolonialer Vorherrschaft zu befreien.

Madame Elysé, 1984

Der Internationale Gerichtshof entschied, dass die Vereinigten Staaten völkerrechtlich dazu verpflichtet seien, Nicaragua Entschädigung zu zahlen. Doch nach einem Präsidentenwechsel in den USA und dem Angebot erheblicher Wirtschaftshilfe vonseiten der neuen Regierung von

George H.W. Bush willigte Nicaragua ein, den Fall durch einen Vergleich beizulegen. Die Höhe der zu zahlenden Schadenssumme legte das Gericht nie fest. Für Chagos jedoch blieb Wiedergutmachung ein aktuelles Thema.

Großbritannien zahlte Mauritius in den 1970er-Jahren drei Millionen britische Pfund als Entschädigung für den »Verlust der Souveränität« über die Inseln. Vier Jahre später wurden weitere 650 000 britische Pfund für die Wiedereingliederung von »Vertriebenen« bereitgestellt. Es hieß, dies geschehe »in voller und endgültiger Erfüllung« der Verpflichtungen Großbritanniens. So bescheiden der Betrag war, fanden einige der Gelder doch ihren Weg zu den Chagossianern.

»Hat man Ihnen eine Entschädigung gezahlt?«, fragte ich Madame Elysé.

»Ein bisschen«, erwiderte sie. »Ein kleines bisschen.«

Sie erinnerte sich an die Zahlen, die in verschiedenen Schriftstücken niedergelegt waren.

»1978 hat man mir 7590 Rupien gezahlt.« Das waren ungefähr 500 britische Pfund.

»1982 haben sie mir weitere 10 000 Rupien gegeben.« Etwa 600 britische Pfund.

»1983 habe ich noch einmal 3000 Rupien bekommen.« 200 britische Pfund.

In dem Jahrzehnt nach ihrer Zwangsumsiedlung von Peros Banhos zahlte man ihr die großartige Summe von 1300 britischen Pfund.

»1984 gab es eine größere Summe, ungefähr 36 900 Rupien. Die wurden von der mauritischen zentralen Wohnungsbehörde für mich einbehalten. Wir, mein Mann und ich, verwendeten das Geld, um ein Haus zu bauen. 1988 zogen wir in unser neues Haus, und dort wohnen wir seitdem.«

Ich habe Madame Elysé und ihre Familie mehrmals in diesem Haus besucht, wo sie jetzt seit drei Jahrzehnten leben. Sie bereitete jedes Mal traditionelle chagossianische Gerichte zu, gemeinsam mit ihrem Mann und den Kindern und einem Enkel, der gern ein hellgrünes »West Coast Chillin«-T-Shirt trägt. Mit ihren Freunden, die ebenfalls von Chagos stammen, saßen wir stundenlang an dem langen Tisch auf der Veranda zusammen, neben zwei schönen Wandgemälden des ebenfalls auf Peros Banhos geborenen Künstlers Clément Siatous. Eines zeigt den Strand bei Peros Banhos, eine untergehende Sonne, Vögel und Palmen, Fischer, Segelboote. Auf dem anderen sieht man das Haus des Verwalters mit der weißen Treppe, die zu einem Balkon und zum Eingang im ersten Stock führt.

* * *

Sollten die Briten gehofft haben, die mageren Zahlungen an Madame Elysé und andere Chagossianer könnten die Angelegenheit zu einem Ende bringen, so würden sie enttäuscht werden. Unrechtsgefühle gären gewöhnlich im Lauf der Zeit, und es gilt, Wege zu finden, die dabei erzeugten Energien zu steuern. Der Rechtsstreit ist ein solcher Weg.

Mitte der 1970er-Jahre brachte Michel Vencatassen den ersten Rechtsfall vor die englischen Gerichte. Von Chagos zwangsumgesiedelt, verklagte er die britische Regierung wegen »Freiheitsbedrohung und -beraubung«. Weil sie negative Publicity fürchtete, regelte London den Fall außergerichtlich mit vier Millionen britischen Pfund, die Gelder wurden für die Chagossianer treuhänderisch verwaltet. Um eine Zahlung zu erhalten, mussten Einzelpersonen auf ihre Rechte verzichten, indem sie ein Stück Papier unterschrieben. Madame Elysé unterzeichnete einen Zettel, dessen Text lautete:

> In Anbetracht der mir gezahlten Entschädigung (...) verzichte ich auf sämtliche Ansprüche, gegenwärtige und zukünftige, die ich gegen die Regierung des Vereinigten Königreichs (...) ihre Beamten, Repräsentanten oder Auftragnehmer bezüglich (...) aller Rechtshandlungen, Angelegenheiten und Dinge haben könnte, die infolge oder gemäß der British Indian Territory Order 1965 ausgeführt wurden, darunter die Schließung der Plantagen im Chagos-Archipel, meine Ausreise oder Umsiedlung von dort, der Verlust des Arbeitsplatzes (...)

Da sie nie schreiben gelernt hatte, setzte Madame Elysé einen einzelnen Daumenabdruck auf das Papier. Weil sie nicht lesen könne, habe sie, wie sie mir erzählte, weder wirklich gewusst, was in dem Schriftstück stand, noch dass die Unterschrift sie zwingen würde, so viel aufzugeben. Viele Jahre später diskreditierte ein UN-Menschenrechtsgremium die Rechtswirksamkeit des Dokuments aus genau diesen Gründen.

Etwa um die Zeit, als Madame Elysé ihren Daumen auf das Papier setzte, entsandte die britische Regierung eine Kriegsflotte in den Südatlantik, um die fernen Falklandinseln (Malvinen) nach einer unverhofften argentinischen Besetzung wiederzuerlangen. Zur Rechtfertigung ihres Vorgehens beriefen die Briten sich auf das Selbstbestimmungsrecht und die UN-Charta, um die 2841 Bewohner der britischen Kolonie zu schützen. Dass es unterschiedliche Einstellungen gab, was die Behandlung der Bevölkerungen der beiden Kolonien – die eine weiß, die andere Schwarz – betraf, wurde weithin negiert. Dreißig Jahre später, im Mai 2015, würde die britische Regierung sogar eine Abhandlung mit dem Titel *Falkland Islanders' Right to Self-Determination*, das »Recht der Falkland-Bewohner auf Selbstbestimmung«, veröffentlichen. Sie tat es mit unbewegter Miene, während sie sich zugleich dem Recht von Mauritius auf Selbstbestimmung in Bezug auf Chagos entgegenstellte. Eine Regel für weiße, eine andere für Schwarze Menschen.

Der Vergleich im Vencatassen-Rechtsstreit bedeutete nicht das Ende der Geschichte. Olivier Bancoult, der Neffe von Madame Elysé, begann eine langwierige Serie von Verfahren vor den englischen Gerichten. Geboren auf Peros Banhos, war Olivier vier Jahre alt, als er mit seiner Familie nach Mauritius deportiert wurde. Nach der Schule, mit 18 Jahren, entwickelte er ein Interesse für die Rechtsansprüche der Chagossianer. »Ich wollte Gerechtigkeit für meine Familie und mein Volk.«

Im Jahr 1998 reichte Olivier Bancoult eine erste Klage beim High Court in London ein, um ein britisches Einwanderungsgesetz von 1971 anzufechten, das Chagossianern verwehrte, an ihre Heimatorte zurückzukehren. Die Klage, Bancoult No. 1, war erfolgreich, da der High Court entschied, dass das Gesetz rechtswidrig sei. Die Macht, Regeln für »Frieden, Ordnung und gute Staatsführung« aufzustellen, auf der das Gesetz beruhe, erlaube nicht die dauerhafte Vertreibung der Bewohner, verkündete das Gericht. Die britische Regierung akzeptierte den Richterspruch, und Außenminister Robin Cook gab bekannt, dass die Chagossianer in ihre Häuser auf Peros Banhos und anderen äußeren Inseln zurückkehren könnten. Eine neue Einwanderungsverordnung wurde verabschiedet, welche den Zutritt und die Rückkehr zu allen Teilen von Chagos mit Ausnahme von Diego Garcia erlaubte. Nach einem Vierteljahrhundert konnte Madame Elysé sich eine Rückkehr in ihre Heimat vorstellen.

Während die Chagossianer die Entwicklungen abwarteten, reichte Olivier eine zweite Klage beim High Court ein, Bancoult No. 2. Diese strebte eine Entschädigung und die Wiederherstellung der Eigentumsrechte derjenigen an, die zwangsumgesiedelt worden waren, außerdem Maßnahmen, die ihnen die Rückkehr erlaubten. Die Klage scheiterte, und eine Berufung wurde nicht zugelassen. Der High Court erkannte an, dass Familien und Gemeinschaften zerstört worden waren, dass britische Amtsträger in »hinterlistiger« Weise agiert hätten, aber der Anspruch sei nicht durch das Gesetz gedeckt.

Im Jahr 2004 vollzog die britische Regierung eine abrupte Kehrtwende, die es Madame Elysé verwehrte, in ihre Heimat zurückzukehren. Dies geschah im Anschluss an die Entscheidung Großbritanniens, sich bei der Entmachtung Saddam Husseins und der Besetzung des Iraks den Vereinigten Staaten anzuschließen, eine Entscheidung, deren Vorbote die Entlassung von Robin Cook als Außenminister und seine Ersetzung durch Jack Straw war. Eine neue *British Indian Ocean Territory (Constitution) Order 2004* wurde verabschiedet, um es den Chagossianern einmal mehr unmöglich zu machen, nach Peros Banhos und auf andere Inseln zurückzukehren. Dies führte zu ausgedehnten Protesten in Port Louis. Auf einer der Demonstrationen präsentierten vier chagossianische Kinder ein Plakat, ein Moment, den ein Fotograf im Bild festhielt:

»UK = Crime Against Humanity« (»UK = Verbrechen gegen die Menschlichkeit«).

* * *

Olivier Bancoult zog erneut vor den High Court in London, um *Order 2004* anzufechten. In Bancoult No. 3 entschied das Gericht, dass die Anordnung »unsinnig« und rechtswidrig sei, da sie die Interessen der Chagossianer nicht befördere. In der Revision entschied der Court of Appeal, das Berufungsgericht, dass die Umsiedlung und Vertreibung der Chagossianer ein Missbrauch der Macht kolonialer Regierungsführung sei, da

sie die »rechtmäßigen Erwartungen« der Chagossianer, in ihre Heimat zurückkehren zu können, durchkreuze. Lord Justice Sedley, der für den High Court schrieb, fasste die »schändliche« Behandlung der Chagossianer zusammen: die »bewusste Falschdarstellung der Geschichte und Stellung der *îlois*, die bezweckte, jede Untersuchung durch die Vereinten Nationen abzuwenden; der Einsatz rechtlicher, für die Regierungsführung der Inseln bestimmter Befugnisse für das gesetzwidrige Ziel, sie zu entvölkern; das Entwurzeln vieler Familien von der einzigen Lebensweise und Erwerbsquelle, die sie kannten; das Fehlen von allem, wie der hinreichenden Vorsorge für ihre Wiedereingliederung«. Die »Verarmung und Vertreibung der Schwachen zum Wohle der Mächtigen gibt nach wie vor wenig Anlass zu Stolz«.

Die Regierung legte Berufung beim House of Lords ein, bis 2009 das höchste Gericht im Lande, wo sie mit knapper Mehrheit gewann. Die Maßnahmen seien keineswegs »unsinnig«, entschieden drei der fünf Richter, da Angelegenheiten dieser Art durch die Exekutive, nicht durch Gerichte zu entscheiden seien. »Das Wohnrecht ist ein Geschöpf des Gesetzes«, schrieb Lord Hoffmann für die Mehrheit, und »das Gesetz verleiht es, und das Gesetz darf es nehmen.« Ja, die Umsiedlung und Wiedereingliederung der Chagossianer sei mit »einer gefühllosen Missachtung ihrer Interessen« durchgeführt worden, und das Argument, eine Rückkehr der Chagossianer nach Peros Banhos und auf die äußeren Inseln würde die nationale Sicherheit gefährden, sei »abstruse Spekulation«. Aber nein, die Interessen der Chagossianer könnten nicht obsiegen: Her Majesty in Council sei »berechtigt, Gesetze für eine Kolonie zum Wohle des Vereinigten Königreichs zu geben«, und »gesetzlich verpflichtet, die Interessen der Kolonie zu berücksichtigen«, aber im Falle eines Konflikts zwischen diesen Interessen sei sie »berechtigt, auf den Rat der Minister Ihres Vereinigten Königreichs hin den Interessen des Vereinigten Königreichs den Vorzug zu geben«.

Lord Bingham verfasste ein eindringliches Minderheitsvotum, in welchem er zu dem Schluss kam, dass *Order 2004* unsinnig sei. Der Stützpunkt auf Diego Garcia erstrecke sich nicht bis zu den äußeren Inseln und eine Wiederansiedlung gefährde weder ihn noch die nationale Sicherheit. Von amerikanischen Amtsträgern geschriebene Briefe zur Stärkung der Position der britischen Regierung in dem Rechtsstreit seien »höchst einfallsreich«, böten aber »keinen glaubwürdigen Grund«, um Sicherheitsbedenken zu befürworten. Bingham merkte an, in den 1960er-Jahren hätten offizielle US-Vertreter klargemacht, dass sie keine Einwände gegen einen Verbleib der Chagossianer auf den äußeren Inseln hätten.

Der Fall ging an den Europäischen Gerichtshof für Menschenrechte (EGMR) in Straßburg, der 1959 initiiert worden war, zu einer Zeit, als Ideen über Selbstbestimmung und Menschenrechte zum Tragen kamen. Der EGMR wies die chagossianischen Ansprüche ab, mit der Begründung, dass den Beschwerdeführern Entschädigung gezahlt worden sei und sie durch deren Annahme auf weitere Ansprüche verzichtet hätten. Die Schlussfolgerung basierte auf der Sichtweise, dass die Besetzung von Chagos völkerrechtlich legitim war.

Die Prozesse in London und Straßburg sowie die Entscheidung eines US-Gerichts, dass chagossianische Ansprüche »nicht justiziable politische« Angelegenheiten der US-Außenpolitik berühren würden, machten Madame Elysés Hoffnungen zunichte. Drei Jahrzehnte nachdem man sie von Peros Banhos zwangsumgesiedelt hatte, war sie nach eigenem Bekunden »traurig und erschöpft«.

Der 11. September

Während das brutale 20. Jahrhundert sich dem Ende zuneigte, waren andere Entwicklungen im Gange. Grundverschieden, unerwartet und scheinbar ohne Bezug zur Dekolonisierung von Mauritius, sollten diese Entwicklungen einen Weg ebnen, der Madame Elysé nach Den Haag führte und der in die Frage mündete, mit der ich diesen Bericht eröffnet habe.

Während der Nicaragua-Fall sich dem Ende zuneigte, unternahm Südafrikas neuer Präsident Frederik Willem de Klerk Schritte, die Apartheid abzubauen, das Verbot des Afrikanischen Nationalkongresses zu beenden und Nelson Mandela nach 27 Jahren aus der Haft zu entlassen. Am Ende verließ Südafrika das ehemals als Südwestafrika bekannte Territorium – ein Vierteljahrhundert nach der Entscheidung des Internationalen Gerichtshofs. Namibia feierte seine Unabhängigkeit und trat den Vereinten Nationen bei, als 159. Mitglied. Vier Jahre später, bei seiner Amtseinführung als Präsident von Südafrika am 10. Mai 1994, proklamierte Nelson Mandela die Hoffnung auf ein »unveräußerliches Recht auf Menschenwürde« für alle.

Auf der anderen Seite des Atlantiks, in Rio de Janeiro, unterzeichneten Regierungschefs eine Fülle von Abkommen zum Schutz der globalen Umwelt. Sie umfassten eine wenig beachtete Forderung an die Adresse der Küstenstaaten, die biologische Vielfalt der Ozeane zu bewahren. Die Vertragsstaaten des Übereinkommens über die Biologische Vielfalt (Biodiversitätskonvention) würden im Lauf der Zeit Meeresschutzgebiete ausweisen, Räume, in denen menschliches Handeln eingeschränkt wäre, um die marine Biodiversität zu erhalten.

In New York wurde nach der Auflösung der Sowjetunion im Dezember 1991 der Gerechtigkeitsinstinkt, der zu den Nürnberger Prozessen geführt hatte, vorübergehend wiedererweckt. Der Sicherheitsrat schuf die ersten neuen internationalen Strafgerichtshöfe seit einem halben Jahrhundert, eine Reaktion auf die schrecklichen Verbrechen, die im ehemaligen Jugoslawien und in Ruanda begangen worden waren. Die Liste der »Verbrechen gegen die Menschlichkeit« enthielt abermals den Tatbestand der Deportation, der Zwangsvertreibung von Zivilisten.

In Rom errichteten zahlreiche Staaten im Sommer 1998, fünf Jahrzehnte nach Nürnberg, einen Internationalen

Strafgerichtshof (IStGH). Artikel 7 seiner vertraglichen Grundlage, des Römischen Statuts, übertrug dem IStGH die Zuständigkeit für »Verbrechen gegen die Menschlichkeit«, worunter auch die »Vertreibung oder zwangsweise Überführung der Bevölkerung« fiel. Ich war in Rom in jenem Sommer, als Mitglied der Delegation der Salomonen, eines kleinen pazifischen Inselstaates, und arbeitete mit einem Kollegen am Entwurf der Präambel des Statuts. Unserem eigenen Rechtsempfinden überlassen, fügten wir in den Text den Passus ein, »dass es die Pflicht eines jeden Staates ist, seine Strafgerichtsbarkeit über die für internationale Verbrechen Verantwortlichen auszuüben«. Dies war noch nie dagewesen, und wir gingen davon aus, dass die Zeile gestrichen würde, aber irgendwie blieb sie drin.

Meine Anwesenheit in Rom war eine Folge des Umstands, dass ich zwei Jahre zuvor am Internationalen Gerichtshof die Sache der Salomonen vertreten hatte, bei der es um die Rechtmäßigkeit des Einsatzes von Atomwaffen ging. Der Prozess folgte einer Bitte um ein Rechtsgutachten; die Fragestellung war ungeschickt, und die Beantwortung der Frage durch das Gericht ließ die Möglichkeit offen, dass in einer außergewöhnlichen Sachlage Atomwaffen rechtmäßig eingesetzt werden könnten. Doch das Gericht erkannte auch an – zum ersten Mal –, dass der Schutz der Umwelt mittlerweile zum Korpus des Völkerrechts gehörte. Dies war mein erster Fall am Internationalen Gerichtshof, eine Lektion in juristischer Realpolitik, mit der allerdings ein ökologischer Lichtblick einherging. Einen Moment in dem Verfahren habe ich nie ganz vergessen können: Als der Anwalt für Samoa »Empörung« über die jüngste Wiederaufnahme französischer Atomwaffentests im Südpazifik äußerte, bemerkten mehrere von uns Anwesenden im Großen Saal des Friedenspalastes, wie der französische Richter seinen Kopfhörer von den Ohren nahm und vor sich auf den Tisch legte.

Während diese Entwicklungen sich entfalteten und zusammentrafen, schritt die Dekolonisierung fort, Eritrea und Südsudan traten den Vereinten Nationen bei, womit nun 55 afrikanische Staaten den UN angehörten und die größte Gruppe stellten. Doch der Kontinent blieb weiter kolonisiert: Spanien behielt ein paar Exklaven, zwei Inseln standen noch unter französischer Herrschaft, und Großbritannien hielt an der letzten Kolonie fest, die es in Afrika – oder irgendwo auf der Welt – errichtet hatte: dem »Britischen Territorium im Indischen Ozean«, wie Chagos überstempelt wurde.

Madame Elysé und die Chagossianer gaben nicht auf. Die Proteste gingen weiter, und einmal musste der britische Hochkommissar in Port Louis heimlich aus seinem eigenen Amtssitz geschmuggelt werden. »Im Jahr 2001 fand eine 15-tägige Demonstration gegen mich statt«, berichtete Mr. Snoxell, 300 Chagossianer kampierten vor dem Hochkommissariat. Persönlich durchaus ein Befürworter des Wandels, stießen die Bemühungen des Hochkommissars auf den zähen Widerstand von Beamten in London, die Zuflucht in der angeblichen Unnachgiebigkeit Washingtons suchten. Britische Amtsträger würden lediglich als »Bauchrednerpuppen« für die Antworten der Amerikaner fungieren, berichtete der frühere Hochkommissar, und sie dabei in die von ihnen gewünschten Ansichten überführen. Der Grund war einfach: Die Militärbasis auf Chagos hatte inzwischen noch größere Bedeutung erlangt.

Im September 2001 entführten 19 al-Qaida nahestehende Männer mehrere Flugzeuge und flogen sie ins World Trade Center in New York und ins Pentagon unmittelbar vor den Toren von Washington, D.C. Ich war an jenem Vormittag in New York, wo ich ein Seminar über Völkerrecht gab, als die Zwillingstürme einstürzten. Die US-Reaktion, mit Rückendeckung Großbritanniens, erfolgte prompt: militärische Angriffe auf Afghanistan, ein Beschluss zur Entmachtung Saddam Husseins im Irak und ein großflächiges Programm zur Ergreifung mutmaßlicher Terroristen und ihrer Übergabe an Haft-, Verhör- und Folterorte (eine der angewandten Foltermethoden war Waterboarding – simuliertes Ertrinken).

Insgeheim machten die Vereinigten Staaten Diego Garcia zu einem Bestandteil dieses Programms: Auf dem Weg zu anderen Verhörzentren weltweit durchliefen Gefangene das alte Camp Justice. Die britische Regierung bestritt die Gerüchte, aber zu gegebener Zeit war Außenminister David Miliband gezwungen, sich im britischen Unterhaus für falsche Dementis seines Vorgängers, Mr. Straw, und des früheren Premierministers Tony Blair zu entschuldigen: »Entgegen früherer ausdrücklicher Versicherungen, dass Diego Garcia nicht für Auslieferungsflüge genutzt worden sei, haben jüngste US-Ermittlungen nun zwei Fälle enthüllt, beide aus dem Jahr 2002, wo dies in der Tat vorgekommen ist.«

Die USA behaupteten, dass kein Gefangener jemals ein Flugzeug auf Chagos verlassen habe und dass niemand dort festgehalten oder verhört worden sei. Dies wurde im Lauf der Zeit durch verlässliche militärische und geheimdienstliche Gewährsleute in den Vereinigten Staaten konterkariert, die versicherten, dass mehrere Häftlinge sehr wohl Zeit auf britischem kolonialem Boden verbracht hätten. Im Jahr 2015 bestätigte ein hochrangiger Beamter aus dem US-Außenministerium, dass Diego Garcia von der CIA als »Durchgangsort« genutzt worden sei, um

Leute vorübergehend unterzubringen, wo sie dann »von Zeit zu Zeit verhört« worden seien. Was wussten die Briten? Die Frage blieb ungeklärt – wie es heißt, vernichteten britische Amtsträger systematisch Logbücher von Flügen nach und von Diego Garcia.

Der Auswärtige Ausschuss im britischen Unterhaus missbilligte das Versagen der britischen Aufsicht über die Kolonie des Vereinigten Königreichs. Der Geheimdienst-Sonderausschuss des US-Senats berichtete, dass die CIA auf Diego Garcia ein »Geheimgefängnis«, eine Haft- und Verhöreinrichtung für »hochrangige Verdächtige«, eingerichtet haben könnte, was unter »umfassender Mitwirkung« seitens der britischen Regierung erfolgt sein könnte.

* * *

Zufällig geschah es während dieser Zeit, dass Mauritius seine Anstrengungen zur Wiedererlangung des Chagos-Archipels verdoppelte, als Ton Vié ein Lied veröffentlichte, »Peros Vert«, das die Vertreibung der Chagossianer schilderte und zu einer Art Hymne wurde. Man begann die Aussichten eines internationalen Rechtsstreits zu prüfen, und die mauritische Regierung versicherte sich der Dienste von Professor Brownlie, der die Klage Nicaraguas erfolgreich in Den Haag vertreten hatte. Brownlie verfasste ein ausführliches Memorandum zu den möglichen rechtlichen Optionen, das auf seiner Auffassung basierte, die Abtrennung des Chagos-Archipels von Mauritius sei rechtswidrig gewesen, weil sie gegen Resolution 1514 und die Regeln des Völkerrechts über Selbstbestimmung und territoriale Integrität verstoßen habe.

Professor Brownlie benannte zwei rechtliche Optionen.

Mauritius könne sich bemühen, die Generalversammlung zu überzeugen, den Internationalen Gerichtshof um ein Rechtsgutachten zu ersuchen, wie es die Versammlung in Bezug auf Namibia getan hatte. Allerdings wäre dies tückisch, weil es ein von einer Mehrheit der Mitglieder unterstütztes Votum erfordern würde, und man könne davon ausgehen, dass Großbritannien und die Vereinigten Staaten ihren ganzen Einfluss geltend machen würden, ein solches Votum zu verhindern. (Etwa um diese Zeit gab das Gericht ein Rechtsgutachten über den israelischen Bau einer Mauer ab, die, so das Fazit, das Selbstbestimmungsrecht des palästinensischen Volkes verletze. Die Entscheidung ließ jedoch die Frage offen, ob das Selbstbestimmungsrecht in den 1960er-Jahren bereits Teil des Völkerrechts war.)

Eine zweite Möglichkeit wäre, dass Mauritius Großbritannien in einem strittigen Fall direkt vor dem Internationalen Gerichtshof verklagte und damit dem von Nicaragua eingeschlagenen Weg folgte. Allerdings stehe diese Option vor der Hürde, dass Großbritannien zwar die Zuständigkeit des Internationalen Gerichtshofs anerkenne, davon aber Auseinandersetzungen mit Staaten, die Mitglied des Commonwealth waren, wie etwa Mauritius, ausnehme. »Sie könnten das Commonwealth verlassen«, schlug Professor Brownlie vor, und damit die eng gefassten Bestimmungen der jurisdiktionellen Einschränkung umgehen, die Rechtsfälle mit *ehemaligen* Mitgliedern des Commonwealth keineswegs ausschlössen. Der vertrauliche Rat sickerte an die Öffentlichkeit durch. »Mauritius erwägt Austritt aus Commonwealth«, meldete eine Zeitung in Port Louis. Der Artikel gelangte bis nach London, wo er das britische Außenministerium zu einer Änderung betreffend die Akzeptanz des Internationalen Gerichtshofs durch Großbritannien veranlasste, um jede Auseinandersetzung mit einem *ehemaligen* Mitglied des Commonwealth auszuschließen. Etwa um die Zeit von *Order 2004* zur Verhinderung der Rückkehr von Chagossianern eingeführt, beseitigte diese Änderung die Möglichkeit, dass Mauritius das Commonwealth verlassen und Klage gegen Großbritannien einreichen konnte. »Die Regierung hat gehandelt, um einen solchen Schritt zu verhindern«, berichtete ein britischer Minister dem Parlament, ohne Mauritius, Chagos oder das »Britische Territorium im Indischen Ozean« zu erwähnen.

Die Änderung versperrte den von Nicaragua eingeschlagenen Weg. Der Friedenspalast in Den Haag schien von der Liste überzeugender Optionen gestrichen zu sein. Und dann passierte Irak.

IV

2003

»Mitsamt den ›Vögeln‹ gehen bedauerlicherweise auch einige wenige ›Tarzans‹ oder ›Freitage‹ (...)«
Britische Diplomaten-Depesche, August 1966

U.S. AIR FORCE
PETS CEMETERY
Please! Respect the Graves!
DOMINIC
TERRY
A LOYAL
BORIS
A LOYAL MUTT
MAGGIE
A LOYAL MUTT
TONY
A LOYAL MUTT
JACK
A LOYAL MUTT
HAROLD
A LOYAL MUTT
DAVID
A LOYAL MUTT
GORDON
A LOYAL MUTT

DISSENTING & CONCURRING OPINION
UN
LEAVE
WikiLeaks
Marine Protection Area
U.N. General Assembly Resolution 71/292
C.R.G.

Am 20. März 2003 fingen die Vereinigten Staaten und Großbritannien einen Krieg gegen Irak an, vordergründig, um das Land von »Massenvernichtungswaffen« zu befreien, die es, wie sich herausstellte, nicht besaß. Viele der Flugzeuge, die den ersten Angriff flogen, waren B-1-, B-2- und B-52-Bomber, die von Diego Garcia starteten. Die Tatsache war in Großbritannien weithin unbekannt.

Eine Woche nach Kriegsbeginn trat in New York der UN-Sicherheitsrat zusammen. Die meisten der 15 Mitgliedstaaten, darunter Mauritius, glaubten, dass der Rat die Anwendung von Gewalt nicht autorisiert hatte, weder durch seine – im November des Vorjahres verabschiedete – Resolution 1441 noch durch andere Instrumente, was bedeutete, dass die Anwendung von Gewalt rechtswidrig war. Jagdish Koonjul, der Ständige Vertreter von Mauritius bei den Vereinten Nationen, erklärte vor dem Rat, dass eine Militäraktion gegen Irak der Autorisierung durch den Rat bedürfe, und ließ durchblicken, dass keine solche Autorisierung erwirkt worden sei, obwohl er das nicht ausdrücklich sagte. Die Regierung von Mauritius wollte die Vereinigten Staaten nicht schädigen.

Sechs Monate später, im Oktober 2003, brachte die Londoner *Times* einen Beitrag von einem führenden britischen Gelehrten mit der Überschrift »Britain's War on Saddam Hussein Had the Law on its Side« (»Großbritanniens Krieg gegen Irak hatte das Recht auf seiner Seite«). Der Artikel versicherte, dass der Krieg rechtmäßig auf der 1990 verabschiedeten, durch die spätere Resolution 1441 erneuerten Resolution 678 des Sicherheitsrats beruhe.

Dem Artikel zufolge untergrub die Tatsache, dass man keine Massenvernichtungswaffen fand, nicht die Rechtmäßigkeit des Unternehmens (im Gegensatz zum Suezkrieg 1956, der »keinen Anschein von Rechtmäßigkeit« hatte). Ein kleines Schwarz-Weiß-Foto zeigte den wehmütig lächelnden Verfasser, Christopher Greenwood, Professor an der London School of Economics, Barrister (Rechtsanwalt bei den Obergerichten in Großbritannien), mein früherer akademischer Lehrer. Die Namenszeile ergänzte, dass Professor Greenwood »der Regierung im Irakkonflikt half«.

Vor Gericht zugelassene englische Anwälte schreiben normalerweise nicht über Angelegenheiten, mit denen sie zu tun hatten, zumindest nicht ohne Einwilligung des Mandanten. Der Artikel – zusammen mit dem Zeitpunkt seiner Veröffentlichung – bot der bedrängten britischen Regierung in ihrem Bemühen Unterstützung an, ihr Handeln vor dem Gesetz zu rechtfertigen.

Es war dieser Artikel, der mich bewog, die genauen Umstände zu untersuchen, unter denen der britische Generalstaatsanwalt, Lord Goldsmith, Kabinett und Parlament informiert hatte, dass der Krieg rechtmäßig, weil angeblich durch Resolution 1441 autorisiert war. Goldsmith tat dies am 17. März 2003, nur drei Tage bevor der Krieg begonnen wurde. Die Erklärung des Generalstaatsanwalts war sofort umstritten, doch sie überzeugte Kabinett und Regierung, für den Krieg zu votieren.

Als ich weiter nachhakte, zeigte man mir eine geheime Empfehlung, die zuvor von Lord Goldsmith für Premierminister Tony Blair geschrieben worden war. Datiert auf den 7. März, wurde das Schriftstück weder Kabinett noch Parlament zur Kenntnis gebracht und widersprach der zehn Tage später geäußerten Ansicht. Der »sicherste legale Kurs«, riet Lord Goldsmith in dem unveröffentlichten Dokument, wäre, die Verabschiedung einer weiteren Resolution durch den Sicherheitsrat zur Autorisierung von Gewaltanwendung sicherzustellen. Im Gegensatz zu dem Artikel in der *Times* wurde Mr. Blair vom Generalstaatsanwalt ausdrücklich darauf aufmerksam gemacht, dass der Sicherheitsrat die Anwendung von Gewalt möglicherweise nicht autorisiert habe und ein Gericht »durchaus zu dem Schluss kommen könnte«, dass eine weitere, eindeutige Resolution notwendig sei.

Die Diskrepanz zwischen den beiden Dokumenten – die geheime Empfehlung vom 7. März und die öffentliche Erklärung vom 17. März – war beunruhigend. Schlussendlich fragte das Parlament nach den Umständen, unter denen die letztere Erklärung abgefasst worden war. Lord Goldsmith erklärte, dass er sie geschrieben habe, unter Mitwirkung »des zweiten Kronanwalts, zweier Beamter in meiner Behörde, dreier Beamter aus dem Außen- und Commonwealth-Ministerium und Christopher Greenwood QC«. Wie viele Anwälte sind erforderlich, um eine Stellungnahme zu verfassen, könnte man fragen, und welcher Zusammenhang bestand, wenn überhaupt, mit Chagos? Ich wusste, dass die parlamentarische Erklärung Großbritannien erlaubte, in den Krieg einzutreten, aber ich wusste nicht, dass sie faktisch auch die Nutzung von Diego Garcia autorisierte: Kampfoperationen wie etwa im Irak, lernte ich, wurden als eine »außergewöhnliche Nutzung« des Militärstützpunkts behandelt, die über den Routinebetrieb hinausging und daher der ausdrücklichen vorherigen Genehmigung der britischen Regierung bedurfte. Die Erklärung vom 17. März 2003 und die nachfolgende Autorisierung boten, wie es schien, genau diese erforderliche Genehmigung.

Somit ermöglichten Lord Goldsmith und seine Mitarbeiter, wissentlich oder nicht, die Nutzung des Territoriums von Chagos, um einen Krieg zu führen. Es war dieses Material, das mich bewog, ein Buch zu schreiben, *Lawless World*, das sich mit den Rechtsfragen des Irakkrieges befasste und 2005 erschien. Und es war dieses Buch, mit seinen Kapiteln zum Irak, angestoßen durch einen Artikel in der *Times*, das dazu führte, dass ich durch die Regierung von Mauritius beauftragt wurde, die Chagos-Angelegenheit auf dem Prozessweg zu verfolgen.

Jede Tat und jedes geschriebene Wort können Konsequenzen haben, wie unerwartet oder unbeabsichtigt auch immer.

Madame Elysé, 2006

Madame Elysé, die in Port Louis lebte, war nicht bewusst, dass das Land, das ihr Zuhause gewesen war, genutzt wurde, um den Krieg im Irak zu führen. Ihr Wunsch, nach Peros Banhos zurückzukehren, war ungetrübt, und drei Jahre nach dem Krieg erreichten die Empfindungen der chagossianischen Gemeinschaft London. Die britische Regierung gelangte zu der Überzeugung, dass es an der Zeit sei, etwas für jene zu tun, die zwangsumgesiedelt worden waren. Sie entschied sich für etwas, das als »heritage visits« bezeichnet werden sollte: Nostalgietouren zu den Stätten der eigenen Herkunft, was manche wunderlich, andere beleidigend fanden.

Madame Elysé erfuhr Anfang 2006 von der Möglichkeit eines Besuchs. Sie war jetzt Mitte fünfzig und arbeitete als Hausangestellte für eine chinesisch-mauritische Familie. Ihr Vater war ein paar Jahre zuvor gestorben, nachdem er bis zuletzt gehofft hatte, Peros Banhos wiederzusehen. »Dazu ist es nie gekommen«, erinnerte sich Madame Elysé, »also wurde es mein Traum, für ihn und für uns alle.« Damit stand sie nicht allein. »Meine Brüder, auch die in England. Meine Schwester. Meine Kinder. Alle wollten hin.« Als die Briten einen Besuch anboten, war sie außerstande, dem Angebot zu widerstehen.

»Auf der Reise waren wir eine Gruppe von einhundert Chagossianern, wir verbrachten acht Tage zusammen. Es war März. Wir reisten mit zwei Priestern, einem katholischen, Gerard Monjeland, und einem anglikanischen. Wir fuhren kurz vor Ostern von Port Louis los, und die Reise bis zu unserem Ziel dauerte vier Tage. Wir hatten Palmblätter mitgebracht, und am Palmsonntag hielten wir an Bord einen Gottesdienst ab. Während das Schiff seine Fahrt verlangsamte, erwiesen wir jenen die letzte Ehre, die damals, 1973, verloren gingen, die ins Meer sprangen oder starben, bevor sie Mauritius erreichten. Ich glaube, es waren neun, die Mauritius nicht lebend erreichten. Einige sprangen, zwei wurden auf der Insel Rodrigues begraben.«

Sie schilderte den Besuch mit klarer, schmerzerfüllter Erinnerung.

»Zuerst erreichten wir die Salomon Islands [ein Atoll im Chagos-Archipel]. Es war ein sehr kurzer Besuch, nur wenige Stunden. Von dort nahmen wir das Schiff nach Peros Banhos. Es war ein Dienstag, vielleicht der 4. April.

Wir durften uns nur ein paar Stunden auf Peros Banhos aufhalten, dann, sagten die Briten, müssten wir wieder weg. Niemand lebte dort. Wir betrachteten den Besuch als Pilgerreise, eine Zeit, um unsere Ahnen zu ehren. Wir wollten den Ort aufräumen, also baten wir um Geräte. Wie säuberten die Kirche, den Friedhof, die Gräber. Ich erinnere mich, dass wir das Grab meines Schwiegervaters, Olivier Elysé, in Ordnung brachten.«

Ihr Neffe, Olivier Bancoult, war bei dieser Reise ebenfalls dabei; er wollte das Grab seines Großvaters finden. »Die Gräber der französischen Angestellten, der Verwalter, hatten Namen, aber nicht die der Chagossianer.« Er hoffe, erklärte er, noch einmal mit Lisebys Mann, France, zurückzukehren. »Er kann mir zeigen, wo mein Großvater begraben ist.«

Liseby schilderte anschaulich, was sie sah. »Alles war verwildert, total verlassen. Es war schwer, unsere schöne Kirche in so schlechtem Zustand zu sehen, verwahrlost, verlassen. Drinnen wuchsen Kokospalmen, das Dach war weg. Wir räumten auf, so gut wir konnten, und dann feierten wir eine Messe, im Innern der Kirche.«

Liseby erinnerte sich oft an die Feier dieser Messe, dass sie einen tiefen Eindruck hinterließ, ein Gefühl von Verbundenheit und Gemeinschaft erzeugte. »Jemand hat sie gefilmt, und ich habe einen Film davon gesehen, wie wir singen. Es war ein beeindruckender Moment. Wir sangen gemeinsam, unser Lied, es heißt ›Peros Vert‹.« Sie sang die Liedzeilen für mich, auf Kreolisch, es war eine zarte, beschwingte Melodie, die aufheiterte und ermutigte, es war ein Lied voller Hoffnung:

»Peros vert, peros vert, so pep noir, nu pep noir,
nu pep noir,
noune déraciné.
zoizo crié, lisien zaper, mone perdi mo zil,
goodbye peros vert, goodbye salomon, goodbye diego
ki zamais mo pu trouve zot, mo lile, mo lile.«

Später fand ich eine Übersetzung, und Olivier Bancoult schickte mir ein Video:

> »Grünes Peros, wir Menschen sind schwarz, wir, die wir entwurzelt wurden.
> Die Vögel schreien, die Hunde bellen, wir, die wir unsere Insel verloren haben,
> adieu, grünes Peros, adieu Salomon, adieu Diego,
> Ich werde dich niemals sehen, meine Insel, meine Insel.«

»Dieser Besuch hat mich tief bewegt«, erzählte mir Liseby. »Ich hätte nie fortgehen dürfen. Ich hätte nicht zulassen dürfen, dass unsere Kirche so baufällig wird. Ich hätte die Gräber nicht im Stich lassen dürfen. Ich konnte nicht ertragen, was ich sah. Ich verspürte Wut auf die Engländer, vor allem, als ich feststellte, was von meinem Elternhaus noch übrig war – nur der Betonfußboden. Wir fanden ihn, ich habe ihn gesehen.«

Die früheren Bewohner durften ein paar Stunden auf Peros Banhos verbringen, dann führte man sie zurück zum Schiff, das einen vollen Tag brauchte, um das 143 Meilen entfernte Diego Garcia zu erreichen. Die Gruppe besuchte den alten Friedhof, um ihn in Ordnung zu bringen. »Wie der auf Peros war er überwuchert.« Später, als sie zum Schiff zurückgingen, waren sie überrascht, auf eine weitere Begräbnisstätte zu stoßen, eine neue.

»Wir kamen zu einem weiteren Friedhof, einem, der vom amerikanischen Militär unterhalten wurde. Er war sehr ordentlich gepflegt, peinlich sauber, vor allem verglichen mit unserem verlassenen Friedhof, wo unsere Familien begraben waren. Dann sahen wir, dass der Friedhof für ihre Hunde war. Ich habe Fotos. Es machte mich traurig. Es machte mich wütend.«

Madame Elysé blickte starr in eine Richtung, ihr Gesicht zeigte ein seltenes Gefühl von Wut und von Widerstand – und von ungeheurer Traurigkeit.

»Wo war die Gerechtigkeit?«, fragte sie. »Wo *ist* die Gerechtigkeit?«

* * *

Gerechtigkeit braucht ihre Zeit, wenn sie über die UN-Korridore wandert, auch während ein Gremium nach dem anderen sich mit der Misere der Chagossianer beschäftigte.

Eine Arbeitsgruppe für Minderheiten äußerte Bedenken wegen der sozialen und wirtschaftlichen Schwierigkeiten auf Mauritius. Sie wurden von Großbritannien ignoriert.

Der Menschenrechtsausschuss empfahl, Großbritannien »sollte gewährleisten, dass die Bewohner der Chagos-Inseln ihr Recht auf Rückkehr in ihr Territorium ausüben können«. Ebenfalls ignoriert.

Der Ausschuss gegen Rassendiskriminierung empfahl, diskriminierende Einschränkungen, welche die Chagossianer daran hinderten, Diego Garcia oder andere Inseln zu betreten, zurückzunehmen. Ignoriert.

Kurz nachdem Madame Elysé Peros Banhos besucht hatte, schrieb der französisch-mauritische Autor Jean-Marie Le Clézio einen offenen Brief an US-Präsident Barack Obama. Er, Obama, habe »die Macht, das Schicksal dieser Menschen zu ändern, die in der Epoche der Sklaverei aus Ostafrika kamen«, die Macht, ihnen zu erlauben, auf ihre Heimatinsel zurückzukehren, ihre Ahnen zu ehren, es wäre ein Akt der Gerechtigkeit, nicht der Barmherzigkeit. Er forderte den Anführer der freien Welt auf, der Stimme von Charlesia Alexis zu lauschen, ihren Sega-Song zu hören, sich vorzustellen, was es bedeutete, das Elend des Exils und die Hoffnung auf Rückkehr zu verspüren.

Ich weiß nicht, ob Präsident Obama den Brief erhalten oder ihn gelesen hat. Doch was ich weiß, ist, dass Monsieur Le Clézio keine Antwort erhielt.

»Freitage«

Im Anschluss an Le Clézios Brief trafen mehrere Ereignisse zusammen. Es war das Frühjahr 2010, als ein unwahrscheinliches Wechselspiel zwischen dem Seerechtsübereinkommen, der Diskussion über Meeresschutzgebiete, dem »Krieg gegen den Terror« und dem Einmarsch in den Irak den britischen Außenminister David Miliband veranlasste, die Schaffung eines riesigen Meeresschutzgebietes (»Marine Protected Area«, MPA) rund um Chagos anzukündigen. Das Projekt sollte die marine Biodiversität schützen, Großbritanniens ökologische Verdienste hervorheben und ein vorteilhaftes Licht auf Chagos werfen, dabei gleichzeitig von seiner angeblichen Nutzung für Folter und Krieg im Irak ablenken.

Mr. Miliband kündigte an, dass die MPA eine Viertelmillion Quadratmeilen umfassen würde; in diesem Gebiet wären Fischfang und andere Aktivitäten verboten. Die Initiative würde die Fläche der geschützten Ozeane der Welt verdoppeln und beweisen, dass »das Vereinigte Königreich seine internationalen ökologischen Verpflichtungen ernst nimmt«. Natürlich, stellte er klar, würde das Schutzgebiet den US-Stützpunkt auf Diego Garcia ausschließen. Führende Umweltschutzgruppen, darunter die Pew Environmental Group und die Zoological Society of London (ZSL; Londoner Zoologische Gesellschaft), nahmen den

Vorschlag begeistert auf, wie es zu gegebener Zeit auch der weniger bekannte Chagos Conservation Trust und die Bertarelli Foundation tun würden. Ein »historischer Sieg für den globalen Meeresschutz«, glaubten die Nichtregierungsorganisationen. Doch blieben sie auffällig stumm, was die Folgen für die Chagossianer betraf, die durch die Ankündigung beunruhigt wurden.

Ebenso wie die Regierung von Mauritius. Mr. Milibands Ankündigung veranlasste sie, mit Anwälten in Kontakt zu treten, und ich wurde gebeten, mit Premierminister Navin Ramgoolam zu sprechen. Port Louis sei nicht konsultiert worden, erklärte er und bat uns, eine Möglichkeit zu finden, die Rechtmäßigkeit der vorgeschlagenen MPA anzufechten. Er hatte ein persönliches Interesse, da sein Vater 1965 die Unabhängigkeit von Mauritius ausgehandelt hatte, die 1968 in Kraft trat. Mr. Ramgoolam berichtete uns, der britische Premierminister Gordon Brown habe ihm erst vor einigen Monaten am Rande eines Treffens der Commonwealth-Regierungschefs persönlich versichert, dass kein Meeresschutzgebiet ausgewiesen würde.

Mr. Ramgoolam wollte unseren Rat hinsichtlich der Rechtmäßigkeit der vorgeschlagenen MPA und beauftragte uns, Entschädigungsmöglichkeiten zu ermitteln. Sein Ersuchen folgte auf den plötzlichen Tod von Professor Brownlie, der Mauritius viele Jahre lang beraten hatte; er starb bei einem Autounfall in Ägypten. »Ich bin auf Sie gekommen wegen Ihres Buchs über den Irak«, erklärte er. »Ich will einen Anwalt, der kein Problem damit hat, sich mit der britischen Regierung anzulegen.«

Weil ich wenig über Chagos wusste, informierte ich mich und war entsetzt über eine Geschichte fortgesetzter Ungerechtigkeit ebenso wie über meine eigene Unwissenheit. Natürlich kannte ich Großbritanniens koloniale

Vergangenheit gut, nicht aber die Geschichte der letzten Kolonie, die das Vereinigte Königreich in Afrika errichtet hatte. Ich nahm den Auftrag an und stellte mit den Anwälten in Port Louis ein erfahrenes Team zusammen. Dazu gehörten der Anwalt Paul Reichler (ein Architekt des Nicaragua-Falles), James Crawford (ein australischer Hochschullehrer und weithin anerkannt als der weltweit führende internationale Prozessanwalt) und Elizabeth Wilmshurst (die wegen des Irakkrieges als stellvertretende Rechtsberaterin im britischen Außenministerium zurückgetreten war). Eine hervorragende Gruppe jüngerer Anwälte wurde in London, Washington und Boston gewonnen, sie sollten mit Port Louis zusammenarbeiten.

Wir wurden gebeten, auf Professor Brownlies Vorarbeit gestützte Optionen zu ermitteln. Als Mitglied des Commonwealth konnte Mauritius Großbritannien nicht direkt vor dem Internationalen Gerichtshof in Den Haag verklagen. Der südafrikanische Weg bot eine Möglichkeit: zu versuchen, die UN-Generalversammlung zu überzeugen, beim Internationalen Gerichtshof ein Rechtsgutachten zur Dekolonisierung von Mauritius und zur Illegalität der Abtrennung von Chagos anzufordern. Die Aufgabe wäre politisch schwierig, weil mit Widerstand vonseiten Großbritanniens und der Vereinigten Staaten zu rechnen wäre, zwei ständigen Mitgliedern des Sicherheitsrates, die auf zahlreiche Verbündete zählen konnten, darunter Mitgliedstaaten der Europäischen Union.

Eine zweite Option war ein Abkommen mit einer Streitbeilegungsklausel, die es Mauritius ermöglichen würde, den Fall vor den Internationalen Gerichtshof zu bringen. Das naheliegende Abkommen war das Internationale Übereinkommen zur Beseitigung jeder Form von Rassendiskriminierung (ICERD); es könnte ins Feld geführt werden, um zu argumentieren, dass die Deportation von Liseby Elysé und der anderen Chagossianer sowie Großbritanniens fortgesetzte Weigerung, ihnen die Rückkehr zu erlauben – fest verankert durch die MPA – rassisch diskriminierende Handlungen seien. Das Übereinkommen erlaubte einer Partei, ein Verfahren gegen eine andere beim Internationalen Gerichtshof anzustrengen. Tatsächlich arbeiteten James Crawford, Paul Reichler und ich damals für Georgien an einem Fall, den die ehemalige Sowjetrepublik unter Berufung auf dieses Übereinkommen vor den Internationalen Gerichtshof gebracht hatte und in dem Russland Rassendiskriminierung gegen georgische Minderheiten in den russisch besetzten Gebieten Abchasien und Südossetien vorgeworfen wurde. Wir warteten auf eine Entscheidung des Gerichts darüber, ob es die Zuständigkeit besaß.

Eine dritte Möglichkeit war unerprobt: zu argumentieren, dass der britische Vorschlag nach dem Seerechtsübereinkommen rechtswidrig sei, weil er die Fischereirechte von Mauritius rund um Chagos verletze und weil Großbritannien nicht der »Küstenstaat« für Chagos sei und daher nicht das Recht habe, ein Meeresschutzgebiet auszuweisen. Um Erfolg zu haben, müssten wir ein Gericht oder Tribunal davon überzeugen, dass es die Zuständigkeit besaß, über die Rechtmäßigkeit der Abtrennung von Chagos zu entscheiden. Deckte das Seevölkerrecht Dekolonisierung und territoriale Integrität? Konnte ein Seerechtstribunal über Resolution 1514 entscheiden oder in einer Frage der Souveränität über Land? Kein internationales Gericht hatte das bislang getan.

Während Port Louis die Optionen erwog, veröffentlichte WikiLeaks ein gewaltiges Konvolut an US-Regierungsdokumenten, Millionen Seiten »Top Secret«-Schriftstücke, die plötzlich im Internet auftauchten und von denen einige mit Chagos zusammenhingen. Von besonderem Interesse war eine Depesche aus dem Jahr 2009 von der amerikanischen Botschaft in London an das US-Außenministerium in Washington zum Meeresschutzgebiet. Das Dokument legte im Detail die Ansichten von Mr. Colin Roberts dar, dem Direktor der Überseegebiete im Foreign Office in London. Die Vorteile von Mr. Milibands Plan für eine MPA nach dem Vorbild amerikanischer Schutzgebiete auf Hawaii und den Marianen anpreisend, versicherte Mr. Roberts, dass damit »das größte Meeresschutzgebiet auf der Welt« geschaffen und jegliche menschliche Aktivität verboten würden, außer auf und in der Nähe des US-Stützpunkts auf Diego Garcia.

Der Vorschlag würde keine Schwierigkeiten für die einheimische Bevölkerung mit sich bringen, erläuterte Mr. Roberts, denn ... es gebe keine Bewohner! »Wir bedauern die Umsiedlung der Bevölkerung nicht«, teilte er laut der Depesche seinen US-Amtskollegen mit, da sie bedeute, dass es »keine menschlichen Fußabdrücke« oder »Freitage« auf den »unbewohnten Inseln« des BIOT gäbe. Der Ausdruck »Freitag« (»Man Friday«) erinnerte an die Sprache der 1960er-Jahre, als Großbritannien die UN bewusst in die Irre führte, aber dies ging noch weiter. Der Meerespark böte noch einen weiteren Vorteil, soll Mr. Roberts die Amerikaner informiert haben: Er würde »allen Wiederansiedlungsforderungen der früheren Bewohner des Archipels einen Riegel vorschieben«.

Das Dokument legte den Schluss nahe, dass der Umweltschutz eingespannt wurde, um den Chagossianern eine Rückkehr für immer unmöglich zu machen. Die Umweltlobby sei »weit mächtiger« als die Anwälte der Chagossianer, führte Mr. Roberts aus, und sie befürworte das

Projekt. Die Yachten von Millionären durften Peros Banhos besuchen, nicht aber die Chagossianer. Wissenschaftler, die bei der Zoological Society of London und beim Chagos Conservation Trust arbeiteten, konnten die Kirche besuchen, in der Madame Elysé getauft worden war, sie aber durfte es nicht.

Mr. Roberts' Depesche war ein Dokument von der Sorte, die einem das Rückgrat stärkt. Die Chagossianer veranlasste es, eine neue Klage beim High Court in London einzureichen: Bancoult No. 4. Die Klage focht die Rechtmäßigkeit der vorgeschlagenen MPA nach englischem Recht an, mit der Begründung, dass ihr Zweck darin bestehe, die Rückkehr der Chagossianer zu verhindern. Wie viele andere Klagen wurde auch diese Klage in der Revision am Supreme Court in London abgewiesen, aber sie war nicht vollkommen vergeblich: Der Prozess förderte eine Fülle geheimer britischer Regierungsdokumente zutage, die Mr. Bancoult und seine Anwälte Mauritius zur Verfügung stellten, gegen die Einwände der britischen Regierung, die ihre Rückgabe verlangte. Nein, erklärte Mauritius, die Dokumente seien gemeinfrei, nachdem in öffentlicher Sitzung auf sie Bezug genommen worden war. Er sei »schwer verärgert«, knurrte ein britischer Minister. Er war zu Recht beunruhigt: Die Dokumente warfen ein grelles Licht auf Großbritanniens Handlungsweise und seine Unaufrichtigkeit zwischen 1963 und 1973, alles hinter den Kulissen.

Etwa um diese Zeit kam die britische Regierung nochmals auf die Frage zurück, ob ein Leben auf Chagos möglich sei. Sie veranstaltete eine öffentliche Befragung, in der 98 Prozent der teilnehmenden Chagossianer den Wunsch äußerten zurückzukehren. Das Wirtschaftsprüfungsunternehmen KPMG nahm die Optionen unter die Lupe und kam zu dem Schluss, dass eine Rückkehr machbar sei – Kleinfischerei, kleine Parzellen mit Kokospalmen und Ökotourismus könnten Arbeitsplätze schaffen – und keine nachteiligen Folgen für die Umwelt hätte. Doch die britische Regierung entschied sich gegen die Wiederansiedlung, aus Gründen der »Durchführbarkeit« und unter Verweis auf »Verteidigungs- und Sicherheitsinteressen und die Kosten«. Stattdessen kündigte sie ein Finanzpaket in Höhe von 40 Millionen britischen Pfund an, um Chagossianer in ihrem Leben außerhalb des Archipels zu unterstützen, sowie weitere »Nostalgietouren«.

Die Chagossianer fochten die Entscheidung vor den englischen Gerichten an. Während der Niederschrift dieses Buches ist Bancoult No. 5 in der Revision am Supreme Court anhängig. Vier Jahre nachdem das Unterstützungspaket angekündigt wurde, waren weniger als eine halbe Million Pfund ausgezahlt worden. »Gegenwärtig gibt es keinen funktionierenden Mechanismus zur Umsetzung eines Plans«, ließ der britische Hochkommissar die Chagossianer auf Mauritius wissen.

* * *

Während London nach Ausflüchten suchte, prüfte Mauritius eine zweigleisige Vorgehensweise in dem Rechtsstreit: ein Prozess nach dem Seerechtsübereinkommen, ein anderer in Den Haag wegen Diskriminierung. Sollten diese Prozesse zu einem positiven Ergebnis führen, konnten andere Optionen folgen, einschließlich des Wegs über ein Rechtsgutachten, obwohl dieser Kurs nach Lage der Dinge politisch schwierig war.

Fünfundvierzig Jahre nach der Zerstückelung von Mauritius, an einem kalten, verschneiten Tag im Dezember 2010, wurde das Foreign Office in London von Mauritius benachrichtigt, dass man ein Schiedsverfahren nach dem Seerechtsübereinkommen in Gang gesetzt habe. Der entsprechende Schriftsatz machte geltend, dass der von Mr. Miliband vorgeschlagene Meerespark illegal sei, dass es sich um einen als Umweltschutzmaßnahme verbrämten Trick handele, um die Chagossianer von der Rückkehr nach Chagos abzuhalten. An den Antrag angehängt war ein einziges Dokument: die britische Diplomaten-Depesche, welche die »Freitage« erwähnte.

Was den Prozess nach dem Diskriminierungs-Übereinkommen betraf, so beschloss Port Louis abzuwarten, bis Den Haag entschieden hatte, ob es die Zuständigkeit in der Klage Georgiens gegen Russland besaß. Dieses Urteil wurde am 1. April 2011 gefällt. Der Generalstaatsanwalt von Mauritius war bei der Lesung im Großen Saal des Friedenspalastes anwesend, mit dabei hatte er eine Mappe, die einen Antrag auf Eröffnung eines Diskriminierungsverfahrens gegen Großbritannien enthielt.

In einer früheren Phase hatte der Internationale Gerichtshof auf vorläufiger Grundlage entschieden, dass er die Zuständigkeit besitze, in der Klage Georgiens gegen Russland vorläufige Maßnahmen anzuordnen. Diese Entscheidung aus dem Jahr 2008 stützte sich auf eine knappe Mehrheit von acht der 15 Richter. Zwei Jahre später hatte sich die Zusammensetzung des Gerichts geändert und damit auch die Richtung, die es verfolgte: Eine knappe Mehrheit entschied nun genau entgegengesetzt, nämlich dass das Gericht die Zuständigkeit nicht besitze. Es war eine legalistische, verfahrenstechnische Entscheidung; die Mehrheit befand, dass Georgien es versäumt habe, Russland ordnungsgemäß von seinem Antrag nach dem Diskriminierungs-Übereinkommen in Kenntnis zu setzen.

Der Fehler, eine Formsache, erledigte die Klage, die das Gericht folglich abwies – womit es ein Signal an Russland sendete, das dessen künftiges Handeln in der Ukraine beeinflusst haben könnte.

Das Urteil bestätigte, wie entscheidend die Zusammensetzung des Internationalen Gerichtshofs sein kann, was allerdings für jedes Gericht gilt. Das Recht ist nicht etwas, das mechanisch angewendet wird, was bedeutet, dass schon der Austausch von ein oder zwei Richtern das Ergebnis vollkommen ändern kann. Im Februar 2010 schied die britische Richterin – Rosalyn Higgins, die in der früheren Phase für die Zuständigkeit gestimmt hatte – aus, und ihr folgte Christopher Greenwood nach, der generell als weniger offen für Menschenrechtsargumente galt als seine Vorgängerin. Richter Greenwood schloss sich der Mehrheitsentscheidung an, Georgien habe das Gericht nicht überzeugt, dass es in dem Fall die Zuständigkeit besitze. Zwei andere Richter – aus Mexiko und Neuseeland – änderten zudem ihre Auffassung gegenüber derjenigen, die sie in der früheren Phase vertreten hatten. Die abweichenden Richter beklagten, dass die Haltung der Mehrheit »unrealistisch und formalistisch« sei.

Die Entscheidung ist jedenfalls bis heute das enttäuschendste Urteil in allen Fällen vor dem Internationalen Gerichtshof, an denen ich beteiligt war. Das mauritische Team in Den Haag gelangte rasch zu der Überzeugung, dass das Gericht in seiner aktuellen Zusammensetzung kaum ein aussichtsreicher Ort war, um gegen Großbritannien zu prozessieren oder vorzubringen, dass die Deportation der Chagossianer nach Völkerrecht diskriminierend und rechtswidrig war. Mit dem CERD-Antrag in seiner Mappe kehrte der Generalstaatsanwalt von Mauritius nach Port Louis zurück.

Istanbul

Damit blieb die Seerechtsklage. Ein paar Wochen nachdem sie eingereicht worden war, suchten der UN-Gesandte von Mauritius, Mr. Meetarbhan, und ich den Rechtsberater des US-Außenministeriums und mehrere seiner Anwälte auf. Das Treffen war ein Höflichkeitsbesuch, um unseren Fall zu erläutern und klarzumachen, dass Mauritius nicht vorhatte, die US-Militärbasis auf Diego Garcia in Frage zu stellen. Vielmehr zielte die mauritische Regierung auf den Nachweis ab, dass der Chagos-Archipel zu Mauritius gehörte und die Chagossianer das Recht hatten, auf ihre Heimatinsel zurückzukehren. Der Gedankenaustausch fand in freundlicher Atmosphäre statt, die amerikanischen Anwälte hörten höflich und skeptisch zu und ließen uns dann wissen, dass eine Seerechtsklage gegen Großbritannien hoffnungslos wäre.

Ein Schiedsverfahren ist anders als ein Prozess vor einem internationalen Gericht wie dem Internationalen Gerichtshof (IGH) oder dem Internationalen Seegerichtshof (ISGH), wo die Richter Dauerstellungen innehaben. Im Schiedsverfahren wird jedes Mal eigens ein Gericht eingesetzt, das sich dann mit einem einzigen Fall befasst: Jede Streitpartei ernennt einen Sachverständigen, und anschließend einigen sich die beiden Parteien auf drei weitere Schiedsrichter. Mauritius nominierte den deutschen Richter am ISGH, Rüdiger Wolfrum, als seinen parteiernannten Sachverständigen; Großbritannien berief Christopher Greenwood, seinen Richter am IGH. Dann verständigten sich die beiden Länder auf die weiteren Schiedsrichter aus Südafrika und Tansania sowie einen vorsitzenden Schiedsrichter, der aus Australien kam. Trotz unserer Bemühungen war das Ganze einmal mehr eine rein männliche Angelegenheit. Die britische Wahl sorgte für eine Verzögerung, als herauskam, dass Richter Greenwood kurz nach seiner Berufung an das Schiedsgericht am Auswahlverfahren des britischen Außenministeriums für dessen neuen Rechtsberater teilgenommen hatte. Da der neue Rechtsberater eine Rolle in dem Schiedsverfahren spielen sollte, äußerte Premierminister Ramgoolam – ein Mitglied der englischen Anwaltschaft – Bedenken wegen der Ernennung. »Wie kann Richter Greenwood in dem Fall als Sachverständiger amtieren, wenn er eine Rolle bei der Ernennung eines in den Fall verwickelten Anwalts spielte?«, wollte er wissen. Die Frage war berechtigt. Auch Professor Greenwoods frühere Rolle als Helfer der britischen Regierung im Irakkonflikt, die der Artikel in der *Times* enthüllt hatte, war von Belang, da inzwischen bekannt war, dass der Krieg von Diego Garcia aus begonnen worden war. Wir beschlossen jedoch, dieses Thema zu meiden, da das Gericht dann verpflichtet wäre, Themen zu untersuchen, mit denen es vielleicht nicht befasst sein wollte.

Premierminister Ramgoolam beauftragte uns, Richter Greenwood abzulehnen. Dies war insofern heikel, als James Crawford und ich eng mit Greenwood zusammengearbeitet hatten; wir mochten ihn und hatten ein gutes Verhältnis zu ihm. Wir hofften, dass er sich vielleicht freiwillig zurückziehen würde, aber das tat er nicht. Das Schiedsverfahren wurde aufgeschoben, während die formale Ablehnung verhandelt wurde. Jede Partei legte schriftliche Erklärungen vor, gestützt von Expertenmeinungen, und im Friedenspalast in Den Haag wurde ein Tag für die mündlichen Plädoyers anberaumt. Sir Sydney Kentridge, der das mauritische Team leitete, war ein angesehener Rechtsanwalt, der vor fünf Jahrzehnten im »Treason Trial«, dem Prozess gegen 156 Südafrikaner wegen Landesverrats, Nelson Mandela verteidigt und später einige von Olivier Bancoults Chagos-Fällen an den englischen Gerichten vertreten hatte. Unbefangenheit hänge von einem einfachen Test ab, trug Kentridge vor: Gäben die Umstände Anlass zu »begründeter Sorge vor Befangenheit« aufseiten eines vernünftigen Beobachters? Er berief sich auf eine von Thomas Mensah, dem früheren Präsidenten des Internationalen Seegerichtshofs, abgegebene Stellungnahme, wonach Greenwood nicht als Schiedsrichter amtieren solle. Großbritannien widersprach: Dieser Test mochte bei innerstaatlichen Verfahren anwendbar sein, aber auf internationaler Ebene seien die Maßstäbe weit weniger streng, so der Einwand. Die britische Regierung stützte sich auf Stellungnahmen der Richter und früheren IGH-Präsidenten Higgins und Guillaume, die der Auffassung waren, dass es unproblematisch sei, wenn Greenwood als Schiedsrichter amtierte.

»Warum sollte sich dieses Gericht mit einem geringeren Grad an Unbefangenheit zufriedengeben?«, fragte Kentridge. Richter Greenwoods Rolle bei der Ernennung des Foreign-Office-Rechtsberaters deute auf ein fortdauerndes »fachliches und persönliches Vertrauensverhältnis« zwischen ihm und der britischen Regierung hin. »Wir äußern uns nicht verleumderisch über Richter Greenwoods Integrität«, aber Kentridge hoffte, das Vereinigte Königreich könnte sich die Sache nochmals überlegen und »dem Richter ermöglichen, würdevoll abzutreten«. Die britische Regierung überlegte es sich nicht nochmals, und Richter Greenwood machte keinen Rückzieher. Nachdem die vier Schiedsrichter mehrere Monate beratschlagt hatten, entschieden sie zugunsten von Großbritanniens Argumentation und kamen zu dem Schluss, dass der »Anschein-von-Befangenheit«-Test in einem Seerechts-Schiedsverfahren nicht anwendbar sei. Sie wendeten stattdessen lieber den vom Internationalen Gerichtshof herangezogenen Maßstab an – wenngleich nicht den, der dazu geführt hatte, dass Richter Khan in den Südwestafrika-Fällen nicht als Richter amtieren konnte – und entschieden, es gebe keine »gerechtfertigten Gründe«, an Richter Greenwoods Unabhängigkeit und Unbefangenheit zu zweifeln: Seine Rolle in dem Ernennungsverfahren sei »kurz« gewesen und habe keine »bestehende Beziehung« zur britischen Regierung begründet.

Und so ging das Verfahren weiter, um postwendend von einer weiteren Verzögerung betroffen zu werden: Wie vorausgesehen, machte Großbritannien geltend, dass das Schiedsgericht keine Zuständigkeit besitze, teils, weil das Seerecht ihm nicht gestatte, Meinungen zur Selbstbestimmung oder zu Resolution 1514 zu äußern oder dazu, ob Chagos eine britische Kolonie oder Teil von Mauritius sei. Während Schriftsätze ausgetauscht wurden, konnten die Parteien kein Einvernehmen darüber erzielen, wo die Anhörung über die Zuständigkeit stattfinden sollte. Nicht in Europa, dem pulsierenden Herzen des Kolonialismus, sagte Mauritius. Nicht in Buenos Aires oder Johannesburg, erwiderte Großbritannien auf unsere Vorschläge. Wir einigten uns auf Dubai, wo an einem brütend heißen Tag Anfang 2013 die Argumente erörtert wurden. Das Gericht brauchte bloß vier Tage, um zu der Überzeugung zu gelangen, dass Großbritanniens Einwände so eng mit den materiell-rechtlichen Gesichtspunkten des Falles verwoben waren, dass über sie nicht gesondert oder im Voraus entschieden werden könne. Die Frage der Zuständigkeit wurde mit den materiell-rechtlichen Gesichtspunkten verbunden. Nachdem diese Hürde genommen war, ging das Verfahren in die nächsten beiden Runden aus ellenlangen

Schriftsätzen, dann folgte eine Anhörung in Istanbul, in einem Gerichtssaal, der im Untergeschoss des berühmten Hotels Pera Palas eingerichtet worden war, das von Kemal Atatürk, dem Gründer der modernen Türkei, und der Krimiautorin Agatha Christie geschätzt worden war, Letztere soll hier ihren Roman *Mord im Orientexpress* geschrieben haben.

Die Anhörung fand im Frühjahr 2014 statt, Argumente und Gegenargumente, unterbrochen von Teepausen, in denen die Süßspeise Lokum gereicht wurde, und langen Spaziergängen durch Istanbul. Die beiden Seiten bewohnten verschiedene Flure des Hotels, ebenso die fünf Schiedsrichter, was das Ganze zu einer Anhörung wie keine andere machte. In Sichtweite des Bosporus wurden Fragen des Seerechts, von Naturschutz und Kolonialismus und die Rechte der Chagossianer erörtert.

Es gab unvergessliche Momente.

Unterhaltungen, bei denen man sich quer durch den Frühstücksraum anschrie, um jeden Anflug von unangemessener privater Kommunikation zwischen Anwalt und Schiedsrichter zu vermeiden.

Frühmorgendliche Begegnungen im Fitnessstudio, mit spektakulären Ausblicken über das Goldene Horn, während Anwalt und Schiedsrichter auf benachbarten Geräten wild in die Pedale traten.

Das verschachtelte hölzerne Podium, das von dem Schreiner des Hotels mit großem handwerklichem Geschick gebaut worden war, dessen etwas knappe Abmessungen aber dazu führten, dass Schriftstücke keinen sicheren Platz fanden.

Mit Leidenschaft vorgebrachte Argumente. »Wir hegen keine Zweifel hinsichtlich unserer Souveränität«, erklärte der britische Generalstaatsanwalt Dominic Grieve und bot Mauritius Gespräche über die »praktische Realisierung« des Meeresschutzgebietes an. Kein Seerechtstribunal könne Ansichten zur Souveränität über Land, zum Besitz von Chagos oder des BIOT äußern, behauptete er. Was die Korallenriffs von Chagos betreffe, so seien sie »außerordentlich und unberührt«. »Ich bin selbst Taucher«, merkte er an, noch vor wenigen Tagen sei er in den Gewässern rund um die Malediven getaucht, ein paar hundert Meilen nördlich von Peros Banhos.

Es gab Momente der Heiterkeit. Auf die unangenehme Frage eines der Schiedsrichter hin reichte ein Kollege einer britischen Anwältin ein Blatt Papier, auf dem drei hingekritzelte Wörter deutlich sichtbar waren: »ANTWORTEN SIE NICHT.« Sie ignorierte die Anweisung oder übersah sie vielleicht.

Es gab eine Enthüllung, als wir erfuhren, dass die Hauptquelle der Verschmutzung rings um Chagos das einsame Schiff war, das die britische Regierung von einer Firma namens MRAG gechartert hatte und dem die herkulische Aufgabe oblag, ein Meeresschutzgebiet zu kontrollieren, das sich über eine halbe Million Quadratkilometer erstreckte.

Und es gab juristische Debatten von einer Art und Qualität, die mich am Ende froh machten, ein internationaler Anwalt zu sein. Der erhebendste Moment für viele Anwesende war ein Wortwechsel zwischen zweien der Schiedsrichter und einem der Anwälte von Mauritius über die zentrale Frage in dem Fall, die eine Frage, auf der Madame Elysés Zukunft beruhte: Waren Resolution 1514 und das Prinzip der territorialen Integrität als Gegenstand des Völkerrechts bindend, und wenn ja, wann genau wurden sie bindend? Richter Greenwood steuerte mit chirurgischer Präzision auf die Frage zu: War die Forderung von

Resolution 1514, die territoriale Integrität zu respektieren, bereits im November 1965, als Chagos abgetrennt wurde, eine Norm des Völkerrechts oder erst im Mai 1968, als Mauritius seine Unabhängigkeit erlangte?

Professor Crawford antwortete. Die »Norm der territorialen Integrität« sei 1960 Teil des Rechts auf Selbstbestimmung gewesen, führte er aus: Resolution 1514 formuliere lediglich eine bestehende Norm, sie schaffe keine neue. Das Recht spiegle sich in den Handlungen von Staaten wider, ergänzte er, und zu diesen Handlungen gehöre auch, für Resolutionen der Generalversammlung zu stimmen: »Der Appetit kommt beim Essen, wenn ich eine italienische Lebensweisheit zitieren dürfte.« Die Gesichter der Schiedsrichter ließen keinen Zweifel daran, dass offensichtlich niemand im Untergeschoss des Pera Palas verstand, was er mit dieser Analogie meinte. Also stellte er klar: Das Prinzip der »territorialen Integrität« sei 1965 anwendbar gewesen, als die Briten handelten, und es habe danach weiter gegolten, im Jahr 1968 und später.

Mit anderen Worten, die Norm existierte, als Chagos abgetrennt wurde und als Mauritius seine Unabhängigkeit erlangte – und sie wurde verletzt. Außerdem wusste Großbritannien, wie die dem Gericht vorliegenden Dokumente klarmachten, im Jahr 1965 sehr wohl, dass seine Handlungsweise illegal war. Anstatt der Norm Wirkung zu verleihen, unternahm Großbritannien Schritte, sie zu umgehen, und führte die UN in die Irre, indem man die Idee ausheckte, dass es auf den Inseln keine »dauerhafte Bevölkerung« gäbe.

»Was ist damit, dass zu diesem Zeitpunkt die Bevölkerung von der Insel fortgebracht wurde?«, erkundigte sich Richter Wolfrum. Die Frage tangierte die Situation von Madame Elysé, die nicht mit uns im Untergeschoss des

Pera Palas zugegen war. Die Vertreibung der Bevölkerung sei 1965 ins Auge gefasst worden und »ein Aspekt der Illegalität«, erwiderte Professor Crawford. Als Teil des Projekts zur Abtrennung des Archipels und zur Entfernung der Bevölkerung sei sie illegal gewesen.

Die Anhörungen zogen sich über zwei Wochen hin, Frühstadien eines modernen, gekürzten Jarndyce gegen Jarndyce, des Nachlassfalls in Charles Dickens' Roman *Bleak House*, der sich über Generationen erstreckt. Argument, Gegenargument, Treffen, spätabendliche Entwurfsarbeit, Spaziergänge, Getränke, Abendessen, dann ein Abschied. Die Anhörung wurde geschlossen, und die Anwesenden kehrten an ihre Heimatorte auf der ganzen Welt zurück.

* * *

Elf Monate vergingen, dann ließ der Ständige Schiedshof in Den Haag verlauten, dass die Entscheidung im März 2015 bekannt gegeben würde. Ein Schritt vorwärts, ein Schritt zur Seite. Die fünf Schiedsrichter entschieden einstimmig, dass das Meeresschutzgebiet widerrechtlich ausgewiesen worden sei, dass Großbritannien seine Verpflichtungen gegenüber Mauritius

nach dem Seevölkerrecht bei Fischerei, marinen Ressourcen und Mineralien am Meeresboden verletzt habe. Großbritannien habe weder auf die Rechte von Mauritius Rücksicht genommen noch angemessene Konsultationen mit dem Inselstaat geführt. Der Fall war nicht ganz so hoffnungslos, wie der Rechtsberater des US-Außenministeriums uns gewarnt hatte, aber er lag nicht gänzlich daneben, denn das Gericht lehnte es ab, darüber zu entscheiden, welches der beiden Länder der »Küstenstaat« sei.

Drei Schiedsrichter kamen zu dem Ergebnis, dass das Seerechtsübereinkommen ihnen nicht erlaube, eine Meinung über die territoriale Souveränität der Inseln des Chagos-Archipels zu äußern. Entsprechend lehnten sie es ab, zu entscheiden, welches Land der Küstenstaat sei, oder über die Auswirkung von Resolution 1514 oder die Wortwechsel zwischen Richter Greenwood und Professor Crawford zu befinden. Sie gingen stillschweigend hinweg über die Zukunft von Madame Elysé und anderen Chagossianern und über die Altlast des Kolonialismus. Dies war die Mehrheitsmeinung, zum Ausdruck gebracht von den Schiedsrichtern Shearer, Greenwood und Hoffmann.

Doch zwei Schiedsrichter kamen zu einem anderen Ergebnis. Die Richter Kateka und Wolfrum gelangten zu der Überzeugung, dass das Gericht entscheiden dürfe, welches Land der Küstenstaat für Chagos sei, und ihrer Ansicht nach war es Mauritius, nicht das Vereinigte Königreich. Sie formulierten ihr Sondervotum in der Sache und machten damit – vielleicht so, wie Richter Jessup es fünf Jahrzehnte zuvor in den Südwestafrika-Fällen getan hatte – den Weg frei für die Einsicht eines zukünftigen Tages.

Sie gelangten zu folgenden Schlüssen:

Im Jahr 1965 war Chagos Teil des Territoriums der Kolonie Mauritius.

Resolution 1514 spiegelte das Völkerrecht wider, als Chagos abgetrennt wurde, und sie beinhaltete eine bindende Verpflichtung, die territoriale Integrität zu wahren.

Mauritius stimmte der Abtrennung nicht zu.

Harold Wilson bediente sich der Sprache der Einschüchterung – »ihm mit Hoffnung Angst einjagen« – und drohte Premier Ramgoolam, der »genötigt« wurde.

Die Abtrennung von Chagos, einem Teil der Kolonie Mauritius, verstieß gegen das Völkerrecht und war ohne Rechtskraft. Sie verstieß gegen das Recht auf Dekolonisierung, das seinen Niederschlag in Resolution 1514 findet, und das Recht auf Selbstbestimmung.

Außerdem gebe es »beunruhigende Ähnlichkeiten« zwischen der Einrichtung des BIOT im Jahr 1965 und der Proklamation der MPA im Jahr 2010. In beiden Fällen habe Großbritannien die Rechte von Mauritius missachtet: »Das Vereinigte Königreich verstieß bewusst gegen den Maßstab von Treu und Glauben.«

* * *

Das Ergebnis war sowohl positiv als auch enttäuschend. Positiv, weil das Gericht entschieden hatte, dass die vorgeschlagene MPA illegal war; enttäuschend, weil die Mehrheit der Richter nichts über Souveränität sagte. Dennoch ist, wie ich inzwischen gelernt habe, im Recht – wie im Leben – nichts jemals nur, was es zu sein scheint: Die realen Konsequenzen einer Entscheidung einschließlich der Dominoeffekte eines vernünftigen Sondervotums können Zeit brauchen, um ihre wunderbare Wirkung zu entfalten. Zum ersten Mal hatten zwei internationale Richter sich zugunsten des von Mauritius formulierten Anspruchs geäußert, und niemand war diesem Anspruch entgegengetreten. Die Mehrheit wahrte ein diskretes Schweigen in der Sache des britischen Anspruchs.

Die Richter Kateka und Wolfrum öffneten dadurch noch eine Tür, so wie die widersprechenden Richter es 1966 in Bezug auf Namibia getan hatten. Ich habe gelernt, nicht augenblicklich auf ein Urteil zu reagieren, sondern den Staub sich legen zu lassen und die künftigen Möglichkeiten abzuwarten. So könnte es sich für Chagos noch fügen.

New York

Nachdem das Gericht erklärt hatte, dass das Meeresschutzgebiet von Chagos widerrechtlich ausgewiesen worden war, kehrte ich nach Port Louis zurück, um die Folgen des Urteilsspruchs für das andere ungelöste Problem zu besprechen. Inzwischen war eine neue mauritische Regierung im Amt, an deren Spitze Sir Anerood Jugnauth stand, der seinerzeit im Jahr 1965 an der Konferenz im Lancaster House teilgenommen hatte und nun seine dritte Amtszeit als Premierminister durchlief.

»Welches sind die rechtlichen Optionen?«, erkundigte er sich. Sir Anerood, ein Mann von wohlüberlegter Autorität und von den Briten vielfach ausgezeichnet, hegte eine Leidenschaft für Chagos und die Rechte seiner früheren Bewohner. Der Kampf gehe weiter, erklärte er, beeindruckt von der Eindeutigkeit des gemeinsamen Sondervotums der Richter Kateka und Wolfrum. »Gibt es einen Weg nach Den Haag?«

Seit der einige Jahre zurückliegenden Entscheidung des Internationalen Gerichtshofs, in der Klage Georgiens gegen Russland die Zuständigkeit abzulehnen, waren wir skeptisch, was Den Haag betraf. Allerdings hatte das Gericht unlängst in einem anderen Fall geurteilt, an dem James Crawford und ich beteiligt waren, einem, der unsere schlimmsten Besorgnisse dämpfte. Die Klage war von Australien erhoben worden, um Japans wissenschaftliches

Walfangprogramm in der Antarktis anzufechten. Der kommerzielle Walfang war seit Jahren durch ein internationales Abkommen verboten, aber eine Ausnahme erlaubte den Walfang zu »wissenschaftlichen Zwecken«. Japan hatte sich viele Jahre darauf gestützt und wollte nun ein Programm zum Fang von mehreren hundert Finn-, Buckel- und Zwergwalen in der Antarktis ausführen. Australien hielt Japans »Walforschungsprogramm« für ein großes Feigenblatt, eines, bei dem es nicht wirklich um wissenschaftliche Forschung ging. Es brachte den Fall vor den Internationalen Gerichtshof in Den Haag.

Im Mittelpunkt standen zwei Fragen: Was ist Wissenschaft? Ist Japans Programm »wissenschaftliche Forschung«? Das verlangte vom Internationalen Gerichtshof, tief in Fragen von Wissenschaft und Realität einzutauchen, etwas, das Den Haag bislang vermieden hatte. Im Jahr 1997 hatte das Gericht im *Gabčíkovo-Nagymaros*-Fall zwischen der Slowakei und Ungarn die Argumente der Streitparteien zu den ökologischen Folgen zweier Staustufen an der Donau, zu Wasserqualität und Biodiversität übergangen. Im Jahr 2010 hatte Argentinien im Pulp-Mills-Fall Uruguay wegen der angeblich durch zwei Papiermühlen verursachten Schädigung des Río Uruguay verklagt. Wieder ließ das Gericht die Kernfragen exakter Wissenschaft außen vor und suchte Zuflucht in Tatsachenfeststellungen seitens der Internationalen Finanz-Corporation der Weltbank.

Als Rechtsbeistand in beiden Fällen hatte ich erlebt, wie die Richter komplexe fachspezifische Argumente übergingen. Seitdem war ich ein wenig skeptisch, was die Bereitschaft der Richter betraf, die Ärmel aufzukrempeln und sich die Hände am japanischen Walfang schmutzig zu machen. Ich lag falsch. Stattdessen wurde ich Zeuge einer intensiven Befragung durch gut vorbereitete Richter und eines ausgezeichneten Kreuzverhörs durch den Generalstaatsanwalt von Australien, der diplomatische Feinheiten beiseiteschob und das Sachverständigengutachten zerpflückte, das von Japans wichtigstem wissenschaftlichen Zeugen, einem reizenden norwegischen Doktor der Medizin, vorgelegt worden war, der das Ausmaß des Verhängnisses, das seine Argumentation ereilte, nicht zu ermessen schien. Die Wirkung im Großen Saal des Friedenspalastes war außerordentlich: In weniger als 30 Minuten erlebten jene, die zugegen waren, das Scheitern der wissenschaftlichen Argumente Japans, was dem Gericht erlaubte, daran anknüpfend eine klare Entscheidung gegen Japan zu fällen und auf diese Weise eine komplexe Beweiskontroverse beizulegen.

Das Urteil legte den Schluss nahe, dass der Internationale Gerichtshof in eine neue Phase eingetreten war. Vielleicht wäre dieses Gericht tatsächlich willens, sich mit Chagos zu befassen, mit seinen historischen und tatsächlichen Problemen und heiklen politischen Interessen. Wenn wir eine Möglichkeit finden konnten, den Fall Chagos vor den Internationalen Gerichtshof zu bekommen, was nach wie vor schwer vorstellbar schien, könnten sich die Richter eine Meinung über die Ereignisse der 1960er-Jahre bilden, nicht zuletzt darüber, ob die Führer des in Bälde unabhängigen Mauritius der Zerstückelung ihres Landes wirklich zustimmten. Vielleicht konnte das Sondervotum von Kateka und Wolfrum zur Mehrheitsmeinung werden, so wie Jessups Sondervotum im Jahr 1966 nur fünf Jahre später zur Mehrheitsmeinung geworden war.

* * *

Premierminister Jugnauth ließ uns keinen Spielraum: »Ich beauftrage Sie, einen Weg nach Den Haag zu finden«, wies er uns an. Es gab nur einen einzigen Weg, fünf Jahre zuvor erwogen und verworfen, weil die politischen Hürden damals unüberwindbar schienen: die UN-Generalversammlung zu überzeugen, den Internationalen Gerichtshof um ein Rechtsgutachten zu Chagos zu ersuchen. Wir legten die Schwierigkeiten dar.

Wir müssten juristische Fragen formulieren, die in die Zuständigkeit der Generalversammlung fielen.

Wir müssten Chagos auf die Tagesordnung der Generalversammlung setzen, etwas, das seit 1968 nicht mehr vorgekommen war.

Wir müssten eine Mehrheit der UN-Mitglieder überzeugen, dass es sich bei Chagos nicht um eine bilaterale Gebietsstreitigkeit zwischen Großbritannien und Mauritius außerhalb der Kompetenz der Generalversammlung handelte, sondern um eine Angelegenheit von multinationalem Interesse, die Dekolonisierung betreffend, in welcher die Generalversammlung sehr wohl eine Rolle spielte.

Wir müssten eine Mehrheit der UN-Mitglieder überzeugen, dafür zu stimmen, unsere Fragen nach Den Haag zu schicken, trotz britischer und amerikanischer Einwände.

Falls jedes dieser Hindernisse überwunden werden könnte, müssten wir anschließend eine Mehrheit der Richter davon überzeugen, dass der Internationale Gerichtshof die Zuständigkeit hatte, dass er sie ausüben und dass er eine Stellungnahme abgeben müsste.

Schließlich müssten wir eine Mehrheit von Richtern überzeugen, dass Resolution 1514 mit ihrer Verpflichtung auf Selbstbestimmung und territoriale Integrität im November 1965 eine Norm des Völkerrechts widerspiegelte, dass Chagos Teil der Kolonie Mauritius war und dass seine Abtrennung im Widerspruch zum Völkerrecht stand, weil Mauritius nicht seine Zustimmung gegeben hatte.

»Eine schwierige Aufgabe«, merkte ein Minister an und konnte sich ein Grinsen nicht verkneifen.

»In der Tat«, erwiderte Premierminister Jugnauth. »Aber die Situation ist eine andere: Jetzt haben wir einen gewissen Rückhalt, die Meinung zweier angesehener internationaler Richter, dass die Entfernung von Chagos und die Zerstückelung von Mauritius illegal waren.« Das Sondervotum der Richter Kateka und Wolfrum war von zentraler Bedeutung für sein Denken in dieser Sache.

Der Premierminister trug uns auf, Fragen auszuarbeiten, die an das Gericht gehen sollten. Er bestimmte einen erfahrenen Berufsdiplomaten, zu den Vereinten Nationen zurückzukehren: Jagdish Koonjul hatte im Jahr 2002 sein Land dort vertreten, als Mauritius im Vorfeld des Irakkrieges im Sicherheitsrat saß. Koonjul, schulterlanges Haar und die Finger beider Hände mit Ringen geschmückt, war hoch angesehen und genau der Richtige, um sich in den undurchsichtigen Regeln und Verfahren der Vereinten Nationen zurechtzufinden.

* * *

Einen Teil des Frühjahrs 2016 verbrachten wir damit, uns mit den Anweisungen des Premierministers zu befassen. In Washington, D.C., trafen James Crawford, Paul Reichler und ich uns in einem Café in der Nähe des Weißen Hauses, um mögliche Fragenentwürfe für das Gericht durchzusprechen. Beim ersten Entwurf – festgehalten auf einer Reihe von Starbucks-Servietten – waren wir bestrebt, uns Fragen auszudenken, die nicht zu allgemein oder politisch waren oder die dem Gericht erlauben könnten, sich vor aussagekräftigen Antworten zu drücken, wie die Richter es in jüngsten gutachterlichen Stellungnahmen zu Atomwaffen und der Unabhängigkeit des Kosovo getan hatten. Wir wussten, der Schlüssel zu einer geeigneten Frage war, dass sie einfach, auf den Punkt formuliert, ohne Mehrdeutigkeit sein und sich mit einem einfachen Ja oder Nein beantworten lassen musste.

UN-Botschafter Koonjul sondierte Möglichkeiten, wie der Chagos-Fall auf die Tagesordnung der Generalversammlung gelangen konnte. Der Weg des geringsten Widerstands, fasste er zusammen, sei der über das Generalkomitee, ein Gremium, bestehend aus 26 Delegierten, die weitgehend die UN-Mitglieder repräsentierten. Das Generalkomitee konnte einen Punkt zur Debatte und Abstimmung auf die Tagesordnung der Generalversammlung setzen und agierte in der Regel einvernehmlich.

Im September 2016 schaffte es Botschafter Koonjul, Chagos auf die Tagesordnung des Generalkomitees zu bringen – zum ersten Mal in 50 Jahren. Zu Hilfe kam ihm dabei ein dramatisches Zwischenereignis, das sich ein paar Wochen zuvor zugetragen hatte: Großbritannien stimmte in einem Referendum für den Austritt aus der Europäischen Union. Das Abstimmungsergebnis hatte unerwartete und unmittelbare Folgen: Während Minister der britischen Regierung ins Schwärmen gerieten über ein neues »Empire 2.0« und Bündnisse mit Commonwealth-Staaten, sah die knallharte Realität so aus, dass London plötzlich feststellte, dass es sich nicht mehr auf die uneingeschränkte Unterstützung von EU-Mitgliedstaaten und deren Netzwerke in der gesamten EU verlassen konnte. Auch außerhalb der EU erlitt Großbritanniens Autorität einen erheblichen Einbruch.

Als die Sitzung des Generalkomitees näher rückte, hatte

Botschafter Koonjul eine Ahnung, dass Mauritius möglicherweise die Unterstützung von 13 der 26 Mitglieder bekommen, sprich: die Mehrheit knapp verfehlen könnte. Großbritannien war sich nicht sicher, ob es auf die Unterstützung aller übrigen Mitglieder bauen konnte, da einige sich der Stimme enthalten oder nicht anwesend sein könnten. Drei Möglichkeiten eröffneten sich: Mauritius konnte auf eine Abstimmung drängen, die ungewöhnlich wäre für ein Komitee, das einvernehmlich handelte; es konnte die Angelegenheit einen Monat hinausschieben, in der Hoffnung, dass eine Mehrheit gewonnen werden könnte; oder es konnte das Angebot des Präsidenten der Generalversammlung annehmen, das Großbritannien vorgeschlagen hatte: die Angelegenheit ein Jahr zu vertagen, als Gegenleistung für die Zusage, dass Chagos nach dem Mai 2017 auf der Tagesordnung der Generalversammlung stehen würde.

Jede Option war mit Risiken verbunden.

Eine sofortige Abstimmung konnte verloren werden, und dann wäre es schwierig, Chagos wieder auf die Tagesordnung des Komitees zu bekommen.

Ein Monat Aufschub könnte Großbritannien Zeit verschaffen, um Einfluss zu nehmen und mehr Unterstützung zu gewinnen.

Verschiebung um ein Jahr, mit der Übereinkunft, dass die Generalversammlung dann über ein Ersuchen um eine gutachterliche Stellungnahme abstimmen würde, würde den Briten noch mehr Zeit für ihre Lobbyarbeit geben.

Die Optionen bedurften reiflicher Überlegung, und wir sprachen die Aspekte stundenlang durch, wobei wir in verschiedene Richtungen drängten und zerrten. Schließlich entschieden Paul Reichler und ich uns für die aus unserer Sicht am wenigsten gefährliche Option: Verschiebung um ein Jahr. Botschafter Koonjul war einverstanden und zuversichtlich, dass die Unterstützung vonseiten afrikanischer Staaten und anderer in der Bewegung der Blockfreien vertieft würde. Doch nichts sei sicher, warnte er, und die Schlussabstimmung würde schwierig werden.

Premierminister Jugnauth war nicht begeistert von unserem Rat, er zog eine sofortige Abstimmung vor. »Nutzen wir unsere Chance jetzt.« Botschafter Koonjul arrangierte dringende Telefonate, an denen Paul und ich vom Innenraum des Baseballstadions der Washington Nationals aus teilnahmen, inmitten von Fangesängen und -gegröle. Der Premierminister war dagegen. »Mir läuft die Zeit davon«, schmunzelte er. »Ich bin sechsundachtzig, ich habe 50 Jahre auf diesen Augenblick gewartet!« Am Ende nahm er, zwar enttäuscht, doch unseren Rat an. »Neun weitere Monate? Ich vermute mal, das ist auszuhalten.«

Mauritius und Großbritannien vereinbarten, die Angelegenheit bis zum folgenden Sommer zu vertagen. Unterstützt wurden sie dabei vom Präsidenten der Generalversammlung, einem fidschianischen Diplomaten, der die Hoffnung äußerte, dass die Zeit den beiden Ländern dabei helfen könnte, ihre Differenzen beizulegen. Chagos würde auf der Tagesordnung der 71. Generalversammlung stehen, als Punkt 87 (»Ersuchen um eine gutachterliche Stellungnahme des Internationalen Gerichtshofs zu den Rechtsfolgen der Trennung des Chagos-Archipels von Mauritius im Jahr 1965«), und vor dem 1. Juni 2017 sollte nichts unternommen werden. Mauritius stellte klar, dass man, sollte bis Ende Mai kein Fortschritt erzielt worden sein, einen Resolutionsentwurf vorlegen und eine Abstimmung anstreben werde.

Gespräche folgten, sie blieben ohne Fortschritte. Am

Rande der jährlichen Sitzung der Generalversammlung fand ein Treffen statt, bei dem dem mauritischen Premierminister von Großbritanniens neuem Außenminister auf schmaler Grundlage versichert wurde, dass alles in Ordnung käme. Was Boris Johnson nicht erwähnte, war, dass Großbritannien im Begriff stand, ein Hilfspaket in Höhe von 40 Millionen britischen Pfund anzukündigen, um die Lebensumstände der Chagossianer zu verbessern. Dies ein paar Tage später zu erfahren, aus der Presse, verstärkte nicht das Gefühl, dass Mr. Johnson ein verlässlicher Gesprächspartner war.

Auch andere Dinge erwähnte Mr. Johnson nicht. Er verschwieg den Druck, den die britische Regierung demnächst auf im Vereinigten Königreich lebende Chagossianer ausüben würde, nach Mauritius oder auf die Seychellen zurückzukehren, und der Teil eines umfassenderen Angriffs auf unerwünschte Immigranten war. Und er überging ebenfalls die Verlängerung des US-Pachtverhältnisses auf Diego Garcia um weitere 20 Jahre, nachdem die erste Laufzeit im Dezember 2016 endete. Just in jenem Monat erlebte ich bei einem Empfang im Buckingham-Palast persönlich Mr. Johnsons Sprunghaftigkeit in der Chagos-Angelegenheit – nachdem ich ihn seit vielen Jahren kannte, scheiterte mein Versuch, ihn dem Hochkommissar von Mauritius in London vorzustellen, da der Außenminister hinunter auf seine Schuhe blickte (»stets ein Zeichen von Durchtriebenheit«, bemerkte ein Freund) und ein unbehagliches Händeschütteln anbot, um dann »die Fliege zu machen«.

Im Februar 2017 trafen sich hohe Beamte aus Großbritannien und Mauritius in London, ohne Fortschritte.

Im März kündigte die britische Regierung weitere »Nostalgietouren« für Chagossianer an. Madame Elysé wolle nicht hin, sagte mir Olivier Bancoult, auch keiner seiner anderen Mandanten.

Im April trafen Paul, Jagdish und ich uns in Washington, D.C., mit Sean Murphy, einem neuen Mitglied des Teams (James Crawford schied aus unserem Team aus, nachdem er zum Richter am Internationalen Gerichtshof gewählt worden war). Wir verbrachten mehrere Stunden mit Herumtüfteln an den Entwürfen zweier Fragen, welche die Generalversammlung an das Gericht schicken sollte.

Im Mai, im Schatten einer Parlamentswahl, stellte die britische Regierung klar, dass sie sich energisch dagegen wehren würde, dass die Fragen nach Den Haag geschickt wurden. Ein Rechtsgutachten wäre ein »Missbrauch« des Internationalen Gerichtshofs. Unterstützt wurde sie von den Amerikanern, die das Ganze für »übertrieben« hielten.

Die Afrikanische Union andererseits beschloss, ihre Mitgliedstaaten zu verpflichten, ein Rechtsgutachten über Chagos zu unterstützen. Genau wie die Bewegung der Blockfreien.

Nachdem die Fronten geklärt waren, schlug Großbritannien vor, eine hochrangige Delegation nach Port Louis zu entsenden, in der Hoffnung, die erfolglosen Gespräche bis in den Juni hinein fortzusetzen. Mauritius lehnte ab, immer höflich, aber zunehmend entschieden.

Ende Mai lief die Zeit ab.

Resolution 71 / 292

Am 1. Juni 2017 beantragte Mauritius, dass die Generalversammlung Maßnahmen zu Chagos ergriff. Für Ende des Monats wurde eine Debatte in der Generalversammlung angesetzt, auf die eine Abstimmung folgen sollte. Mauritius brachte einen informellen Resolutionsentwurf in Umlauf, ein Ersuchen um eine gutachterliche Stellungnahme mit den beiden Fragen, die wir formuliert hatten. Wurde die Dekolonisierung von Mauritius rechtmäßig durchgeführt? Wenn nicht, was waren die Rechtsfolgen? Ein »Positionspapier« gab einen ausführlichen historischen Abriss und legte die Argumente für eine Resolution dar.

Meldungen gingen ein, dass Großbritannien in New York eine »heftige Kampagne« betreibe und weltweit Regierungen zu beeinflussen suche, gegen die Resolution zu stimmen. Angeblich waren lateinamerikanische Staaten, die Fälle am Internationalen Gerichtshof verloren hatten, wie etwa Kolumbien, bevorzugte Ziele. In einem Brief an alle UN-Mitgliedstaaten legte Großbritannien seinen Standpunkt dar: Bei Chagos handele es sich um einen bilateralen Streit zwischen den beiden Ländern, den beizulegen ihnen obliege – es handele sich nicht um eine multilaterale Angelegenheit die Dekolonisierung betreffend, so dass die Generalversammlung keine Befugnis habe, den Internationalen Gerichtshof um ein Gutachten zu ersuchen.

Maßgeblich wäre die Haltung Russlands und Chinas. Beide mussten sich um eigene territoriale Streitfragen kümmern – die Krim beziehungsweise das Südchinesische Meer – und würden sich mit dem Gedanken trösten, dass ein Rechtsgutachten zu Chagos keinen Präzedenzfall schaffen würde. Unser Ziel war es, den Chagos-Fall einzugrenzen, den Archipel als eigenständigen Streitpunkt zu behandeln, bei dem es um Dekolonisierung ging, nicht um territoriale Souveränität, und klarzumachen, dass ein Streit, der sich ausschließlich um territoriale Souveränität drehte, nicht Gegenstand eines Ersuchens um ein Rechtsgutachten sein könne. Auf dieser Grundlage signalisierten beide Länder, sich der Resolution nicht widersetzen zu wollen, was für unsere Seite hilfreich war. Russland schlug eine kleine Änderung an einer der formulierten Fragen vor (und bekam sie), um die Unterscheidung zwischen Chagos – einem Dekolonisierungsfall – und anderen territorialen Gegebenheiten, die nichts mit Kolonialismus zu tun hatten, noch deutlicher zu machen.

Ein anderer zentraler Streitpunkt, der ausgeräumt werden musste, war die Zukunft des US-Stützpunkts auf Diego Garcia, des alten Camp Justice, wo einst Bob Hope aufgetreten war. Dies war wichtig für viele Länder und auch, falls wir es nach Den Haag schafften, für die Richter, die sich nicht würden vorwerfen lassen wollen, dass man sie aufgefordert habe, eine bedeutende amerikanische Militärbasis zu schließen. Mauritius brachte eine Note an alle UN-Mitgliedstaaten in Umlauf, in welcher die mauritische Regierung einmal mehr bestätigte, dass sie den Weiterbetrieb des Stützpunkts auf Diego Garcia im Einklang mit dem Völkerrecht unterstütze. Später ging Mauritius noch einen Schritt weiter, als es den Vereinigten Staaten einen Pachtvertrag über 99 Jahre anbot. Falschmeldungen schossen ins Kraut, als die Nachricht eintraf, dass britische Diplomaten Gerüchte anheizten, wonach Mauritius den Stützpunkt – oder eine andere Insel des Chagos-Archipels – an China verpachten wolle. Die Behauptung war Unsinn und wurde leicht beiseitegewischt.

Es folgten Tage heftiger Debatten, mit Rede und Gegenrede. Die Briten gaben ein Positionspapier heraus, Mauritius entkräftete es, und umgekehrt. Wir nahmen eine wachsende britische Besorgnis wahr, die sich im fortgesetzten Streuen von Gerüchten und Vorschlägen widerspiegelte, die jeder Grundlage entbehrten. Als der Termin für die Abstimmung näher rückte, telefonierte Boris Johnson mit Mr. Jugnauth und forderte ihn auf, die Initiative fallenzulassen. Wie immer schlecht vorbereitet, hielt der britische Außenminister sich an keine Absprache und drohte mit wirtschaftlichen und anderen Konsequenzen, sollte die Abstimmung stattfinden. Ob er das seit langem bestehende Einvernehmen darüber, Chagos als Streitpunkt zwischen den beiden Ländern zu behandeln, aufkündigen wolle, erkundigte sich der Premierminister. Rasch schlug Mr. Johnson einen anderen Kurs ein.

Eine Woche vor der Abstimmung brachte die Republik Kongo im Namen der Gruppe der afrikanischen Staaten in den Vereinten Nationen einen Resolutionsentwurf mit unseren beiden Fragen in Umlauf. Er enthielt die kleine russische Korrektur. Am folgenden Tag drang die Bewegung der Blockfreien – ein Geschöpf der Dekolonisierung, das vor sechs Jahrzehnten im indonesischen Bandung geschaffen worden war – auf Unterstützung für die Resolution. Zwei ihrer Mitglieder, Chile und Kolumbien, von denen man annahm, dass sie der britischen Position zuneigten, stellten sich nicht dagegen.

Nikki Haley, die US-Botschafterin bei den Vereinten Nationen, wählte den Moment, um sich an die gesamten

UN-Mitglieder zu wenden. Es sei »unangemessen«, eine gutachterliche Stellungnahme in einem bilateralen Streit anzustreben, wenn eine Streitpartei nicht einwillige. Die Abstimmung würde »einen gefährlichen Präzedenzfall schaffen«.

Vier Tage vor der Abstimmung traf Anerood Jugnauth an der Spitze einer Delegation aus Mauritius in New York ein, begleitet von einer Gruppe Chagossianer. Liseby Elysé war nicht dabei, ihr Neffe Olivier Bancoult aber schon, mitsamt Madame Elysés Freundin Janine Sadrien. Sie besuchten die Eröffnung einer kleinen Ausstellung mit Fotografien über die chagossianischen Erfahrungen in der Lobby des UN-Hauptquartiers. »Die Austragung der Ausstellung auf dem UN-Gelände bedeutet nicht die Befürwortung durch die Vereinten Nationen«, verkündete ein Aushang.

Drei Tage vor der Abstimmung erhielten wir die Nachricht, dass Großbritannien und die Vereinigten Staaten den Druck auf höhere Regierungsebenen verstärkten. Ein britischer Minister traf in New York ein, ausgestattet mit einem »Non-Paper«, das in fetter Schrift die altbekannten Argumente darlegte. »Dies ist ein Präzedenzfall, den zu schaffen wir vermeiden sollten.« Die Botschaft fiel zusammen mit einem britischen Kurswechsel, als die Briten dazu übergingen, zur Stimmenthaltung anzuregen, um das Ausmaß des Votums für die Resolution zu begrenzen. Der britische UN-Botschafter lud angeblich 40 asiatische und pazifische Staaten zu einer Veranstaltung über Chagos ein, aber weniger als ein Dutzend ihrer Vertreter tauchten auf und nur vier ihrer UN-Botschafter ließen sich blicken.

Am Tag vor der Abstimmung war ich in New York, um gemeinsam mit dem mauritischen Team in letzter Minute Einfluss auf UN-Vertreter zu nehmen. Die Bewegung der

Blockfreien hatte inzwischen ihre sämtlichen Mitglieder aufgefordert, die Resolution zu unterstützen. Großbritannien warnte, die Generalversammlung werde als »Weg durch die Hintertür zum Internationalen Gerichtshof« benutzt, was das Risiko berge, dass dieses Rechtsprechungsorgan kompromittiert werde.

Ich verbrachte einen langen und faszinierenden Tag im UN-Hauptquartier, wo ich viele Stunden an einem kleinen Tisch in der Indonesia Lounge saß und Delegierte traf, um über die Resolution zu sprechen. Ich traf mich mit Dutzenden von Personen, meistens Rechtsberater, darunter einige meiner ehemaligen Studenten. Den ganzen Tag über bekundeten nur zwei Delegierte – ein leutseliger Australier und ein feinfühliger Kanadier – irgendeine Neigung, Großbritannien zu unterstützen, wenngleich mit wenig Begeisterung. Die meisten der Delegierten kamen aus Afrika, Asien und der Karibik; keiner war gegen Großbritannien feindlich gesinnt, alle deuteten an, dass man sie unter Druck gesetzt hatte, und keiner ließ durchblicken, dass er einknicken könnte. Viele meinten, dass Großbritannien unfähig sei, sich von seinen kolonialen Denkmustern zu lösen.

Mein Auftrag lautete, die Leute zu beruhigen. Unterstützung für die Resolution oder Stimmenthaltung würden keinen Präzedenzfall schaffen, da es bei anderen Sachverhalten nicht um Dekolonisierung gehe. Unterstützung für die Resolution würde weder die UN noch den Internationalen Gerichtshof beschädigen. Bei der Abstimmung gehe es einfach um die Richtigkeit von Resolution 1514 und die Autorität der Generalversammlung. Chagos sei ein Dekolonisierungsfall, anders als die Krim oder das Südchinesische Meer und die Falklandinseln (Malvinen). Bei Chagos gehe es um die territoriale Integrität ehemaliger Kolonien und die Rechte ihrer Bewohner.

Ich erfuhr eine Menge an jenem Tag, nicht zuletzt über den Verfall der britischen Autorität in dem Weltgremium. Mehr als nur ein paar Mal bemerkte ich ein leichtes Stirnrunzeln, wenn der Name des britischen Außenministers fiel. Sein Hang zur Verwendung rassistischer Beinamen war allgemein bekannt – eine Reihe afrikanischer Delegierter verwies auf Artikel, die Boris Johnson im *Daily Telegraph* veröffentlicht hatte, und andere erwähnten seine rassistisch aufgeladene Herabsetzung von Präsident Obama in der Tageszeitung *Sun* (»die angestammte Abneigung des halbkenianischen Präsidenten gegen das britische Empire«). Auf diesem multilateralen Forum, in einer Zeit, in der Medienartikel und -beiträge globale Reichweite haben, boten Mr. Johnson und seine Schreibereien hilfreiche Unterstützung für Mauritius.

Am späten Abend flog ich wegen einer familiären Verpflichtung zurück nach London. Auf dem Flug schien es möglich – doch immer noch schwer vorstellbar –, dass der Internationale Gerichtshof in Kürze eine Gelegenheit bekäme, über Chagos zu entscheiden. Wenn ein Leben in den Gerichtssälen der Welt mich etwas gelehrt hatte, dann, nichts jemals für selbstverständlich zu halten.

V

2019

»Während der erste Befreiungskampf sich gegen den Kolonisator richten könnte, richtet sich der zweite unweigerlich gegen uns selbst.«
Sara Collins, aus Anlass der Verleihung des PEN Pinter Prize an Tsitsi Dangarembga, British Library, September 2021

Key:
+ For
− Against
☒ Abstention
Advisory opinion of the International Court of Justice on the lega
Item 88 Draft resolution
A/73/L.84/Rev.1
AFGHANISTAN
ALBANIA
ALGERIA
ANDORRA
ANGOLA
ANTIGUA BARBUDA
ARGENTINA
ARMENIA
AUSTRALIA
AUSTRIA
AZERBAIJAN
BAHAMAS
BAHRAIN
BANGLADESH
BARBADOS
BELARUS
BELGIUM
BELIZE
BENIN
BHUTAN
BOLIVIA (PLURINAT.)
BOSNIA-HERZEGOV.
BOTSWANA
BRAZIL
BRUNEI DARUSSAL.
BULGARIA
BURKINA FASO
BURUNDI
CABO VERDE
CAMBODIA
CAMEROON
CANADA
CENTRAL AFR REP
CHAD
CHILE
CHINA
COLOMBIA
COMOROS
CONGO
COSTA RICA
COTE D'IVOIRE
CROATIA
CUBA
CYPRUS
CZECH REPUBLIC
DEM PR OF KOREA
DEM REP OF THE C
DENMARK
DJIBOUTI
DOMINICA
DOMINICAN REP
ECUADOR
EGYPT
EL SALVADOR
EQUATORIAL GUINEA
ERITREA
ESTONIA
ESWATINI
ETHIOPIA
FIJI
5/22/2019

EXIT
SOURCE: UN WEB TV
And I am confident that I will return to the island where I was born.
IN FAVOUR 116 AGAINST 6 ABSTENTIONS 56
UN
73/295

Am Morgen des 22. Juni 2017 begab sich Sir Anerood Jugnauth zum Podium, um zur Generalversammlung der Vereinten Nationen zu sprechen. Siebenundachtzig Jahre alt, dunkelhaarig und angespannt, hatte der frühere Premierminister von Mauritius und bescheidene Enkel von Wirtschaftsmigranten aus Indien lange Zeit auf diesen Moment gewartet.

Angefangen hatte er als Regierungsangestellter in Port Louis, wo er für das Poor Law Department der britischen Kolonie Mauritius arbeitete. Ein Stipendium brachte ihn nach London, wo er Prozessanwalt (Barrister) der Anwaltskammer Lincoln's Inn wurde, und bei seiner Rückkehr nach Port Louis wurde er in den Legislativrat gewählt. Im September 1965 kehrte er als Mitglied der Delegation von Mauritius bei der Konferenz im Lancaster House nach London zurück. Zu gegebener Zeit wurde er zum politischen Wortführer, dann Premierminister, einmal, zweimal und für eine dritte Amtszeit. Im September 1982 stand er zum ersten Mal auf dem Podium der UN-Generalversammlung, um öffentlich dazu aufzurufen, Chagos als Teil von Mauritius anzuerkennen und die Rückkehr der Chagossianer zu erlauben. Fünfunddreißig Jahre später, sein Sohn Pravind war inzwischen

Premierminister, sollte dies seine letzte Ansprache an die Generalversammlung sein.

Er sprach nüchtern und sachlich, ohne zu übertreiben, und zollte Madame Elysé und den Chagossianern, die mit ihm nach New York gereist waren, seine Anerkennung. Als einziger noch lebender Teilnehmer der Konferenz im Lancaster House wusste er alles über Nötigung und Großbritanniens »eklatante Verletzung des Völkerrechts«, eine persönliche Angelegenheit. Er drang auf ein Votum für die Resolution und bat dringend darum, die Dekolonisierung abzuschließen und die internationale Herrschaft des Rechts zu respektieren.

Dreiundzwanzig Länder ergriffen in der Debatte das Wort, die meisten zugunsten der Resolution. Großbritanniens UN-Botschafter Matthew Rycroft war einer der wenigen, die sich dagegenstellten. Ich kannte den Namen, da Rycroft sich seinerzeit, im Januar 2003, in seiner Eigenschaft als Privatsekretär von Tony Blair verärgert über den Vermerk von Generalstaatsanwalt Lord Goldsmith gezeigt hatte, in dem dieser eine weitere Resolution des UN-Sicherheitsrats empfahl, um die Anwendung von Gewalt im Irakkrieg zu autorisieren. »Ausdrücklich gesagt, wir brauchten diese Woche keine weiteren Weisungen«, hatte Mr. Rycroft rasch notiert. Sein Engagement für das Völkerrecht schien in den Jahren dazwischen nicht größer geworden zu sein. Die Wiederansiedlung auf Chagos sei unmöglich, ließ er die Generalversammlung wissen und behauptete (ohne irgendwelche Beweise), dass Mauritius die Chagossianer benutze, um einen Anspruch auf Souveränität zu untermauern. Die US-Vertreterin, die später sprach, bot ein ungewöhnliches Zeichen der Unterstützung.

Die Debatte erstreckte sich über den ganzen Vormittag.

In London verfolgte das juristische Team die sich anschließende Abstimmung online, ebenso wie Madame Elysé in Port Louis. Grün für die Resolution, Rot dagegen, Gelb gleich Enthaltung, Schwarz für Abwesenheit im Saal. Im Nu blinkte es überall auf der Tafel grün auf, ein Indiz dafür, dass Resolution 71/292 mit großer Mehrheit angenommen worden war. Vierundneunzig Länder stimmten dafür, nur 16 stimmten dagegen, darunter Australien und Neuseeland, zwei der vier ehemaligen britischen Kolonien, die Großbritannien unterstützten. Fünfundsechzig Länder enthielten sich, darunter China, Russland und Frankreich, und 19 Länder fehlten. Von den 27 EU-Mitgliedstaaten unterstützte Zypern die Resolution, Kroatien und Ungarn stimmten dagegen, die übrigen enthielten sich. Drei der 54 Commonwealth-Mitglieder unterstützten Großbritannien. Die Unterstützer der Resolution wurden angeführt von Brasilien, Indien und Südafrika, und nur zwei Entwicklungsländer stimmten dagegen: Afghanistan und die Malediven. Kein Staat aus Afrika, Lateinamerika oder der Karibik unterstützte Großbritannien. Es war vielleicht weniger »Global Britain« als »Little Britain«, Klein- statt Großbritannien.

Die Generalversammlung stimmte dafür, zwei Fragen an Den Haag zu schicken, die 25. gutachterliche Stellungnahme, um die der Internationale Gerichtshof ersucht wurde. Die erste Frage bat das Gericht, zu untersuchen, ob im Jahr 1968 die Dekolonisierung von Mauritius – in Anbetracht der Abtrennung von Chagos – im Einklang mit dem Völkerrecht durchgeführt wurde. Falls die Antwort »Nein« lautete, thematisierte die zweite Frage die Folgen der von Großbritannien weitergeführten Verwaltung des Chagos-Archipels und die Wiederansiedlung der Chagossianer. Chagos, Resolution 1514 und die Frage der territorialen Integrität – all das würde nun vor dem Internationalen Gerichtshof erörtert werden.

In New York freute sich Madame Elysés Freundin Janine wahnsinnig. »Ich schrie. Ich war so glücklich, so gerührt, ich kreischte! Mein Land, mein Chagos, wir sind nicht allein, wir fühlten uns umgeben von Unterstützern.«

In Mauritius waren die Mitstreiter der Chagossianer in Hochstimmung. »Das Glücksgefühl war unvorstellbar«, sagte Madame Elysé immer wieder, »dass die Welt uns gehört hatte, dass wir nicht allein waren.«

Die Wahl

Das UN-Sekretariat übermittelte die zwei Fragen an Den Haag. Der Internationale Gerichtshof gab eine Pressemitteilung heraus, der Fall hatte jetzt einen Namen – die »Rechtsfolgen der Abtrennung des Chagos-Archipels von Mauritius im Jahr 1965« – und einen Zeitplan: Die UN und jeder Mitgliedstaat konnten bis Ende Januar 2018 eine schriftliche Erklärung beim Internationalen Gerichtshof einreichen, gefolgt von schriftlichen Antworten auf die Argumente anderer, die im April einzureichen waren. Madame Elysés Hoffnungen ruhten auf den 15 Richtern des Gerichts.

Die Urteile zu Südwestafrika von 1966 hatten bestätigt, wie wichtig die Zusammensetzung des Gerichts war, dass ein Ergebnis von der An- oder Abwesenheit eines oder zweier Richter, den Vorlieben und Schwächen einzelner Richter und dem Funktionieren der Gruppe insgesamt abhängen konnte. Bei der Vorbereitung eines Falles, so hatte ich von James Crawford gelernt, gilt es, sich sorgfältig mit der Vorgeschichte und den Neigungen jedes Richters zu befassen: seinen früheren Entscheidungen und außergerichtlichen Schriften, den Auffassungen seines Herkunftslandes zu Angelegenheiten, die den Fall tangieren konnten. Ein oder zwei Richter können beeinflussen, wohin die Reise geht, wie der Georgien-Fall gezeigt hatte, und Chagos war keine Ausnahme. Als der Fall Den Haag erreichte, war Crawford, der Mauritius lange beraten hatte, als Richter an den Gerichtshof gewählt worden, was bedeutete, dass nur 14 Richter amtieren würden (und der erste ständige australische Richter seit Percy Spender ausgeschlossen würde). Wir nahmen an, dass Richter Greenwood nicht amtieren würde, da er als Schiedsrichter in dem früheren MPA-Fall fungiert hatte, erfuhren darüber aber nichts vom Gericht. In der Zwischenzeit jedoch sollten Irak, Brexit und Chagos im Verein zu einer bedeutsamen Änderung in der Zusammensetzung des Gerichts führen.

Kurz nach der Annahme von Resolution 71/292 stand Richter Greenwood zur Wiederwahl am Internationalen Gerichtshof an. Großbritannien hatte seit 1945 immer einen Richter am Gericht gehabt: Sieben Kandidaten hatten zur Wahl gestanden, und jeder einzelne von ihnen war erfolgreich gewesen. Es war schwer vorstellbar, dass Großbritannien keinen Richter am IGH hatte. Das wurde mir schon im Jahr 1982 beigebracht, und 40 Jahre später schien der Gedanke in Stein gemeißelt.

Im November 2017 fanden bei den Vereinten Nationen die Wahlen zum Internationalen Gerichtshof statt, mit sechs Kandidaten für fünf Sitze, von denen nur einer kein amtierender IGH-Richter war; die Richter aus Somalia, Frankreich und Brasilien wurden umgehend wiedergewählt, und ein außenstehender Kandidat, aus dem Libanon, übernahm den vierten Sitz. Damit blieben zwei Kandidaten, die sich um eine einzige Stelle bewarben: Richter Greenwood aus Großbritannien und Richter Bhandari aus Indien.

Die UN wählen die IGH-Richter nach einem System, das eine doppelte Stimmenmehrheit erfordert: in der Generalversammlung und im Sicherheitsrat. Im ersten Wahlgang führte in der Generalversammlung der indische Kandidat, aber der Sicherheitsrat neigte stark dem britischen Kandidaten zu. Das Patt führte zu weiteren Wahlgängen, so lange, bis ein Kandidat in beiden Gremien vorn lag.

Für Mauritius stellte die Wahlalternative eine heikle Situation dar. Die im Großen und Ganzen guten Beziehungen des Inselstaates sowohl zu Indien als auch zu Großbritannien wurden, was die Briten betraf, durch den Streitpunkt Chagos belastet, während Indien die Vollendung der Dekolonisierung entschieden befürwortete. Realistischerweise konnte man davon ausgehen, dass ein indischer Richter die Argumente von Mauritius wohlwollender prüfen würde, und auch wenn Richter Greenwood als Richter hoch angesehen war, galt er in Sachen Menschenrechte doch als stockkonservativ. »Chris Greenwood zuzuhören ist, als würde man endlose Ströme heißer Schokolade trinken«, erzählte mein verstorbener Freund Jonathan Cooper einmal einer Gruppe von Diplomaten aus dem britischen Außenministerium. Für die Regierung von Mauritius war die Situation klar: Vor die Wahl gestellt, würde sie für Richter Bhandari optieren.

Im weiteren Verlauf der Abstimmung über die beiden Kandidaten in der Generalversammlung lag im ersten Wahlgang der Inder mit 110 zu 79 Stimmen vor seinem britischen Amtskollegen. Als die Stimmabgabe in die nächste Runde ging, intervenierten die Vereinigten Staaten mit einer E-Mail, die an die meisten UN-Mitglieder geschickt wurde, aber anscheinend nicht an Indien, und in welcher sie ihre »starke Unterstützung« für Richter Greenwood bekräftigten und anmerkten, dass er sich wegen Befangenheit von der gutachterlichen Stellungnahme zu Chagos zurückgezogen habe. Die Information, die für Mauritius neu war, hatte die unbeabsichtigte Folge, die Chagos-Frage unmittelbar zum Gesprächsthema zu machen. Die US-Mitteilung vergrößerte daher die Unterstützung für den britischen Kandidaten nicht, so dass der indische Kandidat bis zum fünften Wahlgang seinen Vorsprung ausgebaut hatte und das Votum nun bei 121 zu 68 stand. Im Sicherheitsrat andererseits lag Richter Greenwood durchgehend mit neun zu fünf Stimmen vorn, bei einer Enthaltung. An diesem Punkt wurde beschlossen, die Wahl zu unterbrechen, um weitere Konsultationen mit den Regierungen zu ermöglichen.

Großbritanniens Ständiger Vertreter hatte einen Brief an die Mitgliedschaft zirkulieren lassen, der den »herausragenden Einsatz« des britischen Kandidaten für den Internationalen Gerichtshof lobte. Auch dieses Schreiben erwähnte Chagos und die Befangenheitsentscheidung, was die Streitfrage weiter verschärfte. Während Indien und Großbritannien Lobbyarbeit betrieben, schlug London die Bestellung einer aus je drei Mitgliedern des Sicherheitsrates und der Generalversammlung bestehenden »Vermittlungskommission« vor, eine ungewöhnliche Vorgehensweise, um den toten Punkt zu überwinden.

Die Idee scheiterte, als die Amerikaner plötzlich den Kurs änderten und einen Brief zurückzogen, der zur Unterstützung des britischen Kandidaten verbreitet worden war. Offenbar geschah dies auf Drängen der amerikanischen UN-Botschafterin Nikki Haley im Anschluss an eine Intervention Indiens, nachdem es von der Existenz des Briefes erfahren hatte, war doch Delhi nicht glücklich über den Zwist wegen Amerikas erklärter Haltung der Neutralität, was die beiden Kandidaten anbelangte. Präsident Trumps Freundschaft mit dem indischen Premier Narendra Modi machte Großbritanniens »special relationship« zu den Vereinigten Staaten, seine »besondere Beziehung«, etwas weniger »special«. Die Rücknahme des US-Briefes sendete ein Signal, besiegelte faktisch das Ergebnis. Die britische Kandidatur wurde zurückgezogen.

Über den Verlust des britischen Richters wurde weithin berichtet; in London empfand man ihn als Katastrophe, während die Regierung bestrebt war, den Schwarzen Peter weiterzureichen und Beamte für ein »Scheitern der britischen Diplomatie« verantwortlich zu machen. Die Realität sah anders aus, wie viele Beobachter wussten: Großbritannien hatte seinen Richter am Internationalen Seegerichtshof (ISGH) schon vor vielen Jahren, nach dem Irakkrieg, verloren, und jetzt hatten die Briten wegen der toxischen Kombination aus Irak, Brexit, Chagos und Mr. Johnson auch ihren IGH-Richter verloren. Fünf Jahrzehnte nach den Südwestafrika-Urteilen von 1966 war Großbritanniens Blase geplatzt, was in Niederlagen bei zwei wichtigen Abstimmungen in der Generalversammlung seinen Ausdruck fand. Mag man eine verlorene Abstimmung in den Vereinten Nationen noch als Fahrlässigkeit abtun, so spiegeln zwei Abstimmungsniederlagen in rascher Folge etwas noch weit Gravierenderes wider.

Die Plädoyers

Und so änderte sich die Zusammensetzung des Internationalen Gerichtshofs. Es gab einen neuen libanesischen Richter, der indische Richter wurde wiedergewählt, und zum ersten Mal in der Geschichte des IGH würde kein britischer Richter am Gericht amtieren. Dies war der Hintergrund, vor dem das mauritische Team anfing, seine schriftlichen Vorlagen zu formulieren. Einen Fall darlegen heißt eine Geschichte erzählen – und es so zu tun, dass sie Richter aus vielen verschiedenen Ländern erreichen kann.

Die Geschichte wird in unterschiedlichen Formen präsentiert, anfangs schriftlich und dann, in der Anhörung, mittels gesprochener Worte. Bilder spielen ebenfalls eine Rolle. Mit zunehmender Verfahrensdauer, während verschiedene Streitparteien auf die Geschichte reagieren, entwickeln sich die Darlegungen weiter, konzentrieren sich stärker auf bestimmte Sachverhalte. Das Recht bietet einen Rahmen, innerhalb dessen die Geschichte im Detail dargelegt wird, aber mittlerweile habe ich verstanden, dass die Art und Weise, wie die Fakten präsentiert werden, die Reaktion eines einzelnen Richters beeinflussen kann. Ein Fall hat viele Adressaten – Regierungen, die Öffentlichkeit, die Medien –, aber beim Abfassen eines Plädoyers sind die einzigen Adressaten, auf die es wirklich ankommt, die Richter.

Das erste Dokument in einer gutachterlichen Stellungnahme, einem Rechtsgutachten, ist der sogenannte »Schriftsatz«; er bietet die Gelegenheit, den Fall darzulegen. Mauritius hatte seine Argumente in dem früheren Seerechts-Schiedsverfahren zur MPA erörtert, aber in Den Haag saßen andere Richter, und sie würden erwarten, dass man ihnen als Reaktion auf die beiden aus New York geschickten Fragen das Material präsentierte. »Machen Sie's einfach«, hatte James Crawford mir vor meinem ersten, ein Vierteljahrhundert zurückliegenden Fall am Internationalen Gerichtshof eingeschärft – sicherstellen, dass die Schilderung klar und für jeden Richter zugänglich ist, im Wissen um ihre Kulturen und Überzeugungen, nicht bloß in Bezug auf das Rechtswesen, und darauf achten, dass eine übersichtliche Gliederung dabei ist. Eine Reihe von Behauptungen darlegen und ihnen anschließend Nachdruck verleihen:

Der Internationale Gerichtshof besitzt die Zuständigkeit.

Es gibt keinen Grund, warum sie nicht ausgeübt werden kann.

Die Selbstbestimmung wird klar zur Sprache gebracht in Resolution 1514, die dieses Recht bereits 1965 widerspiegelte, als Chagos abgetrennt wurde.

Zu diesem Recht gehörte das Prinzip der territorialen Integrität, um zu verhindern, dass irgendein Teil einer Kolonie ohne die Zustimmung der Kolonisierten abgetrennt wurde.

Chagos war im Jahr 1965 Teil des Territoriums der britischen Kolonie Mauritius.

Die Bewohner von Mauritius hatten keine Gelegenheit, ihre Zustimmung zu der Abtrennung zu bekunden.

Die Abtrennung und die Umsiedlung der Bewohner wurden mit betrügerischen Mitteln erreicht.

Die Abtrennung war rechtswidrig und hatte keine Rechtskraft.

Die Dekolonisierung wurde nicht zu Ende geführt.

Madame Elysé und die Chagossianer wurden zu Unrecht von ihren Heimatorten umgesiedelt.

Jede Behauptung erforderte Beweise zu den Fakten und rechtliche Vorlagen, wie bei jedem Fall. Diesem Fall jedoch wohnte ein ausgeprägtes und starkes menschliches Element inne, eines, das dem Gericht präsentiert werden musste. Wie konnten die Chagossianer dem Gericht ihre Geschichte erzählen? Da bei Beratungen über Rechtsgutachten normalerweise keine Zeugen auftreten, überlegten wir, wie man die Stimmen der Chagossianer im Großen Saal des Friedenspalastes zu Gehör bringen konnte.

Über andere Gesichtspunkte musste ebenfalls gründlich nachgedacht werden. Großbritannien würde argumentieren, dass Chagos ein bilateraler Streit zwischen zwei Staaten und daher zu Unrecht Gegenstand eines Rechtsgutachtens sei, so dass es hilfreich wäre, viele Länder teilnehmen zu lassen, um ein globales Interesse zum Ausdruck zu bringen. Port Louis beeilte sich, eine solche Beteiligung anzuregen, fragte Präsidenten und Premierminister an, veranstaltete Treffen in New York und besuchte Hauptstädte. Wir beriefen eine Zusammenkunft von zwei Dutzend Ländern in Den Haag ein, um den Fall und seine umfassendere politische oder rechtliche Bedeutung zu erläutern.

Die Öffentlichkeitsarbeit schien zu funktionieren. Einunddreißig Staaten übermittelten Schriftsätze, dazu die Afrikanische Union, die mit einer einzigen Stimme im Namen des gesamten Kontinents aus 55 Staaten sprach. Mitgliedstaaten aus allen fünf UN-Regionalgruppen beteiligten sich, die eine Bevölkerung von mehr als einer Milliarde Menschen repräsentierten. Wenn solche Größenordnungen im Spiel sind, geht es gewöhnlich nicht um bilaterale Souveränitätsstreitigkeiten. Es beteiligten sich acht Staaten aus Afrika, sechs aus dem asiatisch-pazifischen Raum, acht aus der »Gruppe der westeuropäischen und anderen Staaten«, zwei osteuropäische Staaten und sieben aus Lateinamerika und der Karibik.

Die erste Reihe von Schriftsätzen erbrachte eine überwältigende Unterstützung für die von Mauritius vertretene Position.

Nur ein Staat wendete ein, dass der Internationale Gerichtshof keine Zuständigkeit besäße: Australien.

Fünf Staaten erkannten die Zuständigkeit des Gerichts an, forderten aber, dass es ablehnen sollte, sie auszuüben: Großbritannien und die Vereinigten Staaten, dazu Chile, Frankreich und Israel. Die Zuständigkeit auszuüben und die beiden Fragen zu beantworten, argumentierten sie, würde bedeuten, in die verbotene Domäne eines bilateralen Streits einzugreifen.

China, Russland und Deutschland waren anderer Meinung. Bei Chagos gehe es sehr wohl um Dekolonisierung, und der Fall sei zu Recht eine Angelegenheit für die Generalversammlung, so dass der Internationale Gerichtshof beide Fragen beantworten müsse, obgleich zurückhaltend.

In der Sache standen Großbritannien und die Vereinigten Staaten allein da. Kein Staat unterstützte ihre Argumente, dass zu der Zeit, als Chagos abgetrennt und Mauritius unabhängig wurde, Selbstbestimmung noch kein völkerrechtlicher Anspruch gewesen sei.

Alle anderen Schriftsätze, die sich mit der Angelegenheit befassten, kamen zu dem Ergebnis, dass Selbstbestimmung zum Völkerrecht gehörte, als Großbritannien Chagos abtrennte, und dass Großbritannien das Prinzip der territorialen Integrität verletzt habe. Die Dekolonisierung von Mauritius sei nach wie vor unvollendet, Chagos gehöre zu Mauritius, nicht zu Großbritannien.

Nicht ein einziger Schriftsatz – weder aus Großbritannien noch den USA oder gar aus Australien – focht die Behauptung an, dass, wenn die Dekolonisierung von Mauritius unvollendet sei, sie unverzüglich vollendet werden müsse. Ebenso wenig traten diese Staaten der Behauptung entgegen, die Vollendung der Dekolonisierung würde bedeuten, dass Madame Elysé das Recht hätte, nach Peros Banhos zurückzukehren.

Im Mai 2019 reichten zehn Staaten und die Afrikanische Union eine zweite Reihe von Schriftsätzen ein. Damit reagierten sie auf die erste Reihe von Schriftsätzen. Diese Stellungnahmen waren kürzer, stärker fokussiert und thematisierten bestimmte strittige Punkte. Auf der einen Seite standen Großbritannien und die Vereinigten Staaten, auf der anderen Mauritius und sieben weitere Staaten sowie der gesamte afrikanische Kontinent.

In diese zweite Folge von Schriftsätzen nahm Mauritius die persönlichen Erfahrungen von fünf Chagossianern mit auf. Es ging um Zwangsumsiedlungen und den Wunsch zurückzukehren. Einen dieser Berichte lieferte Madame Elysé. Die anderen stammten von Marie Mimose Furcy, die ebenfalls auf Peros Banhos geboren war, sowie von Rosemond Berthin, Marie Janine Sadrien und Louis Rosemond Samynaden von den Salomon Islands. Großbritannien hätte die Sichtweisen von im Vereinigten Königreich lebenden Chagossianern miteinbeziehen können, entschied sich aber, es nicht zu tun, so dass die erwähnten schriftlichen Berichte die einzigen chagossianischen Stellungnahmen waren, die dem Gericht direkt präsentiert wurden.

Mit dem Ende der schriftlichen Phase wechselte das Verfahren zur Anhörung, bei der die Argumente in öffentlicher Sitzung erörtert würden. Eine Anhörung ist ein Theatermoment, und wir wollten, dass das Gericht viele verschiedene Stimmen zugunsten von Mauritius und weniger Stimmen dagegen hörte. Auch dies erforderte eine ordentliche Vorbereitung.

Madame Elysé, 2018

Zweiundzwanzig Staaten und die Afrikanische Union äußerten den Wunsch, an den Anhörungen teilzunehmen. Das Gericht gewährte jedem Beteiligten 45 Minuten Sprechzeit, wobei Mauritius und Großbritannien angesichts ihres besonderen Interesses an dem Fall jeweils zwei zusätzliche Stunden zur Verfügung gestellt wurden. Das summierte sich zu einer vollen Drei-Stunden-Sitzung, abzüglich 20 Minuten für die übliche Kaffeepause.

Wie würden wir unsere Zeit nutzen? Es gab die Realität und das Recht, und es gab eine Geschichte zu erzählen, von den Ereignissen vor der Trennung von Chagos und von den folgenden Ereignissen. Unsere Hauptaufgabe war es, das Gericht davon zu überzeugen, dass Resolution 1514 mit ihren Verweisen auf Selbstbestimmung und territoriale Integrität im Jahr 1965 das Recht repräsentierte und dass dieses Recht verletzt wurde. Das Thema war zwar trocken, aber es musste nicht langweilig präsentiert werden. Es gab eine menschliche Geschichte zu erzählen, und wir kamen schon früh zu dem Schluss, dass die Richter eine Stimme von Chagos hören müssten.

Einer unserer Mitarbeiter, Remi Reichhold, reiste von London nach Port Louis, wo er sich mit jedem der fünf Chagossianer traf, die persönliche Erklärungen verfasst hatten, um denjenigen oder diejenige zu bestimmen, der/die am überzeugendsten zu dem Gericht sprechen könnte. Seine Gespräche grenzten die Optionen ein auf eine Wahl zwischen Rosemond Samynaden und Liseby

Elysé. Normalerweise würden einer oder beide von einem vorbereiteten Text ablesen, aber da beide nicht lesen konnten, stellte dies eine Herausforderung dar: Improvisieren könnte riskant sein, da der Sprecher oder die Sprecherin vielleicht in eine unerwartete Richtung abschweifte oder zu lange redete. Also entschieden wir uns für eine andere Methode: die Erklärung vorher zu filmen und uns um die Genehmigung des Gerichts zu bemühen, das Video bei Gericht abzuspielen. Der Internationale Gerichtshof erteilte die Genehmigung.

»Sie fragten mich, ob ich vor dem Gericht eine Erklärung abgeben könnte«, erklärte Madame Elysé. »Ich wollte einen Beitrag leisten.« Während der Fall seine verschiedenen Phasen durchlief, wurde sie immer optimistischer, aber sie wollte sich von diesem Gefühl nicht überwältigen lassen. »2018 war ein wichtiges Jahr für mich. Ich war 65 Jahre alt und hatte aufgehört zu arbeiten, nach 27 Jahren im Dienst als Hausangestellte für eine mauritisch-chinesische Familie. Über das, was mir widerfahren war, dachte ich so entschieden wie eh und je, ich wollte tun, was ich konnte, um den Fall zu unterstützen.«

In Port Louis drehte Remi die Videos, wobei er Stunden mit Monsieur Rosemond Samynaden und Madame Elysé verbrachte. »Sie waren beide nervös, aber Liseby Elysé erst recht.« Beide nahmen abwechselnd in einem großen Sitzungsraum vor einer Kamera Platz, hinter sich einen Greenscreen. Rosemond machte den Anfang, er sprach etwa zehn Minuten darüber, wie er vertrieben wurde und dass er noch immer auf eine Rückkehr hoffe. »Ich möchte eines Tages friedlich auf Chagos sterben.«

Madame Elysé hatte sich sorgfältig überlegt, was sie sagen würde, und mit Freunden und Familie darüber gesprochen. »Ein Video war einfacher für mich. Ich kann nicht lesen.« Remi schätzte die Zeit, die sie zusammen verbrachten. »Sie war sichtlich beklommen, ihre Arme zitterten, ich gab ihr nur sehr wenige Anweisungen, bat sie lediglich, in die Kamera zu blicken und ihre Erfahrungen zu schildern. Obwohl ich nicht jedes Wort verstehen konnte, weil sie Kreolisch sprach, war ihre Stimme voller Emotion. Während sie ihre Geschichte erzählte, wurde ihre Emotion heftiger – Schmerz und Wut –, und sie fing an zu weinen. Wir hörten auf zu filmen und trösteten sie. Ich sagte ihr, sie müsse das hier nicht tun, aber sie wollte weitermachen. Beim zweiten Mal passierte genau das Gleiche. Und beim dritten Mal wieder. Diesmal hörten wir nicht auf zu filmen und ließen sie ihre Erklärung beenden, und sie bedeckte ihr Gesicht mit der rechten Hand, während ihr die Tränen über die Wangen liefen.«

La Cour!

Die Anhörungen wurden im September 2018 abgehalten, an vier warmen Spätsommertagen, es gab Vormittags- und Nachmittagssitzungen. Wir hofften auf Unterstützung von jedem Kontinent und dass ein Mitgliedstaat der Europäischen Union in unserem Namen und niemand gegen uns sprechen würde; wir hofften, dass China, Frankreich und Russland fehlen würden, dass die Afrikanische Union sprechen würde; und wir hofften, dass Brasilien, Indien und Südafrika, die aufstrebenden Mächte, sich an das Gericht wenden und zu unseren Gunsten sprechen würden.

Unsere Erwartungen speisten sich teils aus der Zusammensetzung des Gerichts mit 14 amtierenden Richtern: fünf aus Europa und Nordamerika, vier aus Asien, drei aus Afrika und zwei aus Lateinamerika und der Karibik. Die Optik war wichtig, und sie bestärkte die Richter hoffentlich, jegliche jurisdiktionellen Hindernisse beiseitezuschieben, die Ärmel aufzukrempeln und sich die Hände am Dreck des Kolonialismus und seiner Hinterlassenschaften schmutzig zu machen. Wir wollten, dass Briten und Amerikaner isoliert wirkten, dass man sie so verstand, als würden sie »gegen den Strich der Geschichte« argumentieren. Wir wollten, dass der Internationale Gerichtshof sich an das Desaster Südwestafrika erinnerte.

Nicht nur die Teilnahme von Staaten war wichtig, sondern auch, wer erschien, um für sie zu sprechen. Die Anwälte vor dem Internationalen Gerichtshof rekrutieren sich gewöhnlich aus einer kleinen und nicht repräsentativen Gruppe – meistens kommen sie aus dem Norden, sind weiß und männlich; ein französischer Freund, der oft vor dem Internationalen Gerichtshof erscheint, bezeichnet seine *confrères* vergnügt als »Mafia«. Was diesen speziellen Fall betraf, so wollten wir, dass die Anwälte einer global stärker repräsentativen Gruppe entstammten. Es war wie der Aufbau eines neuen Orchesters, mit UN-Botschafter Koonjul als unserem Dirigenten, der von New York aus den Takt vorgab, eine Beeinflussungsbemühung, die uns bestärkte, bei der Bestimmung potenzieller juristischer Berater auf persönliche Kontakte zurückzugreifen. Einmal mehr organisierten wir Treffen bei den Vereinten Nationen und in verschiedenen Hauptstädten. Wir schrieben Briefe und telefonierten. Und wir sammelten Verbündete in Den Haag, die von Premierminister Pravind Jugnauth direkt angesprochen wurden.

Während die Anhörung näher rückte, hakten wir die verschiedenen Punkte ab. Jeder Kontinent wäre vertreten, um sich für unsere Position auszusprechen. Der Generalstaatsanwalt von Zypern wäre anwesend, nebst Anwälten für die Afrikanische Union, Brasilien, Indien und Südafrika. China, Frankreich und Russland entschieden, nicht teilzunehmen, signalisierten auf diese Weise aber immerhin, dass sie nicht gegen den Fall Stellung nahmen. Anwälte aus der ganzen Welt trafen in Den Haag ein, viele von ihnen arbeiteten *pro bono*. Ein japanischer akademischer Kollege – der eindrucksvollste von den Anwälten Japans in dem Fall des wissenschaftlichen Walfang-Programms seines Landes in der Antarktis – unternahm die lange Reise von Kyoto, um für Botswana zu sprechen, auf Französisch.

* * *

Das Team von Mauritius, die größte der 23 Delegationen, traf ein paar Tage vor den Anhörungen in Den Haag ein. Madame Elysé war da; sie wurde in den Gerichtsakten als »Vertreterin der chagossianischen Gemeinschaft« bezeichnet. »Ich wollte wirklich kommen, den Richtern meine Reise erklären, zeigen, was meine Geschichte auf der menschlichen Ebene bedeutet. Ich kam nach Den Haag, um meine Insel zurückzubekommen. Ich war nicht ängstlich. Ich hatte keine Furcht. Ich hatte keine Sorge.«

Sie hatte vor vielen Jahren den Rubikon überschritten, als sie während ihrer »Nostalgietour« nach Peros Banhos und zu dem dortigen Friedhof anfing, sich in der »Chagos-Gruppe« zu engagieren. »Es war dieser Besuch, der mich aktiver machte, da ich in Oliviers Fälle verwickelt wurde.« Ihr Neffe, Monsieur Bancoult, stieß in Den Haag zu uns, einer von mehreren Chagossianern, welche die lange Reise von Port Louis unternommen hatten, ein resoluter und zielstrebiger Mann, der im Lauf zweier langer

Jahrzehnte für die »Chagos-Flüchtlingsgruppe« fünf Fälle auf dem Prozesswege vor den englischen Gerichten ausgefochten hatte, bis zum Obersten Gerichtshof des Vereinigten Königreichs und darüber hinaus, bis nach Straßburg, größtenteils ohne Erfolg. Groß gewachsen und mit distinguiertem Aufreten, stets mit einem Lächeln auf dem Gesicht und auf ein annehmbares Ergebnis hoffend, und seit eine persönliche Begegnung mit Nelson Mandela vor vielen Jahren ihn optimistisch gestimmt hatte, glaubte er, dass irgendwann der Wandel käme und die Schleusen sich öffnen würden.

Madame Elysé war keineswegs ergriffen vom Haager Friedenspalast mit seinem Marmor und Blattgold, dem Buntglas und der Holztäfelung. Der Bau war eine imperiale Hinterlassenschaft, größtenteils finanziert von dem amerikanischen Unternehmer und Mäzen Andrew Carnegie. »Ich bin oft und weit gereist«, sagte sie mit einem breiten Grinsen beim Betreten des Gebäudes. »Ich war auf Réunion und habe meinen Bruder auf den Seychellen besucht. Ich war auf der mauritischen Insel Rodrigues, um die chagossianische Küche kennenzulernen. Ich war sogar in England, um meine Kinder zu besuchen, die dort leben.« Sie hielt inne. »Um Ihnen die Wahrheit zu sagen, ich habe mich in England nicht so wohlgefühlt. Die Engländer … sie haben meinen Geburtsort mit Füßen getreten.« Andere Erinnerungen waren positiver. Ein Jahr davor war sie in Rom gewesen. »Ich bin in den Vatikan gereist, wir trafen den Papst, wir wollten anderen von unserer Geschichte erzählen.« Und das taten sie, mit einer Fotoausstellung im UN-Hauptquartier.

Jetzt, nach so vielen Jahren, war sie in Den Haag, am Internationalen Gerichtshof, gleich würde sie den Großen Saal des Friedenspalastes betreten, wo diese Geschichte begann, und in der zweiten Reihe Platz nehmen, hinter den Anwälten von Mauritius. »Warum hat es so lange gedauert, es bis hierher zu schaffen?«, fragte sie. Was Sie bislang gelesen haben, ist die Geschichte, in die ich sie einweihte.

* * *

Sir Anerood Jugnauth eröffnete die Anhörungen für Mauritius, unter dem Vorsitz von Richter Abdulqawi Yusuf aus Somalia, der als Kind des italienischen Kolonialismus aufgewachsen war (er bezeichnete ihn als »eine der brutalsten und grausamsten Kolonialverwaltungen in ganz Afrika«). Jugnauth, der letzte noch lebende Teilnehmer an der Konferenz im Lancaster House, unterbreitete einen maßvollen und persönlichen Bericht. »Leider muss ich sagen, dass mehr als 50 Jahre nach der Unabhängigkeit und mehr als 50 Jahre nachdem ich wegen der Verfassungskonferenz nach London gereist bin, der Prozess der Dekolonisierung von Mauritius als Folge der rechtswidrigen Abtrennung eines festen Bestandteils unseres Territoriums am Vorabend unserer Unabhängigkeit nach wie vor unvollendet ist.«

Danach sprachen in rascher Folge vier Anwälte für Mauritius. »Kein Land möchte eine Kolonie sein«, sagten wir den Richtern, wobei wir uns auf Boris Johnsons kürzliches Rücktrittsschreiben als Außenminister stützten, in welchem er sich beklagte, dass die Bedingungen des britischen Austritts aus der Europäischen Union seinem Land den Status einer Kolonie verliehen.

Dann kam Madame Elysés Moment. Zwanzig Jahre auf Peros Banhos, vier Tage Zwangsumsiedlung, 45 Jahre als Flüchtling in ihrem eigenen Land, reduziert auf eine Erklärung von drei Minuten und 47 Sekunden. Ich stellte sie vom Podium aus vor, dann beobachtete ich die 14 Richter, die ihr zusahen, wie sie sich selbst zusah.

»Mappel Liseby Elysé.«

Madame Elysé sprach improvisiert, aus tiefstem Herzen, sie wusste genau, was sie sagen wollte. Der britische zweite Kronanwalt, Mr. Buckland, saß nur gut einen Meter entfernt und sah kaum auf, als sie sprach, während seine Hand einen nicht genutzten Stift umklammerte. Der Rechtsberater des Foreign Office stützte sich auf seinen rechten Arm und wendete anscheinend den Blick von den Bildschirmen ab. Die Richter nahmen je eigene Haltungen ein. Einige lehnten sich in ihren Sesseln zurück, andere neigten sich nach vorn, die Hände unter dem Kinn gefaltet. Einige lauschten mit geschlossenen Augen der kreolischen Sprache, einige konzentrierten sich auf die Bildschirme, andere blickten sich im Saal um.

Nachdem Madame Elysé geendet hatte, herrschte ein langes Schweigen, so machtvoll wie die Worte, gefolgt von einem Schluchzen und geweinten Tränen. Die Richter sahen und hörten, und nach fünf Jahrzehnten war die Gemütsbewegung kein Wunder. Es waren keine theoretischen oder abstrakten Fragen, die vor dem Internationalen Gerichtshof verhandelt wurden. »Es geht um echte Menschen, echte Biographien, echte Fakten, echte Langzeitfolgen«, war das Beste, was ich aufbieten konnte. Unser Mitarbeiter Alison Macdonald tröstete Madame Elysé. Später, als wir über die Erfahrung sprachen, erwähnte sie ihre Freunde, die sich in einem Gemeindezentrum drüben in Port Louis versammelt hatten und aus der Ferne zuschauten, da die Sitzungen live im Staatsfernsehen übertragen wurden. Später sahen wir einen Ausschnitt im mauritischen Fernsehen, voller impulsiver Reaktionen und unverfälschter Emotionen, eine Mischung aus Stolz, Verbitterung und Wut.

* * *

Das britische Team wandte sich an diesem Nachmittag an das Gericht. Normalerweise wäre der Generalstaatsanwalt zugegen gewesen, aber der Amtsinhaber zog sich als Freund – und Betreuer im Anwaltspraktikum – des früheren mauritischen Premierministers wegen Befangenheit zurück. Er hatte vor Jahren Rechtsauskunft zugunsten des Falles von Mauritius gegeben, sie schriftlich niedergelegt und unterstützte das Vorgehen Großbritanniens nicht. Also eröffnete Mr. Buckland den Fall für das Vereinigte Königreich und erzählte den Richtern, dass sein Land ein starker Befürworter des Internationalen Gerichtshofs und des Rechtsstaatsprinzips in internationalen Angelegenheiten sei, der Fall aber abgewiesen werden müsse. Das Gericht habe keine Zuständigkeit für »einen bilateralen Souveränitätsstreit«, erklärte er. Die Materialien reichten nicht aus, um zu Ergebnissen hinsichtlich der entscheidenden Fakten zu kommen. Die Angelegenheit sei komplex, das Gericht solle aufhören, sich damit zu befassen.

Was die Chagossianer betraf, so erkannte Mr. Buckland im Namen der britischen Regierung an, dass die Art und Weise ihrer Umsiedlung – aber nicht die Tatsache an sich – sowie die anschließende Behandlung »schändlich und falsch« gewesen sei. Madame Elysés Worte seien »sehr bewegend« gewesen, und er bekundete »tiefen Respekt« für die Chagossianer. Das war es. Keine Verpflichtung, das begangene Unrecht wiedergutzumachen, kein Zugeständnis, kein Wort darüber, ihnen die Rückkehr zu erlauben. Man habe Entschädigung gezahlt, das sei Wiedergutmachung genug. Der Anwalt des Vereinigten Königreichs wiederholte Argumente, die in der Generalversammlung vorgebracht und verworfen worden waren, und stellte einmal mehr die unglückselige Behauptung auf, Mauritius habe »den Wiederansiedlungswunsch der Chagossianer benutzt, um dieses Gericht zu überzeugen, Feststellungen zur Souveränität zu treffen«. Zwar entbehrte diese Argumentation jeglicher Rechtsgrundlage oder Beweise, aber wenn sie hatte verletzen sollen, dann war sie erfolgreich. »Ich habe dem Engländer zugehört, in der französischen Übersetzung«, war Madame Elysés Reaktion. »Ich habe mich nicht wohl dabei gefühlt, ich habe nur Lügen gehört.«

Ein Tag im Internationalen Gerichtshof ist lang, wenn unter den großen und lichten Buntglasfenstern, einem Geschenk Großbritanniens beim Bau des Friedenspalastes, gestritten wird. Das Licht erhellte die Richter, aber ihre Gesichter zeigten kaum Reaktionen. Ein Richter lehnte sich zurück, während seine Nachbarin ihre Akten sortierte. Eine Notiz wurde im Richterkollegium weitergereicht. Der italienische Richter räusperte sich, stellte dann eine Frage von akuter Bedeutung: »Von welchem Belang ist der Wille der Bevölkerung chagossianischer Herkunft?«, fragte Giorgio Gaja. Die Frage, vielleicht die einzige von einem Richter beim IGH gestellte, die in einem Roman vorkommt (*Diego Garcia* von Natasha Soobramanien und Luke Williams, Mai 2022), zielte auf den Kern dessen, worum es bei der Selbstbestimmung geht: Welches sind die Menschen, die ein Recht darauf haben, eine Meinung zu ihrer Zukunft zu äußern? Sie schien auf der Erkenntnis zu basieren, dass die Ansichten der Diaspora nicht einheitlich waren, dass sie in unterschiedliche Richtungen tendierte. Außerdem war sie ein Mittel, eine

Verpflichtung herauszukitzeln: nämlich dafür zu sorgen, dass die Ansichten der Chagossianer – wo auf der Welt auch immer sie leben mochten – berücksichtigt werden mussten, die Bedingungen einer künftigen Rückkehr festzulegen sowie die zu treffenden Entscheidungen darüber, wie das Leben auf Chagos organisiert werden sollte, sobald eine Rückkehr stattfand.

Am Dienstagvormittag versammelte sich vor dem Friedenspalast ein kleines Häuflein Protestierender. Sie seien Chagossianer aus Crawley an der Londoner Peripherie, sagten sie uns, aber sie dürften nicht hinein. Die Briten hätten sie weder zu ihrer Delegation eingeladen noch ihnen Unterstützung bei der Beschaffung von Zugangsausweisen angeboten. Ob wir helfen könnten?

An diesem zweiten Vormittag eröffnete Südafrika die Sitzungen. Als ehemalige Kolonie war das Land mit dem Kolonialismus und mit Zwangsumsiedlungen samt ihrer langandauernden Auswirkungen vertraut. »Tausende zwangsvertriebener Menschen starben in Konzentrationslagern in Südafrika«, sagte die Anwältin zu den Richtern, eine britische Politik der verbrannten Erde, die dazu geführt habe, dass ganze Gemeinschaften »aufgrund der Rasse« von ihren Heimatorten zwangsumgesiedelt wurden. Es gebe keine Teilfreiheit, schloss sie, Dekolonisierung sei niemals partiell. Der Ausspruch stammte von Nelson Mandela, dessen Büste draußen vor dem Großen Saal stand.

Und so ging es, über drei weitere Tage, wie ein Fluss seinem Lauf folgt. Deutschland hoffte, das Gericht würde eine Stellungnahme abgeben, aber in seiner Entscheidung nicht zu weit gehen. Argentinien engagierte sich mit ganzer Hingabe, getrieben von den Malvinen. Australien, selbst eine frühere britische Kolonie, vermittelte einen richtigen Eindruck vom »Krankheitsbild des misshandelten Kindes«, ein zum Täter mutiertes ehemaliges Opfer, und forderte von dem Gericht, sich des Falles zu entledigen. Belize, Botswana und Brasilien bekundeten starke Unterstützung für die Vollendung der Dekolonisierung, ebenso Zypern, ein Mitglied der Europäischen Union mit seiner eigenen Altlast aus der Zeit der Kolonialherrschaft und noch heute Standort ungewollter britischer Stützpunkte.

Am Mittwoch sprach der US-Vertreter zum Gericht. Viel sei gesagt worden über den »langen und schwierigen Prozess« der Dekolonisierung, erklärte der Rechtsberater des State Department im Namen der Regierung von Mr. Trump, und zum »Leiden« der Chagossianer, aber ein Wort des Bedauerns über die Rolle seines Landes in der Geschichte kam ihm nicht über die Lippen. Weder wurden die Werte, die Präsident Roosevelt in die Atlantik-Charta geschrieben hatte, bekräftigt noch das Vermächtnis von Ralph Bunche – beides wurde in den Wind geschlagen. Es folgten die Marshallinseln und Indien, die beide Mauritius nachdrücklich unterstützten, und dann Israel mit seinen eigenen Problemen von Vertreibung und Rückkehr, das zum ersten Mal seit Jahrzehnten vor dem Internationalen Gerichtshof erschien, um dort zugunsten von Großbritannien zu sprechen. Der Nachmittag brachte Unterstützung für unsere Seite durch Kenia, Nicaragua und Nigeria, und am Ende des Tages stellte der brasilianische Richter eine Frage, die uns Mut machte, zu bestimmten Auswirkungen von Resolution 1514.

Am letzten Tag sprachen Bevollmächtigte aus Serbien, Thailand und Vanuatu, und anschließend wendete sich der Generalstaatsanwalt von Sambia an das Gericht. Er sah prächtig aus in meiner schlechtsitzenden Perücke und Robe, die er sich geliehen hatte, weil er seine eigene Kluft in Lusaka vergessen hatte. Die Afrikanische Union schloss den Fall, eindringlich und elegant. »Nicht ein einziger Staat hat die Rechtsgrundsätze der Dekolonisierung und Selbstbestimmung bestritten oder abgelehnt«, sagte die Rechtsberaterin den Richtern. Es sei verblüffend, erklärte sie, dass der Internationale Gerichtshof so viele Jahrzehnte später »einen Kolonisator und dessen Verbündete anhörte, wie sie die Kolonisierung verteidigten«. Sie endete mit einer Lobrede auf die Chagossianer und auf Madame Elysé – sie sei »die Stimme Afrikas«.

Die Entscheidung

Man kann nie genau sagen, wie eine Anhörung gelaufen ist, oder vorhersagen, wie das Ergebnis ausfallen wird. Über die Jahre habe ich einen sechsten Sinn entwickelt, einen, der sich aus Veränderungen in der Atmosphäre im Großen Saal, aus Gesprächen mit Kollegen und Beobachtern, aus der Beobachtung der Richter speist. Wir hatten intensiv mit unseren befreundeten Staaten zusammengearbeitet, uns allabendlich nach dem Tag im Gericht getroffen, um Notizen zu den Argumenten, den noch zu füllenden Lücken, den von Gegnern getroffenen Aussagen, die einer Antwort bedurften, zu vergleichen. Es gab Höhen und Tiefen und viel Spekulation, doch das allgemeine Gefühl war nicht pessimistisch. Die Briten hatten wenig Rückhalt unter den unabhängigen Beobachtern, und die wenigen Fragen von der Richterbank hatten nicht feindselig gewirkt. Aber man kann nie wissen.

Ein Kollege verfasste einen Aktenvermerk, der zusammenfasste, was passiert war. Zwei Staaten unterstützten

Großbritannien und die USA. Dreiundvierzig Anwälte hatten zum Gericht gesprochen, darunter zehn Frauen, eine bemerkenswerte Verbesserung im Vergleich zu den fünf zwischen 1950 und 1971 verhandelten Südwestafrika-Fällen, als nicht einer von den Dutzenden von Anwälten oder Richtern eine Frau war. Im Chagos-Fall war eine knappe Mehrheit derjenigen, die zum Gericht sprachen, weiß, es traten Anwälte auf, die Schwarz, hispanisch, asiatisch oder arabisch waren. Ganz langsam, könnte man sagen, wird die Welt des Völkerrechts dekolonisiert.

Nach der Anhörung gingen die Teams auseinander. Madame Elysé und die Chagossianer traten die lange Reise nach Port Louis an, zusammen mit Sir Anerood, während unsere juristischen Berater an ihre Heimatorte in London, Washington und Montreal zurückkehrten. Nach einer Anhörung geht man schnell seiner Wege. Während die Tage, Wochen und Monate vergingen, machte ich mir so meine Gedanken, wie das Gericht letztendlich entscheiden könnte. Meine spanische Schwiegermutter sagt mir oft, dass es niemals Sinn hat, sich den Kopf zu zerbrechen, weil man sich immer über das Falsche den Kopf zerbricht. Es ist ein kluger Ratschlag.

Die Beratung nach der Anhörung dauert gewöhnlich etwa sechs Monate. Während dieser Zeit treffen sich die Richter unter Vorsitz des IGH-Präsidenten, tauschen Gedanken und Kommentare aus, während Entwürfe entstehen und separate Gutachten *(separate opinions)* oder abweichende Gutachten *(dissenting opinions)* geschrieben werden. Das Verfahren ist vertraulich. Es gab keine undichten Stellen, keine Informationen, die hätten interpretiert oder ausgetauscht werden können.

Die Nachricht traf zu Anfang des neuen Jahres ein, zuerst informell, vom Registrar, dem obersten Verwaltungschef des Gerichts, an UN-Botschafter Koonjul, dann via Pressemitteilung. Eine öffentliche Sitzung würde um 15 Uhr in Den Haag stattfinden, »Richter Abdulqawi Ahmed Yusuf, Präsident des Internationalen Gerichtshofs, wird die gutachterliche Stellungnahme verlesen«. Ich nehme alle meine Fälle wichtig, aber dieser Fall war anders, er berührte den Kern jedes Rechtssystems, es ging letztlich darum, wie das Rechtsstaatsprinzip die Schwachen und Verletzlichen vor den Exzessen der Mächtigen schützt. Großbritannien und die Vereinigten Staaten hatten sich 1945 auf eine regelbasierte internationale Ordnung verpflichtet, und dann prahlten sie damit. Sie verpflichteten sich auf Ralph Bunches Vision von Dekolonisierung und Menschenrechten, dann zerfetzten sie ihre eigenen Verpflichtungen.

Wir reisten einen Tag vor der Lesung nach Den Haag, um uns mit Vertretern der Afrikanischen Union und unterstützender Staaten zu treffen. Wie bei anderen Fällen verfassten wir drei unterschiedliche Pressemitteilungen, die sich mit verschiedenen Eventualitäten befassten: Triumph, Katastrophe und irgendetwas dazwischen. Das Medieninteresse war enorm.

Am Morgen der Lesung ging ich im nahe gelegenen Scheveningen am Meer joggen, erst zur Seebrücke De Pier, dann ins Café Clarence in der Piet Heinstraat, zu gebuttertem Toast, Orangensaft und dem besten Kaffee in Den Haag. Wir stellten die Presseerklärungen fertig, nahmen an Besprechungen mit Vertretern befreundeter Staaten teil, aßen mittags schnell ein Sandwich und legten dann zu Fuß den kurzen Weg zum Gericht zurück. Die Sonne schien auf den Friedenspalast, es war 14 Uhr, Madame Elysé war bei uns. »Ein roter Rock?«, rief ich aus. Sie nickte und lächelte. »Kein Zeichen von Optimismus«, sagte sie, »für diese Reise, ich bin so gespannt! Ich denke, wir könnten gewinnen oder verlieren, aber ich bin so gespannt!« Ich verstand, machte ich mich doch selbst immer auf das Schlimmste gefasst – eine notwendige Maßnahme, um den bitteren Schock der Enttäuschung abzumildern.

Madame Elysé nahm in der ersten Reihe Platz, Olivier Bancoult setzte sich zu ihrer einen Seite, ich zu ihrer anderen. Eine Handtasche ruhte in ihrem Schoß, die eine Hand umklammerte fest die andere. Auf meinem Handy sahen wir uns einen Bericht aus Mauritius an, ihre Freunde, die Damen von Chagos, alle versammelt vor einem Bildschirm im Gemeindezentrum.

Der Große Saal war brechend voll. Um 15 Uhr öffnete sich die kleine Tür zu unserer Linken.

»La Cour!«

Die Richter schritten herein, alle erhoben sich. Langsam begaben die vierzehn sich in den Raum, äußerst geordnet. »Bitte nehmen Sie Platz«, sagte Präsident Yusuf, während sein Blick umherschweifte. Nahm er Blickkontakt mit Madame Elysé auf? Hatte er Großbritanniens Rechtsberater aus dem Foreign Office erspäht, der in einer weit entfernten Ecke hockte, beinahe außer Sichtweite? Der Präsident setzte sich. »Die Sitzung ist eröffnet.« Er las, eine rhythmische Beschwörung, sein Kopf wippte, er senkte den Blick, sah dann auf und schaute sich um. In diesem Moment ist bei einem Fall das Gefühl von Erwartung und Sorge, sogar von Spannung überwältigend. »Das Gericht tritt heute zusammen, um seine gutachterliche Stellungnahme (…) zur Dekolonisierung von Mauritius zu verkünden.« Der Name des Landes wurde sehr zart ausgesprochen, in einem weichen, singenden somalischen Tonfall, und jedes Wort wurde fein säuberlich abgesetzt.

Einhundert oder mehr Augen- und Ohrenpaare scannten den Großen Saal, begierig auf eine Andeutung dessen, was kommen könnte. Die Lesung erfolgte methodisch und aufreizend langsam, während sie die verschiedenen Türen hinter sich brachte, die das Gericht durchschreiten musste, um zu seinem Ergebnis zu kommen, ein Gang durch Geschichte, Zeit und Ort, durch die Fakten und mitten hinein in die rechtlichen Aspekte des Falles.

Der Internationale Gerichtshof hatte die Zuständigkeit. Die Meinung Australiens wurde ignoriert.

Es gebe keine überzeugenden Gründe, die Ausübung dieser Zuständigkeit zu verweigern, der Internationale Gerichtshof verfüge über sämtliches Material zu den Fakten, das er benötige. Es sei an der Generalversammlung zu entscheiden, ob die Fragen zweckdienlich seien, nicht am Internationalen Gerichtshof. Die durch das Schiedsgericht im Untergeschoss des Hotels Pera Palas entschiedenen Sachverhalte seien andere, daher gelte der Grundsatz des *res judicata* nicht. Bei den Fragen der Generalversammlung gehe es um Dekolonisierung, nicht um eine bilaterale Gebietsstreitigkeit. Der Kolonialismus sei ein »umfassenderer [Bezugs-]Rahmen«, untrennbar vom Territorium, der Internationale Gerichtshof könne sich zu beiden Themenkomplexen äußern. »Der Internationale Gerichtshof kann die gutachterliche Stellungnahme nicht verweigern.«

Die Richter verfolgten den gedruckten Text, während der Präsident sprach, starrten angestrengt auf ihre Kopien, die uns noch nicht zugänglich waren. Sie wussten, wohin die Reise ging, wir nicht. Die Lesung einer Entscheidung ist quälend. Das Gericht hatte alle jurisdiktionellen Einwände beiseitegeschoben. Warum hätte es das tun sollen, wenn es sich nicht mit der Sache selbst beschäftigen wollte? *Presch nicht vor*, sagte ich mir. Meine Ängste wurden in meine linke Hand gelenkt, die, für niemanden sichtbar, unter meinen Sitz gerutscht war und Madame Elysés rechte Hand ergriffen hatte. Wir hielten einander fest.

Präsident Yusuf kam nun zu den Fakten, wie das Gericht sie bewertete – eine gerichtliche Wahrheit, die nicht dasselbe ist wie *die* Wahrheit. Briten und Amerikaner hätten Gespräche geführt, es habe ein »Abkommen« gegeben, dann die Abtrennung, dann die Unabhängigkeit. Die Chagossianer seien fortgegangen beziehungsweise »daran gehindert worden zurückzukehren« oder seien »zwangsumgesiedelt« worden. Das waren starke Worte, »zwangsumgesiedelt«, nicht bloß »sie gingen fort«. Bedauern. Scham. Unrecht. Entschädigung. Ein Daumenabdruck auf einem Stück Papier. Keine Rückkehr.

Dann zu der ersten Frage. Wurde die Dekolonisierung in Übereinstimmung mit dem Gesetz durchgeführt? Das hänge von Inhalt und Umfang des Gesetzes ab, vom Recht auf Selbstbestimmung nach 1946 und zwischen 1965 und 1968. Der Präsident gab einen kurzen historischen Abriss, die Charta der Vereinten Nationen, Selbstbestimmung, Kapitel XI, das Vermächtnis von Ralph Bunche, obwohl sein Name nicht erwähnt wurde. Resolution 1514 sei ein »entscheidender Moment« gewesen, sagte er, einer, der »Klarheit schafft«.

All dies stimmte mich zunehmend hoffnungsfroh. Und er fuhr fort. Resolution 1514 als solche sei natürlich nicht bindend, aber sie habe einen »normativen Wert«. Sie habe keine neue Norm geschaffen, sondern eine bestehende dargelegt. Resolution 1514 spiegle eine Norm des Gewohnheitsrechts wider, eine, gegen die kein Staat gestimmt habe.

Er las Paragraph 6 der Resolution vor. »Jeder Versuch, die nationale Einheit und die territoriale Integrität eines Staates ganz oder teilweise zu zerstören, ist mit den Zielen und Grundsätzen der Charta der Vereinten Nationen unvereinbar.« Während er sprach, dachte ich zurück an die Zeit, als diese Worte zum ersten Mal formuliert wurden, und fragte mich, wer sie damals abtippte, vor 60 Jahren, und sie an Mr. Boland, den irischen Diplomaten, weitergab. Territoriale Integrität sei eine logische Folge des Rechts auf Selbstbestimmung, fuhr Präsident Yusuf fort. Das Rechtsgutachten zu Südwestafrika von 1971 habe das Gesetz lediglich »gefestigt«. Eine Abtrennung durch den Kolonisator müsse sich auf »den frei geäußerten und ehrlichen Willen der Menschen des betroffenen Territoriums« gründen.

Sei die Zustimmung frei geäußert und ehrlich gegeben worden? Nein, sei sie nicht. Im Jahr 1965 war Chagos »zweifelsohne« ein fester Bestandteil der Kolonie. Wo ein Teil einer Kolonie abgetrennt werde, um eine neue Kolonie zu errichten, sei eine »verstärkte Überprüfung« hinsichtlich der Zustimmung der Menschen, sprich: aller Mauritier, vonnöten. In den Fokus rückten nun Ereignisse in London, Harold Wilsons Wunsch, den Mauritiern mit Hoffnung Angst einzujagen, die Konferenz im Lancaster House. Die Abtrennung von Chagos »basierte nicht auf der freien und ehrlichen Willensäußerung der betroffenen Menschen«.

Ich spürte, wie meine Hand gedrückt wurde. Ich schaute zu Madame Elysé und sie zu mir. Sie war sich nicht sicher, was die Worte bedeuteten. Ich flüsterte, sie lächelte und blickte wieder zu dem Präsidenten, der bei der ersten Frage zum Schluss gekommen war. Es gibt Augenblicke, wo man zuhört und die Worte hüpfen wie die Nadel, die aus der Rille einer Schallplatte springt. »... widerrechtliche Abtrennung ... eine neue Kolonie ... BIOT ... Dekolonisierung ... nicht rechtmäßig durchgeführt«.

Präsident Yusuf wendete sich der zweiten Frage zu.

Großbritanniens fortgesetzte Verwaltung sei »ein Vergehen« gewesen. Sie sei widerrechtlich gewesen, als sie erfolgte, sie sei heute widerrechtlich. Großbritannien müsse seine Verwaltung von Chagos »so schnell wie möglich« beenden. Nur damit wäre die Dekolonisierung vollendet. »Sein Territorium«, sagte der Präsident, als er von Mauritius' Beziehung zu Chagos sprach. *»Sein Territorium.« »Sein Territorium.«* Chagos gehörte und gehört zu Mauritius, das waren seine Worte.

Was blieb noch übrig? Der Internationale Gerichtshof reichte den Stab an die UN-Generalversammlung weiter, die über das weitere Vorgehen entscheiden müsse. Die Mitgliedstaaten müssten mit den Vereinten Nationen kooperieren, um die Modalitäten umzusetzen.

Und die Chagossianer? »Die Wiederansiedlung mauritischer Staatsbürger, Chagossianer eingeschlossen, ist eine Angelegenheit, die den Schutz der Menschenrechte betrifft und mit der sich die Generalversammlung beschäftigen muss.«

Es brauchte eine Weile, bis die Worte ins Bewusstsein drangen. Der stellvertretende Registrar verlas das Abstimmungsergebnis.

Was die Zuständigkeit betraf, war der Internationale Gerichtshof einmütig.

Was das freie Ermessen betraf, diese Zuständigkeit

nicht auszuüben, waren zwei Richter anderer Meinung. Nur zwei.

Was die Schlussausführung des Gerichts betraf, dass die Dekolonisierung unvollendet sei, war eine Richterin anderer Meinung. Dreizehn zu eins Stimmen zu unseren Gunsten. Die einzige abweichende Meinung gehörte der amerikanischen Richterin.

Der Präsident sprach 64 Minuten lang. Die Entscheidung war klar, die Schlussausführung ohne Mehrdeutigkeit, mit einer Ausnahme getragen von allen Richtern. Das Gericht hatte zugunsten von Mauritius und Madame Elysé gesprochen. Das Rückkehrrecht war frei. Die Richter erhoben sich, um den Großen Saal zu verlassen.

* * *

Vor dem Gerichtssaal, zwischen den Büsten von Mandela und Gandhi, kam es zu Unruhe und Lärm, als ein Mitarbeiter der Registratur des Internationalen Gerichtshofs gedruckte Exemplare der Entscheidung verteilte. Ungeduldig analysierten wir die Seiten, die individuellen Erklärungen von sechs Richtern, eine gemeinsame Erklärung von zwei anderen, die vier separaten Gutachten, das Sondervotum der amerikanischen Richterin. Das Gericht hätte seinen Ermessensspielraum wahrnehmen sollen, um die Erteilung des Rechtsgutachtens abzulehnen, schrieb sie, widersprach aber in keinster Weise in der Sache selbst und bot der britischen Argumentation keine Unterstützung. Das Sondervotum bezog sich lediglich auf die Zuständigkeit, nicht auf die Sache selbst, und die Richterin schloss sich Richter Jessup nicht an. Ein paar Tage später nahmen sie und ich an einem weit entfernten Ort gemeinsam an einer wissenschaftlichen Tagung teil. »Gratuliere zu dem

Ergebnis«, sagte sie, »Sie dürften zufrieden sein.« »Sind wir.« Ja, ich nahm zur Kenntnis, dass sie nichts über die Sache selbst sagte.

Von den zwölf Richtern, die individuelle Meinungen schriftlich niederlegten, erwähnten sieben die Chagossianer. Die Zwangsumsiedlung sei »betrüblich«, schrieb der chinesische Richter. Die Briten dächten gar nicht daran, ihre Ansichten zu ermitteln, vermerkte der französische Richter. Es sei bedauerlich, dass das Gericht nicht ausgesprochen habe, dass sie entschädigt werden müssten, notierte der libanesische Richter. Der Wille der Chagossianer sei maßgeblich, meinte der italienische Richter, mit oder ohne Entschädigung. Großbritannien müsse die Folgen ihrer Zwangsvertreibung »tilgen«, schrieb der ugandische Richter. Sie müssten in ihre Heimatorte zurückkehren können, wenn sie es wünschten.

Zwei Richter beschworen die von Madame Elysé gesprochenen Worte. Ihr Leben sei eine »humanitäre Tragödie« griechischen Ausmaßes, schrieb der brasilianische Richter. Sie sei wie Hekabe (»Auch ich war groß, jetzt bin ich es nicht mehr. All meines Glücks beraubte mich *ein* Tag.«). Das Gericht hätte sich mit dem Recht der Chagossianer auf Wiedergutmachung beschäftigen müssen.

Noch weiter ging der jamaikanische Richter, indem er die Worte von Madame Elysé in einen umfassenderen historischen Kontext einordnete. Die Zwangsumsiedlung gleiche der Verschleppung und Versklavung von Millionen Afrikanern. Olivier Bancoult sei ein Mann von »Mut und Zähigkeit«. Welche Ironie, dass sie sich zwei Jahrhunderte nach der Versklavung ihrer Vorfahren auf Peros Banhos, wo sie auf Kokosplantagen arbeiteten, versklavt im Rumpf der *Nordvær* wiederfand. Wie tragisch, dass ihr im Jahr 2001 durch das englische Berufungsgericht anerkanntes Rückkehrrecht durch das Votum eines einzelnen Richters im House of Lords aufgehoben worden sei. Dies sei eine menschliche Tragödie, eine, die »keinen Platz im 20. Jahrhundert« habe. Die Verbesserungen des Völkerrechts nach 1945, »die auf der Achtung vor der angeborenen Würde und Geltung des Menschen beruhen«, hätten dieses Unrecht verhindern müssen. Welche Ironie, dass es ausgerechnet Großbritannien war, das diese neuen Regeln aufstellte, die nun »zum Vorteil der Chagossianer arbeiten« müssten.

Als der Gerichtssaal sich leerte, blieb Madame Elysé zurück, ein Lächeln auf dem Gesicht. Sie stand neben ihrem Neffen Olivier Bancoult. Während Fotos gemacht wurden, kam der stellvertretende Registrar zu uns herüber.

»Ich hab Sie Händchen halten sehen«, sagte er lächelnd.

»Es war ein großer Augenblick«, erwiderte ich.

»Das war es gewiss.«

»Ich war überrascht von dem Ergebnis, sehr überrascht, ich bin ganz überwältigt«, erzählte ihm Madame Elysé. »Es war der schönste Augenblick«, sagte sie zu mir. »Meine Aussage ließ das Gericht beben; ich habe Ihre Hand gehalten, und die Richter haben es gesehen.«

Rückkehr nach New York

Über die Entscheidung des Internationalen Gerichtshofs wurde weltweit berichtet. »Oberstes UN-Gericht weist Vereinigtes Königreich an, seine Herrschaft über die Chagos-Inseln ›zügig‹ zu beenden«, berichtete *All Africa*. *Al Jazeera* und *Voice of America* brachten ähnliche Schlagzeilen. Großbritanniens Souveränitätsanspruch über Chagos sei zurückgewiesen worden, erklärte der *Guardian*.

Die indische Presse begrüßte Forderungen nach »zügiger Dekolonisierung«, ebenso chinesische und russische Zeitungen. Die Londoner *Times* nahm kein Blatt vor den Mund: »UN-Gericht befiehlt Großbritannien, die Chagos-Inseln zu übergeben«. Premierminister Pravind Jugnauth bejubelte die Entscheidung als »historisch«. Nun könne Mauritius »vervollständigt« werden, erklärte er, »und wenn das geschieht, können die Chagossianer und ihre Nachkommen endlich heimkehren«. Die *New York Times* meldete, dass UN-Botschafter Koonjul zufrieden sei mit der »sehr klaren, fast einstimmigen Entscheidung« und der Aussicht auf »weitere Maßnahmen« bei den Vereinten Nationen.

Großbritannien reagierte verhalten. Drei Tage vergingen, bevor ein Staatssekretär dem Parlament mitteilte, dass es sich um »eine gutachterliche Stellungnahme, nicht um einen Urteilsspruch« handele. Die Regierung würde das Gutachten lesen und entscheiden, wie am besten weiter zu verfahren sei. Im folgenden Monat trafen sich die Premierminister von Großbritannien und Mauritius in 10 Downing Street. Anschließend schrieb Mr. Jugnauth an Theresa May, das Rechtsstaatsprinzip gebiete, dass das Rechtsgutachten »unverzüglich umgesetzt« werde, und Mauritius beabsichtige, eine Resolution in der UN-Generalversammlung auf die Tagesordnung zu setzen. Er wiederholte Mauritius' dauerhaftes Bekenntnis zum Fortbestand der US-Militärbasis auf Diego Garcia und zur Rückkehr der vertriebenen Mauritier nach Peros Banhos und auf andere Inseln. Mauritius sei bereit, einen Vertrag mit den Amerikanern auszuhandeln, und falls die Briten eine Rolle dabei spielen wollten, könnten sie eine haben.

Großbritannien beschloss, weder das Rechtsgutachten noch das Rechtsstaatsprinzip zu beachten. Dies wurde

Ende April offenkundig, als Theresa May ihrem mauritischen Amtskollegen schrieb und ihr Bedauern ausdrückte, dass Chagos dem Internationalen Gerichtshof übertragen worden sei, und sie stellte klar, dass Großbritannien – einmal mehr – die Beschlüsse der Richter ignorieren würde. »Die Souveränität wird abgetreten, wenn das Britische Territorium im Indischen Ozean nicht mehr für Verteidigungszwecke gebraucht wird«, schrieb sie, Worte, welche die abweisende Reaktion der Regierung von Südafrika auf das Rechtsgutachten zu Namibia im Jahr 1971 hätten widerspiegeln können. Ich fand heraus, dass Außenminister Jeremy Hunt zwei Optionen angeboten worden waren – Großbritannien könne sich mit den Mauritiern und den Amerikanern hinsetzen und eine vernünftige Vereinbarung auf rechtlicher Grundlage ausarbeiten, oder es könne auf stur schalten und unter Verweis auf nationale Sicherheitsinteressen auf seinem Standpunkt beharren. Mr. Hunt entschied sich für die zweite Option: Der Internationale Gerichtshof habe sich geirrt, Großbritannien würde abwarten, und, so warnte er, die weitere Zuflucht zu den Vereinten Nationen wäre ein »großes Ärgernis«.

Diese Position wurde dann auch öffentlich bekannt gegeben. »Das Vereinigte Königreich respektiert den IGH«, teilte ein Minister dem britischen Unterhaus mit, aber nicht genug, um das Rechtsgutachten, das lediglich konsultativ sei, umzusetzen. »Wir teilen die Haltung des Internationalen Gerichtshofs nicht.« Der Anführer der oppositionellen Labour Party äußerte Sorge über die Missachtung des Völkerrechts. »Indem es dem Rechtsgutachten zuwiderhandelt, stellt sich das Vereinigte Königreich gegen den gesamten afrikanischen Kontinent und Dutzende anderer Staaten«, schrieb er und verpflichtete seine Partei darauf, die Entscheidung des Gerichts »vollumfänglich« zu respektieren und »dafür zu sorgen, dass die Chagossianer heimkehren können«.

Die Reaktion Großbritanniens stärkte Mauritius' Entschlossenheit, bei den Vereinten Nationen voranzukommen. UN-Botschafter Koonjul suchte Rat bei der afrikanischen Gruppe und anderen Staaten, und wir wurden gebeten, einen Resolutionsentwurf vorzubereiten. Während Großbritannien mit Unterstützung der Vereinigten Staaten tatkräftig Lobbyarbeit betrieb, wärmte die neue Ständige Vertreterin der Briten bei den UN, Karen Pierce, dieselben Argumente wieder auf, die schon zweimal zurückgewiesen worden waren, erst von der Generalversammlung, dann vom Internationalen Gerichtshof. Souveränität außer Zweifel, bilateraler Streit und so weiter. Da sie Staaten nötigte, gegen die Resolution zu stimmen, dürfte sie die Schwäche der Argumente erkannt haben, in Anbetracht der Eindeutigkeit, mit welcher das Gericht gesprochen hatte. In bilateralen Gesprächen brachte sie weitere, teils erstaunliche Argumente vor. »Wir müssen die Kontrolle behalten, aus Gründen der Sicherheit, unserer und Ihrer«, erklärte sie Botschafter Koonjul. »Was, wenn wir von Außerirdischen angegriffen werden?«

»Sicher hat sie im Scherz gesprochen?«, meinte ich, als der Botschafter es mir gegenüber erwähnte.

»Glauben Sie mir, es war nicht im Scherz«, erwiderte er. »Sie meinte es todernst!«

Senegal brachte den Resolutionsentwurf in Umlauf, eine Präambel mit acht rechtswirksamen Paragraphen, welche das Gutachten des IGH positiv bewerteten, Chagos als »festen Bestandteil« von Mauritius anerkannten und als »dringliche Angelegenheit« die Wiederansiedlung der Chagossianer verlangten. Großbritannien müsse binnen sechs Monaten »seine Kolonialverwaltung abziehen«

und dürfe der Rückkehr der früheren Bewohner »kein Hindernis entgegenstellen«. Die Mitgliedstaaten, die UN und ihre Fachbehörden sowie alle anderen internationalen Organisationen müssten Chagos als Teil von Mauritius anerkennen und sämtliche Maßnahmen ignorieren, die vorgeblich im Namen des »Britischen Territoriums im Indischen Ozean« getroffen wurden.

Am 22. Mai 2019 eröffneten Senegal und Venezuela die Debatte; sie sprachen für die afrikanische Gruppe und die Bewegung der Blockfreien. Als Dritter sprach Premierminister Jugnauth. Gegen die Resolution zu stimmen hieße den Kolonialismus gutheißen, sagte er und fügte hinzu, dass die Zwangsvertreibung der Chagossianer »einem Verbrechen gegen die Menschlichkeit gleicht«. Es war das erste Mal, dass ein mauritischer Führer diesen Vorwurf erhob, der auf Grundlage des vom Internationalen Gerichtshof verwendeten Ausdrucks »Zwangsumsiedlung« der Chagossianer mit Bedacht formuliert war. Es waren Worte, die mit dem Römischen Statut des IStGH übereinstimmten, wo in Artikel 7 von der »Vertreibung oder zwangsweise[n] Überführung der Bevölkerung« als »Verbrechen gegen die Menschlichkeit« die Rede ist.

Auf ein ablehnendes Votum drängend, führte die britische UN-Botschafterin Chagos' außerordentliche Rolle für die humanitäre Hilfe an, für die maritime Suche, Rettung und Sicherheit und überging dabei stillschweigend die Rolle von Diego Garcia bei der außerordentlichen Auslieferung und im Irakkrieg. Großbritannien hege keinerlei Zweifel bezüglich seiner Souveränität – aber hegte sie welche?, dürften sich viele gefragt haben – und erachte die Abtrennung für einvernehmlich vereinbart, obwohl der IGH das Gegenteil festgestellt hatte. Es war, als ob die britische UN-Botschafterin die Entscheidung gar nicht gelesen hätte. Da war mehr Bedauern über die »Art und Weise« der Umsiedlung der Chagossianer als über die Tatsache, dass sie passiert war, oder darüber, dass Großbritannien die Chagossianer fernhalten wollte. Großbritannien wolle ihr Leben verbessern, mit Geld und vielleicht mit einem Kurzbesuch ihrer alten Heimat. Aber ihnen die Rückkehr ermöglichen? Auf gar keinen Fall. Man könne ihnen »Nostalgietouren« anbieten, mehr aber auch nicht. Und, das stellte die UN-Botschafterin klar, besonders missfalle ihr das Gerede über »Verbrechen gegen die Menschlichkeit«. »Schwerwiegende Anschuldigung ... grob falsche Charakterisierung ... hoffe, sie wird nicht wiederholt«, warnte sie. Wie ich ihr so zuhörte, fühlte ich mich daran erinnert, wie ich als Sechsjähriger von meiner Schulleiterin Mrs. Brewster ausgescholten wurde, die selbst im Winter braune Sandalen anzog und mit Colonel Brewster verheiratet war, der einen enormen Schnurrbart trug und, so wurde uns erzählt, im Burenkrieg gekämpft hatte.

Zwei Staaten sprachen zugunsten Großbritanniens: die Vereinigten Staaten, die ihre eigenen Interessen im Sinn hatten, und die Malediven, aus Gründen, die völlig unklar waren. Mauritius hatte sich über viele Jahre bemüht, mit seinem Nachbarn im Indischen Ozean eine Seegrenze auszuhandeln, aber die neu ernannte Ständige Vertreterin der Malediven äußerte unerfindliche Bedenken, dass die Resolution zu Uneindeutigkeit hinsichtlich der Seerechte ihres Landes führen könnte.

Eine Reihe von Staaten sprach sich für die Resolution aus, zweifellos geleitet von antikolonialen Instinkten und einige mit kaum verhohlenen eigenen dunklen Punkten. Nicaragua und Syrien, dann Argentinien, das erpicht darauf war, eine Verbindung zu den Falklandinseln (Malvinen) herzustellen. Zypern hoffte auf ein »Abrücken vom kolonialen Paradigma«, Mexiko und Uruguay sprachen sich für Rechtstaatlichkeit aus. Namibia hoffte auf ein Ende des Kolonialismus, Südafrika wollte das Ende einer Welt, die »manche Völker für wertvoller erachtete als andere«. Ägypten, Botswana, Lesotho, Simbabwe, Madagaskar äußerten sich ähnlich, und die Seychellen merkten an, sich unter den gutachterlichen Stellungnahmen »die Rosinen herauszupicken«, die einem zusagten – eine Art Völkerrecht *à la carte* –, sei keine Option.

Indien beschloss die Debatte mit der Autorität einer ehemaligen Kolonie, die am eigenen Leib die Großzügigkeit Großbritanniens erfahren hatte, eines Kolonisators, der gern nach dem Teile-und-herrsche-Prinzip verfahren sei und dabei eine Spur von Chaos und Aufruhr hinterlassen habe. In der Stimme des indischen UN-Botschafters lag Traurigkeit, als er jedes der Argumente der britischen UN-Gesandten zerpflückte. Ein bilateraler Streit? Nein. Die Zustimmung unterlaufen? Nein. Sicherheitsbedenken? Nein.

Der Ton der Machtverschiebung spiegelte sich im Abstimmungsergebnis wider, als die Tafel in einem noch helleren Grün erstrahlte als zwei Jahre zuvor. Jetzt gab es nur noch vier winzige Inseln des Widerspruchs, die zur Unterstützung Londons und Washingtons rot blinkten: Ungarn, Israel, die Malediven und Australien. Die Zahl der Mitgliedstaaten, die Resolution 73/295 unterstützen, stieg auf 116, darunter befanden sich Irland und mehrere andere Mitglieder der Europäischen Union. Was wohl Dr. Bunche und Mr. Boland von dem Ganzen gehalten hätten, fragte ich mich, während der Bildschirm grün wurde.

»Beschämend«, würde die *New York Times* anderntags melden. Während die Journalisten ihre Bleistifte spitzten, sammelte die britische UN-Botschafterin die Scherben auf und gab eine Erklärung ab, um das Votum ihres Landes zu erläutern. Erschöpft und zerknittert, mit feuchten Augen, ein Bündel Papiere umklammernd, fehlten ihr die angemessenen Worte, aber sie ließ sich nichts anmerken. Großbritannien engagiere sich nachdrücklich für die Selbstbestimmung, verkündete sie, als Antwort auf Argentiniens Hinweis auf die Falklandinseln, aber einen Dialog über Souveränität würde es erst dann geben, wenn die Falkland-Bewohner dies wünschten. Während die Konsequenzen ihrer Worte ins Bewusstsein drangen, war es schwer, nicht für einen Moment Mitgefühl mit einer angesehenen Diplomatin zu haben, die von ihrer Regierung in eine derart unangenehme Lage gebracht worden war. Eine Norm für die weißen Falkländer, eine andere für die Schwarzen Chagossianer, das war es, was viele sie sagen hörten.

EPILOG: BLEU DE NÎMES

»peros vert, peros vert, so pep noir,
nu pep noir, nu pep noir
noune déraciné«
Ton Vié, 2008

EVERYONE HAS THE RIGHT TO LIVE ON HIS OWN BIRTHPLACE

Februar 2022

Wir sind fünfundzwanzig auf dem Kai des Hafens von Mahé und blicken hinaus auf den Indischen Ozean. Angeführt von UN-Botschafter Koonjul, umfasst die Gruppe Meereswissenschaftler, Journalisten, Rechtsanwälte und Akademiker aus acht verschiedenen Ländern sowie fünf Chagossianer, die größte Schar. Liseby Elysé ist da, zusammen mit Olivier Bancoult, ihrem Neffen, und drei weiteren Mitstreitern: Marcel Humbert, dem Freund aus ihrer Kindheit von der Île du Coin; Rosemonde Berthin, welche die ersten 17 Jahre ihres Lebens auf den Salomon Islands verbrachte; und Suzelle Baptiste, die als elf Monate alte »Vertragsarbeiterin« von Diego Garcia umgesiedelt wurde. Von den fünfen war nur Marcel nicht in Den Haag bei den Anhörungen.

Wir sind auf die Seychellen gekommen, um an Bord der *Bleu de Nîmes*, einem umgebauten Minensuchboot der Royal Navy, zu der gut tausend Meilen weiter östlich gelegenen Insel Diego Garcia zu fahren. Die Reise wird fünf Tage dauern, und zurück werden wir noch länger brauchen. (Wir hofften, von den Malediven abfahren zu können, aber die Regierung verweigerte die Genehmigung; die Abreise von Rodrigues in Mauritius wurde durch einen tropischen Wirbelsturm vereitelt.)

Auf Chagos werden wir eine wissenschaftliche Erkundung des Blenheim Reef durchführen, um festzustellen, ob irgendein Teil dieses Atolls ein trocknendes Riff ist, eines, das teilweise über dem Wasser liegt. Die Informationen werden benutzt werden, um den Verlauf der künftigen Seegrenze zwischen dem Chagos-Archipel und den Malediven zu bestimmen. Wir werden die zehn Meilen westlich des Atolls gelegenen Salomon Islands besuchen und Peros Banhos, das noch einmal 30 Meilen weiter westlich liegt. Die Reise wird historisch sein: der erste von Mauritius organisierte Besuch, die erste Rückkehr von Chagossianern ohne britische Begleitung und der erste Besuch, bei dem britische Journalisten dabei sind. Und es wird mein erster Besuch sein, ein Jahrzehnt oder mehr, nachdem ich von Mauritius kontaktiert und von Großbritannien und den Vereinigten Staaten informiert worden bin, dass es »hoffnungslos« sei, zum Völkerrecht und zu Gerichten Zuflucht zu nehmen, um der letzten britischen Kolonie in Afrika ein Ende zu machen.

* * *

Als wir uns zur Abfahrt anschicken, sind drei Jahre vergangen, seit der Internationale Gerichtshof in Den Haag entschieden hat, dass Chagos zum Territorium von Mauritius gehöre und dass Großbritannien seine widerrechtliche Besetzung beenden müsse. Die UN-Generalversammlung hatte beschlossen, dass die Briten spätestens Ende 2019 weg sein müssten, aber der Termin ist gekommen und verstrichen, ohne von Großbritannien beachtet zu werden. London hat auf stur geschaltet und eine Flut von diplomatischen Noten, Presseerklärungen und Antworten auf parlamentarische Anfragen losgelassen, die stets mit denselben Worten beginnen:

> »Das Vereinigte Königreich hegt keinen Zweifel bezüglich seiner Souveränität über den Chagos-Archipel, der seit 1814

ununterbrochen britischer Souveränität untersteht. Mauritius hat nie die Souveränität über den Archipel innegehabt, und wir erkennen seinen Anspruch nicht an.«

Das Fehlen jeglichen Zweifels ist bemerkenswert, da die Briten keinen – nicht einen einzigen – internationalen Richter hatten überzeugen können, ihren Anspruch auf den Archipel zu befürworten. Dies wirft ernsthafte Fragen hinsichtlich der angeblichen Verpflichtung des Vereinigten Königreichs auf das Rechtsstaatsprinzip auf. Zwei Premierminister und fünf Außenminister haben Rechtlosigkeit akzeptiert, aus Gründen, die unklar sind, und gehofft, die Sache auszusitzen und das Problem zum Verschwinden zu bringen.

Doch es wird nicht verschwinden, weil diejenigen, die von Großbritanniens andauernder Verbohrtheit am unmittelbarsten betroffen sind, das nicht zulassen werden. Dies ist augenfällig, als ich nach Crawley in der Nähe des Londoner Flughafens Gatwick fahre, um Zeit mit chagossianischen Vertriebenen zu verbringen, die in Großbritannien leben. Die IGH-Entscheidung bietet die Aussicht auf eine Rückkehr, während sie zugleich eine Fülle unterschiedlicher Meinungen provoziert. Manche machen sich Gedanken, dass der öffentliche Rummel um ihre Misshandlung – und ihre rassistische Komponente – zu einer Gegenreaktion führen könnte. Andere machen sich Sorgen um Wohnungen und Arbeitsplätze oder dass man sie aus Großbritannien deportiert, weil nicht alle das Recht auf die britische Staatsbürgerschaft haben. Wieder andere sind besorgt, eine Rückkehr nach Chagos könnte bedeuten, dass Gesetze und Vorschriften von Port Louis zwangsweise eingeführt werden, ohne echte Autonomie. Manche hoffen, dass Chagos vielleicht sogar ein unabhängiger Staat wird, auch wenn ihnen klar ist, dass seine Größe und Lage sowie die völkerrechtliche Bestätigung, dass der Archipel zu Mauritius gehört, dies unwahrscheinlich macht.

»Wir wollen eine gewisse Autonomie«, erklärt Joseph Bertrand, »damit wir selbst entscheiden können, was in unserem Territorium, unserer Umwelt und unserer Kultur passiert.« Sie wollen ein engagiertes Parlamentsmitglied in Port Louis, so wie Rodrigues (die Insel besitzt einen Autonomiestatus in Mauritius, mit einer Regionalversammlung und einem Exekutivrat). Angesichts vergangener und anhaltend schlechter Behandlung haben sie recht damit, abwartend und vorsichtig zu sein und darauf zu beharren, vollumfänglich in Entscheidungsprozesse einbezogen zu werden, welche die Zukunft ihres Geburtslandes betreffen.

Das Meinungsbild in der chagossianischen Diaspora ist vielfältig, und die Ansichten werden oft leidenschaftlich und energisch vorgebracht. Allen gemeinsam aber ist die Sichtweise, entschieden an dem Recht zur Rückkehr festzuhalten, ob nach Peros Banhos oder zu den Salomon Islands oder auf irgendeine andere Insel einschließlich Diego Garcia. »Warum sollten Filipinos, Bangladescher und Mauritier auf dem Militärstützpunkt bei den Amerikanern arbeiten, aber wir nicht?« Die Frage ist berechtigt.

»Wie viele von Ihnen werden denn tatsächlich zurückkehren wollen?«, frage ich.

»Wir alle«, antworten sie. »Der IGH hat entschieden, wir haben das Recht, dort zu leben, wir werden niemals aufgeben.«

Die Chagossianer, mit denen ich auf Mauritius Zeit verbrachte, äußern dieselbe Ansicht. Suzelle Baptiste führt mich im Zentrum der Chagos-Flüchtlingsgruppe herum, an dessen Wänden Porträts derer hängen, die verstarben, bevor ihre Träume von einer Rückkehr erfüllt werden konnten. Das helle, farbenfrohe Gebäude mit seinen vielen hoffnungsvollen Wandbildern beherbergt ein bescheidenes, bewegendes Museum. Zu der Sammlung gehört ein hölzerner Überseekoffer wie der, den Liseby dabeihatte, als sie Peros Banhos verließ, ausgeschlagen mit den Seiten einer alten englischen Tageszeitung aus den 1950er-Jahren, und andere Kuriositäten: ein Werkzeug, um Kokosnüsse auszuschälen, ein altes Bügeleisen, eine Hacke, ein Tamburin, viele Muschelschalen und eine kleine Schüssel voll mit dem feinsten weißen Sand, den ich je berührt habe, von Peros Banhos. Auch Olivier Bancoults Büro befindet sich hier, dessen Wände viele Fotografien zieren: Olivier mit Nelson Mandela (»Der Kampf geht weiter!«, sagte ihm der südafrikanische Präsident), mit Papst Johannes Paul II., mit vielen Chagossianern, die 2006 auf dem Kai in Port Louis warten, um eine britisch geführte »Nostalgietour« nach Chagos zu unternehmen.

Zu Hause bei Liseby in Port Louis esse ich mit der Familie und Freunden zu Mittag, Tintenfisch-Eintopf, eine köstliche Spezialität von Peros Banhos, die mit rotem *Eureka*, einem hiesigen Wein, serviert wird. Die IGH- und UN-Beschlüsse haben ihren Optimismus und ihre Entschlossenheit gestärkt. Sie strahlt, als sie sich an die Anhörungen im Großen Saal des Friedenspalastes erinnert, den Einzug der Richter, angeführt vom Präsidenten, einem »Schwarzen« aus Afrika.

»An diesem ersten Tag sah er mir in die Augen«, sagt sie. »Ich dachte: ›Vielleicht wird er etwas für uns tun.‹ Ich spürte etwas.«

Und am Tag des Urteils?

»Als wir uns hinsetzten, sah er mich wieder an, sah mir

direkt in die Augen, und so, wie er guckte, dachte ich: ›Alles wird gut.‹ «

Die Erinnerung bewirkt ein weiteres Lächeln – und eine Frage.

»Wird London seine Meinung ändern?«

Ja, aber nicht gleich jetzt. Auf stur schalten bedeutet *business as usual*, bis sich eine gesichtswahrende Gelegenheit ergibt.

Das in bahrainischem Besitz befindliche Telekommunikationsunternehmen Sure bietet weiterhin Telefon- und Internetdienste im Raum Chagos an. (Ohne eine Lizenz von Port Louis, die Dienste der Firma sind daher nach mauritischem Recht illegal.)

Sportsbet.io, eine Wettfirma, und viele andere Unternehmen verwenden mit britischer Unterstützung, aber ohne mauritische Genehmigung, weiterhin die .io-Domain, die dem Britischen Territorium im Indischen Ozean zugewiesen ist. London bestreitet, einen finanziellen Vorteil davon zu haben.

Die Prägeanstalt Pobjoy Mint, ein Familienunternehmen in Südengland, gibt weiter BIOT-Münzen aus. Im bislang letzten Prägejahr (2021) brachte sie etwa eine glänzende neue 50-Pence-Münze heraus, die auf einer Seite den Chagos-Anemonenfisch (Clownfisch) und auf der anderen die Queen zeigt.

Die angesehene Zoological Society of London (ZSL; jahrzehntelange Schirmherrin: Ihre Majestät die Königin) macht Werbung für ihre Meeresschutzaktivitäten im Chagos-Archipel und für künftige Expeditionen zu »einer der weltweit erstaunlichsten marinen Umwelten«. Der Geschäftsführer ist zufällig ein ehemaliger britischer Diplomat.

MRAG, ein bescheidenes britisches Unternehmen, leistet im Auftrag der britischen Regierung einen Beitrag zur Verwaltung des illegalen Meeresschutzgebietes von Chagos. Der Vorstandschef der Firma hat zufällig früher als leitender Wissenschaftler für die britische Regierung gearbeitet. Außerdem ist er Präsident der ZSL.

Aus Londoner Sicht gelten diese und andere Aktivitäten im Chagos-Archipel als rechtmäßig und profitabel. Doch die Weigerung, die mauritische Souveränität anzuerkennen oder die Rückkehr der Chagossianer zu unterstützen, hat ihren Preis: Großbritanniens Ruf als Hüterin internationaler Rechtsstaatlichkeit ist erschüttert. Wegen der Zwangsdeportation der 1960er-Jahre und der gegenwärtigen Weigerung, eine Rückkehr zu erleichtern, wird immer häufiger und nachdrücklicher der Vorwurf erhoben, es handele sich um ein »Verbrechens gegen die Menschlichkeit«. Der Vorwurf wurmt das britische Außenministerium gewaltig, das sich mit diplomatischen Verbalnoten und Stellungnahmen seitens seines Hochkommissars in Port Louis beschwert. Doch der Vorwurf erfährt Rückendeckung: Mit der Begründung, dass es sich um ein »Verbrechen gegen die Menschlichkeit« handeln könnte, erlaubt eine kürzliche Entscheidung von Richtern in Den Haag dem Ankläger des Internationalen Strafgerichtshofs, die Weigerung Myanmars zu untersuchen, den Rohingya die Rückkehr aus Bangladesch an ihre Heimatorte zu erlauben.

Und Großbritanniens internationale Rückendeckung für seinen Anspruch auf den Chagos-Archipel beschränkt sich auf eine Handvoll Staaten: Ungarn, Israel, die Malediven und Australien – mit seinem bescheidenen militärischen Kontingent auf Diego Garcia und einem Postamt – sowie die Vereinigten Staaten, obwohl die Position der USA zunehmen unhaltbar scheint. Präsident Bidens

Beteuerung, dass die Achtung des Rechtsstaatsprinzips einer der »am meisten geschätzten demokratischen Werte« seines Landes sei – ein Knüppel, um auf Russland (wegen seiner Besetzung der Krim und seines Krieges gegen die Ukraine) und China (weil es eine internationale Entscheidung zu seinen illegalen Aktivitäten im Südchinesischen Meer nicht beachtet) einzuschlagen –, klingt hohl. Die Haltung des »Nichtstuns« erlaubt diesen Staaten, jeden Angriff abzuschmettern: Was ist mit Chagos? Eine Norm für euch, eine für uns? Während Großbritannien Russlands widerrechtliche Besetzung der Ukraine beanstandet, besetzt es selber weiterhin widerrechtlich einen Teil von Afrika.

Die Vereinten Nationen für ihren Teil haben das Rechtsgutachten umgesetzt. Ein erster Schritt bestand darin, ihre Weltkarte zu ändern, die nun Chagos als unstrittigen Teil von Mauritius zeigt.

Die Ernährungs- und Landwirtschaftsorganisation der Vereinten Nationen, eine UN-Sonderorganisation, hat es abgelehnt, Großbritanniens Zustimmung zu einem auf seiner beanspruchten Souveränität über Chagos beruhenden Fischereivertrag zu registrieren.

Der Weltpostverein, eine andere Sonderorganisation, hat den Gebrauch von Postwertzeichen verboten, die von dem »ehemals als ›Britisches Territorium im Indischen Ozean‹ bekannten Territorium« ausgegeben wurden. Die im Jahr 2020 herausgegebene Briefmarke, die einen Pfauenkaiserfisch und die Queen zeigt, ist ein reines Sammlerstück.

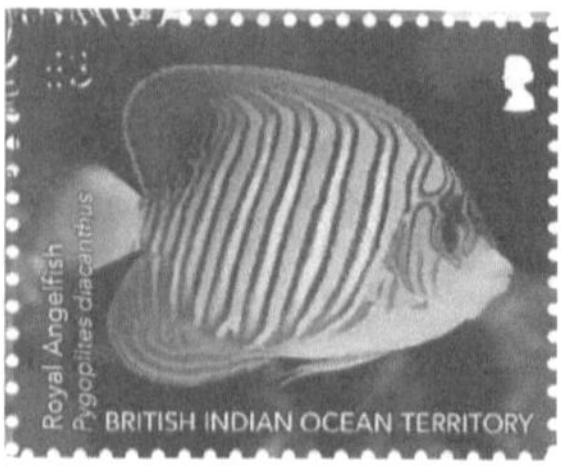

Andere UN-Organe werden folgen. Ebenso andere Regierungen und internationale Organisationen. Es sei nur eine Frage der Zeit, sage ich zu Liseby, so wie es das für Südafrika und seine widerrechtliche Besetzung Namibias war.

Auch Gerichte nehmen sich den IGH zum Vorbild. Nach dem Votum der Malediven gegen die UN-Resolution zu dem Rechtsgutachten bat Mauritius den Inselstaat, die Seegrenze mit Chagos abzustecken. Als die Malediven sich weigerten und Zuflucht zu Großbritanniens Anspruch nahmen, verklagte Mauritius sie am ISGH in Hamburg. Die Malediven forderten das Tribunal auf zu entscheiden, dass es die Gerichtsbarkeit nicht ausüben könne, weil es dabei über die Rechte eines unverzichtbaren Drittstaates entscheiden würde, der keine Partei in dem Fall sei. Man spricht hier vom »Währungsgold-Grundsatz« *(Monetary Gold Principle)*, zu Ehren einer IGH-Entscheidung aus den 1950er-Jahren. Der ISGH verwarf das Argument: Der Grundsatz gelte nicht, weil das Vereinigte Königreich weder Rechte noch Anspruch auf Chagos habe und keine unverzichtbare Partei sei, da die Beschlüsse des IGH »verbindlich« seien und »Rechtskraft« hätten, eine Schlussfolgerung, die durch das Versäumnis Großbritanniens, zu dem von der UN-Generalversammlung angeordneten Termin von Chagos abzuziehen, bekräftigt wurde. Während ich dies schreibe, geht der Fall vor dem ISGH weiter, der die Seegrenze abstecken wird. Kurz, die Malediven werden eine abgesteckte gemeinsame südliche Grenze mit Mauritius und Afrika haben, nicht mit Großbritannien.

Londons Reaktion auf die Entscheidung ist reines *Alice im Wunderland*. Das ISGH-Urteil habe für Großbritannien »keine Rechtskraft«, informierte ein Minister das britische Parlament, dem es freistehe, eine eigene Seegrenze auszuhandeln, zwischen »BIOT« und den Malediven.

»Was ist zu tun?«, fragt Madame Elysé während unseres Mittagessens, als wir auf einem Sofa in ihrem wunderbar rosaroten Wohnzimmer voller Familienfotos und mit einem Porträt der Queen, für die sie eine Schwäche hat, sitzen.

»Großbritannien wird die rechtlichen und politischen Realitäten anerkennen«, sage ich, »Mauritius wird seine Souveränität ausüben.« Meine Hoffnung ist, dass die beiden Länder in eine langfristige strategische Beziehung eintreten werden, eine, die den US-Stützpunkt auf Diego Garcia beibehält und den Chagossianern die Rückkehr erlaubt. »Sie werden wieder nach Peros Banhos zurückkönnen, eines Tages.«

»Ich empfinde *chagrin*, Kummer, gebe aber die Hoffnung nicht auf.« Sie hält inne. »Die Engländer? Es tut weh, dass sie uns so behandelt haben, wie sie es noch tun, dass sie uns weiter leiden lassen.« Stets pragmatisch und vernünftig, versteht sie nicht, warum sie ihr nicht schon jetzt helfen wollen sollten zurückzukehren.

»Eines Tages werden wir zusammen dorthin reisen, ich verspreche es.«

»Ahhh«, seufzt sie, »Ahhh. Das wäre schön, wirklich schön.«

* * *

Schon wenige Wochen später, am Tag vor Weihnachten, telefoniere ich mit Liseby, um ihr die Neuigkeit mitzuteilen, dass wir bald zusammen nach Peros Banhos werden reisen können.

»Ich bin begeistert«, sagt sie, »und gerührt.«

Ermöglicht worden ist die Reise durch die Klage gegen die Malediven in Hamburg und eine das Blenheim Reef betreffende Angelegenheit, nämlich die Frage, ob überhaupt und wenn ja, wie oft, irgendein Teil des Atolls teilweise über dem Wasser liegt. Mauritius hat dem Vereinigten Königreich mitgeteilt, dass man eine wissenschaftliche Vermessung des Riffs und seiner Verbindung mit den Salomon Islands durchführen wolle. Die dabei gewonnenen Informationen würden dem ISGH beim Abstecken der Seegrenze helfen. Aufgefordert zu bestätigen, dass es die Vermessung nicht behindern werde – und mit weiteren Gerichtsverfahren rechnen müsse, falls doch –, gibt die britische Regierung nach. Man werde die Vermessung nicht behindern, heißt es aus London.

Der Schutz, den das Verfahren vor dem ISGH bietet, hat es Liseby, ihren vier chagossianischen Mitstreitern und mir ermöglicht, uns auf dem Kai in Mahé zu treffen, um gemeinsam an Bord der *Bleu de Nîmes* zu gehen. Nach drei Tagen auf See feiern wir unsere Passage in die Gewässer von Mauritius, die ausschließliche Wirtschaftszone, die sich 200 Seemeilen westlich von Peros Banhos erstreckt. Unerklärlicherweise verliert ungefähr hier das Schiff seine Internetverbindung, womit die Kommunikation der Passagiere mit der Außenwelt abgeschnitten wird. Kapitänin Mascia Poma – einer der wenigen weiblichen Schiffskapitäne auf der Welt – sagt uns, das sei noch nie vorgekommen. Zum Glück haben die Journalisten Satellitentelefone und eine eigene Schüssel, die Übertragungen ermöglicht.

Am folgenden Tag späht Liseby ungefähr acht Meilen vor Peros Banhos durch ein Fernglas, um ihren Geburtsort zu sehen, die sandige Uferzone und die Palmen der Île du Coin, das Riff, an dem sich die Wellen brechen. Die Nähe zum Land beschert Vögel: Arielfregattvögel, Sturmtaucher, Raubmöwen, Seeschwalben und einen Albatros.

Kapitänin Poma steuert das Schiff langsam durch die enge Durchfahrt, welche die Île Poule und die Île Petite

Sœur voneinander trennt, und weiter in eine unberührte Lagune, deren Wasser verschiedene Blautöne zeigt und die von einem Saum dunkelgrüner Inseln und Inselchen umschlossen ist. Die großartige Schönheit dessen, was wir sehen, kann wohl kaum übertrieben geschildert werden – ein Ökosystem in seinem herrlichen, natürlichen Zustand, wie es 1837 war, auf der von der britischen Admiralität erstellten Seekarte. Der Anker wird geworfen, zwei Kabellängen vom Strand entfernt, Liseby steht auf dem Oberdeck und deutet auf die Stelle, wo ihr Haus war. Sie strahlt über das ganze Gesicht, ihre Augen tanzen. Zwei kleinere Boote werden zu Wasser gelassen, und ich steige zu den Journalisten in das erste Boot, das losfährt, um die Rückkehr der Chagossianer zu filmen, auf einem amphibischen Landungsboot, einer bescheidenen Ausführung der Boote, die bei den D-Day-Landungen in der Normandie 1944 benutzt wurden. Ein am Bug stehender Navigator lotst das Boot um die Felsen und Korallenriffe herum, die sich auf dem sandigen Grund der Lagune befinden. An den Überresten des langen alten Anlegers drehen wir bei, die verrosteten, zerbrochenen Schienen sind zu sehen, die Räder der kleinen Karren, die unter der Wasseroberfläche liegen. Olivier geht als Erster von Bord, und er sinkt auf die Knie; Liseby bückt sich, um eine Handvoll Sand zu greifen, der ihr durch die Finger rieselt. Die fünf stehen zusammen im Gebet und halten einander an den Händen. Ich gestehe, dass ich weine.

Es gibt Arbeit zu tun. Eine steinerne Gedenktafel, die an den Besuch im Jahr 2006 erinnert, wird wegen der Erosion auf höheres Gelände gewuchtet. Dann marschieren wir los, um uns die alten Gebäude anzusehen, vorbei an den Brunnen, welche die Verfügbarkeit von Süßwasser bestätigen, durch die dichte, üppige feuchte Vegetation, um die sprießenden Kokospflanzen und riesige abgefallene Blätter herum. Wir verbringen eine Weile in der kleinen Kirche, in der Liseby, Marcel und Olivier getauft wurden, werfen alte Kokosnüsse und vertrocknete Palmblätter nach draußen, hacken den Bewuchs weg, um die Rundung des Kirchenschiffs freizulegen; die Kirchenmauern sind massiv, aber gelb und grün vom tropischen Schimmel. Gegenüber der Kirche steht das Haus des Verwalters, mit Hilfe der alten Fotografie, die ich mitgebracht habe, leicht wiedererkennbar anhand der beiden Steinsäulen, die den Eingang markierten, und der 18 Stufen der steinernen Treppe, die früher zum ersten Stock hinaufführte.

Das hölzerne Obergeschoss ist verschwunden, zusammen mit dem hellroten Wellblechdach, jetzt ein Haufen Rost. Hinter dem Haus steht ein Nebengebäude, der Toilettensitz aus Beton ist noch erhalten und fungiert als Dach für das Zuhause eines großen, wehrhaften und gereizten Krebses, dem sogenannten Palmendieb. Die Wurzeln eines gewaltigen Banyanbaums haben die steinernen Stufen überwuchert, umgeben von Schutt aus fünf Jahrzehnten: vermodernden Balken, Eisenzäunen, alten Kokosnüssen und vertrockneten Palmblättern. Die Natur hat die koloniale Zivilisation zermalmt.

Am nächsten Tag besuchen wir die zu den Salomon Islands gehörende Île Boddam, wo Rosemonde 1954 geboren wurde. Sie führt uns durch den Palmendschungel zu den vielen Gebäuden, die noch vorhanden sind, auch wenn keines mehr ein Dach hat: die Esse, wo der Schmied arbeitete; die 1935 erbaute Kirche, in der sie getauft wurde, wo nur ein einziger hölzerner Fensterrahmen mit zwei hellgrünen Buntglasscheiben noch an seinem Platz ist; das Gefängnis mit den drei Zellen. Der Rundgang geht weiter, zu den Überresten des Kinderhorts und genau zu dem Zimmer in dem Krankenhaus, in dem sie 1972 ihr erstes Kind, William, zur Welt brachte, kurz bevor sie zwangsumgesiedelt wurde. Später, nach einem kurzen Platzregen, finden wir auf dem Friedhof den Grabstein von Madame Yvon Dyson, geb. Denise Rose, die am 14. März 1955 mit 27 Jahren starb. »Sie war die Hebamme, die mich auf die Welt brachte«, sagt Rosemonde, aber Madame Yvon starb bald danach, als sie selber entband. In der Nähe das Grab von Madame William Macintyre, geb. Rachel Chauvin, Ehefrau des Verwalters der Insel, die 1923 starb. Etwas weiter ruht Dookie, der diese Welt im März 1880 verließ.

Später stoßen wir auf ein altes Metallschild, weiß gestrichen, mit rotem Rand. Unterzeichnet vom »Vertreter des BIOT-Kommissars«, warnt es Unbefugte vor Strafverfolgung. Das Schild, Mahnzeichen einer längst vergangenen Epoche, wird heruntergerissen, vielleicht um irgendwann in einem Museum zu enden. Bevor wir die Insel wieder verlassen, gibt es eine spontane Zeremonie zur Beschwörung des Andenkens der Ahnen, bei welcher am Ende der Pier, oder besser ihrer Überreste, an dem alten Fahnenmast die mauritische Flagge gehisst wird.

Am dritten Tag kehren wir zur Île du Coin zurück. Noch eine Gedenktafel wird aufgestellt, eine Flagge gehisst, eine spontane Zeremonie abgehalten, alle wechseln Worte miteinander. Es sei erstaunlich, sage ich, dass wir ohne drei internationale Tribunale und die Entscheidungen von ein paar Dutzend Richtern zu Völkerrechtsfragen nicht hier auf Peros Banhos wären. Es folgt ein Mittagessen am Strand, während Marcel und Rocco, ein italienisches Besatzungsmitglied, Krebse jagen. Liseby hockt sich auf den langen, schlanken, festen Stamm einer uralten Palme, der quer über den Sand gestürzt ist und nun über dem blauen Wasser schwebt. Sie wippt auf und nieder und lacht. »Wie als ich hier lebte«, ruft sie.

Sie wird sachte auf dem Sand tanzen, stundenlang, zum Rhythmus ihrer Lieblingslieder, »Peros Vert« und »Grand Maman Chagossien«, im Einklang mit Olivier, Marcel, Suzelle und Rosemonde, der engsten aller engen Gruppen. Am Nachmittag machen wir uns auf einem der kleinen Boote auf, um den Friedhof am Ende der Insel, die nur einen Kilometer lang und ein paar hundert Meter breit ist, zu finden und dort aufzuräumen. Der Platz ist ruhig, einer der raren Flecken, über die sich die Palmen nicht ausgebreitet haben, wie aus Respekt. Umfriedet von den Überresten einer niedrigen Steinmauer und vom Strand durch eine Reihe Palmen getrennt, reichen die Grabsteine bis ins 19. Jahrhundert und noch weiter zurück. Die meisten Namen sind durch Zeit und Feuchtigkeit abgewaschen worden. Olivier findet das Grab seines Großvaters, Alfred Elysé, der Lisebys Schwiegervater war und Marcel das Fischen beibrachte. Die drei säubern das Grab, legen frische Blumen hin und bringen ein kleines schwarzes Metallkreuz an.

Der Friedhof vermittelt einen Eindruck von Ordnung, von Gemeinschaft und Dauerhaftigkeit. Es ist ein Ort der Erinnerung und Vorstellungskraft, einer, der die Schrecklichkeit der Empfehlung des Anwalts aus dem Foreign Office unterstreicht, dass Großbritannien nach Belieben verfahren dürfe, da Liseby und die anderen Bewohner bloß Durchreisende seien, Menschen, die nicht wirklich zu Chagos »gehören«. Es geht nichts darüber, selber an einem Ort zu sein, um das wahre Ausmaß einer entsetzlichen Ungerechtigkeit begreifen zu können.

Unseren vierten Tag verbringen wir größtenteils in der Nähe des Blenheim Reef. Wir haben inzwischen bemerkt, dass uns zwei Schiffe seit drei Tagen ziemlich offenkundig beschatten, aber ihre Lichter und das Automatische Identifikationssystem (AIS) ausgeschaltet haben. Doch spät in der Nacht bemerkt ein aufmerksames Besatzungsmitglied, dass eines der Schiffe sein AIS kurz eingeschaltet hat, so dass eine Identifizierung möglich ist. Es handelt sich um die *Grampian Frontier*, ein von der »BIOT«-Verwaltung gechartertes Schiff unter britischer Flagge.

Kapitänin Poma ruft das Schiff über Funk, und nach einem Austausch von Begrüßungen und Positionen fragt sie: »Was ist Ihr Einsatzzweck im Chagos-Archipel?«

Der UKW-Sender knistert, dann antwortet eine irische (oder vielleicht nordirische) männliche Stimme:

»*Bleu de Nîmes*, hier spricht *Grampian Frontier*, wir führen Fischereipatrouillen in dem Gebiet durch.«

»Danke, dann passen Sie gut auf, Captain.«

»Verstanden, Ma'am, bleiben auf Empfang, Ende.«

Der kurze Wortwechsel ist interessant. Über ein Gebiet von Hunderten Quadratmeilen gibt es keine anderen Schiffe, und wir betreiben ganz offensichtlich keinen illegalen Fischfang. Großbritannien hat völkerrechtlich kein Recht, Fischereiaktivitäten in den Hoheitsgewässern von Mauritius, in denen wir uns hier befinden, zu überwachen. Und wie Kapitänin Poma scharfsinnig bemerkt, als eine von einer Handvoll Kapitäninnen weltweit werde sie stets mit »Captain« oder »Sir« angesprochen, niemals mit »Ma'am«.

»Die wissen genau, wer wir sind und was wir hier machen!«, sagt sie verschmitzt. »Es ist eine Schachpartie.«

Die Reise endet mit einem dritten und letzten Abstecher zum Blenheim Reef. Das Atoll ist riesig, eine Lagune innerhalb des Kraterrands eines längst erloschenen Vulkans, die eine Fläche bedeckt, die doppelt so groß ist wie der Londoner Stadtbezirk City of Westminster. Bislang haben wir ein paar Wale und zahlreiche Haie gesichtet, und Marcel hat uns mit seinen Fischfangkünsten vom Heck des Schiffes aus in seinen Bann gezogen, nachdem er einen Thunfisch, einen Zackenbarsch und mehrere Red Snapper gefangen hat. Doch nichts geht über das Hochgefühl beim Anblick der zehn Delfine, die im und aus dem Wasser tänzeln, als wir Blenheim umschiffen, und mit uns und unserem kleinen Schiff spielen.

Innerhalb der Lagune des Riffs haben die schwedischen und mauritischen Wissenschaftler Instrumente platziert, um die Meerestiefe im Zeitverlauf, das Auf und Ab der Gezeiten zu messen. Sie haben viele kleine Felsen gekennzeichnet, die zu verschiedenen Tageszeiten aus dem Wasser ragen, und zwei Drohnen über das gesamte Gebiet fliegen lassen, um eine dreidimensionale Karte zu erstellen. Sie suchen nach den höchsten Punkten auf dem Riff und nach Anzeichen dafür, dass irgendein Teil davon austrocknet, was Mauritius das Recht auf mehr Ozean geben könnte. Genau so ein Stück entdecken wir an unserem letzten Vormittag, was für beträchtliche Aufregung sorgt: ein ansehnlicher sandiger Abschnitt, durchlöchert von kleinen Felsen. Es ist 6 Uhr 30 morgens.

»Wir sollten eine Flagge draufsetzen!«, schlägt Ola Oskarsson vor, der schwedische Meeresexperte, der die wissenschaftliche Expedition leitet.

»Gute Idee«, pflichtet UN-Botschafter Koonjul bei. Zehn Minuten später sind Ola und Tomas zurück in ihren weißen Overalls, und Rezah schließt sich ihnen an – drei

Wissenschaftler, die in dem kleinen roten Dinghi über das Riff zu dem Flecken Sand fahren. Die Meeresgutachter werden die Lage mit präzisen Instrumenten erfassen, eine weitere Flagge hissen, die Hymne von Mauritius singen, Fotos machen. Wir sind überzeugt, dass es die ersten Bilder sein werden, die jemals von diesem außergewöhnlichen, in Kürze trocken werdenden Fleckchen Riff im Indischen Ozean gemacht wurden.

»Eine Offenbarung«, nennt Ola es.

Es ist eine schöne Art, unsere fünf Tage im Chagos-Archipel zu beenden, auf die sechs weitere auf rauerer See folgen, die unsere Rückkehr zu den Seychellen verlangsamt. Die Reise hat die Vorstellungen Lügen gestraft, dass die Inseln in den 1960er-Jahren keine dauerhafte Bevölkerung hatten oder dass sie heute unbewohnbar seien. In Begleitung von Marcel würde es uns auf jeder dieser Inseln einfach nur gut gehen, und beim Erhalt der historischen Gebäude und Friedhöfe und bei der dauerhaften Befreiung der Inseln von Plastik und anderem Gerümpel und Abfall, die heute in Chagos reichlich vorhanden sind, würden wir weit bessere Arbeit leisten als Großbritannien.

Es fällt mir schwer, das Gefühl der Wut über das hier verübte Unrecht zu unterdrücken. Liseby jedoch ist stoisch wie eh und je. Während sie mit Marcel auf dem Deck des Schiffes sitzt, schwelgen beide in Kindheitserinnerungen, Verstecken mitten unter Palmen, Mama-und-Papa-Spielen.

»Marcel war schon damals ganz derselbe. Fleißig, fleißig, fleißig!«, erzählt sie.

»Und Liseby?«, frage ich.

Marcel zeigt ein zauberhaftes, liebliches Grinsen, eines, das jeden Winkel seines Gesichts überzieht.

»Dieselbe. Rund, rund, rund.«

Er steht auf, bläht seinen Körper auf, bückt sich, um sich kleiner zu machen, und hüpft watschelnd davon.

Wir lachen lauthals, er drückt seine Finger gegen Lisebys Stirn, eine lebenslange Zuneigung.

»Darf ich eine Sache fragen?«, meint Marcel.

»Ja, klar.«

»Wenn wir die Île Poule passieren, könnten wir anhalten, nur für eine Stunde, damit ich fischen kann?«

»Ja«, antwortet Liseby. »Eine gute Idee. Ich kann bei dir sitzen. Das wird nett.«

»Eine Zivilisation, die Schindluder treibt mit ihren Prinzipien, ist eine sterbende Zivilisation.«
Aimé Césaire, Discours sur le colonialisme, 1955

POSTSKRIPTUM

Im November 2022, zwei Wochen nach Erscheinen der englischen Ausgabe dieses Buches, verkündete die britische Regierung einen Kurswechsel. »Das Vereinigte Königreich und Mauritius haben beschlossen, Verhandlungen über die Ausübung der Souveränität« über den Chagos-Archipel zu beginnen, berichtete Außenminister James Cleverly dem Parlament. Die erfreuliche Mitteilung folgte auf ein Treffen bei den Vereinten Nationen wenige Wochen zuvor zwischen der britischen Premierministerin Liz Truss und dem mauritischen Premierminister Pravind Jugnauth, der in der Nationalversammlung eine gleichlautende Erklärung abgab.

Der britische Außenminister erklärte, dass die Verhandlungen darauf abzielten, »eine Vereinbarung auf der Grundlage des Völkerrechts zu erzielen, um alle unerledigten Probleme zu lösen«, wobei »relevante Gerichtsverfahren« zu berücksichtigen seien – ein Verweis auf das Rechtsgutachten des Internationalen Gerichtshofs von 2019 und das Urteil des Internationalen Seegerichtshofs von 2021. Die Absicht sei, binnen Monaten zu einer Übereinkunft zu gelangen.

Ein paar Tage später begannen die Verhandlungen. Während sie im Gange waren, veröffentlichte Human Rights Watch einen Bericht über Chagos. Dieser kam zu dem Schluss, dass die Zwangsdeportationen der Chagossianer »Verbrechen gegen die Menschlichkeit gleichkommen, die bis heute weitergehen«, das Ergebnis »wohlüberlegter staatlicher Politik« durch Großbritannien und die Vereinigten Staaten, die ihren Ursprung auf »auf höchsten Ebenen« habe.

Human Rights Watch verlangte, dass dem chagossianischen Volk die Rückkehr erlaubt werde, mit einer gewissen Autonomie oder Selbstregierung in ihren inneren oder lokalen Angelegenheiten, und dass Großbritannien und die Vereinigten Staaten »dem chagossianischen Volk vollständige, bedingungslose und wirkungsvolle Entschädigung« leisten. Außerdem appellierte die Organisation an Großbritannien, dafür zu sorgen, dass Personen, die für die Verbrechen gegen die Menschlichkeit verantwortlich seien, zur Rechenschaft gezogen werden.

Jetzt, wo Verhandlungen im Gange sind, während ich diese Zeilen schreibe, mag es endlich einen echten Grund für Optimismus geben, dass die Dekolonisierung von Mauritius bald vollendet, die territoriale Integrität des Landes festgeschrieben und die Achtung vor dem Rechtsstaatsprinzip wiederhergestellt werden könnten.

»Ich bleibe dabei, ich muss auf die Insel zurückkehren, auf der ich geboren wurde«, hatte Liseby Elysé den Richtern des Internationalen Gerichtshofs gesagt, »an den Ort, an dem ich geboren wurde, und auf meine Heimatinsel.«

»Ich werde zurückkehren«, sagte sie mir vor ein paar Tagen, als wir in Port Louis zum Klang von »Peros Vert« tanzten, mit einer Zuversicht und einem Lächeln, die mir das Herz erwärmten.

London, 12. Februar 2023

DANK

Beim Schreiben dieses Buches habe ich von den Ideen und Beiträgen zahlreicher Kollegen und Freunde im Lauf der Jahre profitiert; ihnen möchte ich meine tiefe Dankbarkeit ausdrücken. Zugleich möchte ich klarstellen, dass für sämtliche Fehler, Irrtümer oder ungeschickten Formulierungen ich allein verantwortlich bin.

Es war eine Ehre, so viele Angehörige der bemerkenswerten chagossianischen Gemeinschaften in Mauritius und London kennenzulernen, die so großherzig und aufgeschlossen sind. Liseby Elysé und Olivier Bancoult sind beeindruckende, couragierte Persönlichkeiten, und sie und ihre Familien haben mir viel über Geduld, Würde und Mut beigebracht. Mein Dank gilt außerdem Gianny Steven Augustin, Jessica Bancoult, Marilyne Bancoult, Aaron Salomon Bancoult Veerabadren, Evelyna Bancoult Veerabadren, Eliane Baptiste, Suzelle Baptiste, Rosemonde Berthin, Joseph Silvy Bertrand, Bashir Ebrahimkhan, Billy Winsley Furcy, Marie Mimose Furcy, Janine Sadrien und Rosemond Samynaden.

Meine Beziehung zu Chagos ist die Folge eines beruflichen Engagements, und ich bin Navin Ramgoolam, dem verstorbenen Sir Anerood Jugnauth und Pravind Jugnauth zu Dank verpflichtet, dass sie ihr Vertrauen in mich setzten. Ihre Führungsqualitäten und die Unterstützung durch ihre Teams waren inspirierend. Mauritius und seine Menschen haben Glück, die Unterstützung von Staatsdienern erster Güte zu besitzen, und es war eine Ehre und ein Glück, mit so vielen von ihnen zusammenzuarbeiten, in Port Louis und anderswo. Mein besonderer Dank gilt hier Nayen Ballah, Dheeren Dabee Jagdish Koonjul, Milan Meetarbhan, Aruna Devi Narain, Rajesh Ramloll, Sateeaved Seeballuck, Suresh Seeballuck und Martine Young Kim Fat.

Ursprünglich angestoßen durch eine Einladung, eine Reihe von Vorträgen zu halten, danke ich dem Präsidenten und den Mitgliedern des Kuratoriums der Haager Akademie für Völkerrecht sowie ihrem Generalsekretär, Marc Thouvenin, und den Mitarbeitern, dass sie mir diese Gelegenheit boten.

Unser juristisches Team – von London bis Washington, von Delhi bis Montreal – ist im Lauf der Jahre mehr oder weniger gleich geblieben. Mein besonderer Dank geht an Paul Reichler für seine Führungsqualitäten und Kollegialität und an Remi Reichhold für ein Engagement, das weit über die Pflichten einer Freundschaft hinausgeht. Ebenso danke ich Matt Craven, Pierre d'Argent, Douglas Guilfoyle, Christina Hioureas, Ruth Kennedy, Sydney Kentridge, Pierre Klein, Andrew Loewenstein, Alison Macdonald, Sean Murphy, Yuri Parkhomenko und Anjolie Singh sowie Nancy Lopez für administrative Unterstützung, Scott Edmonds, Alex Tait und Vickie Taylor für die Kartographie und Paul Venables bei Matrix Chambers für unendliche Hilfe.

Viele weitere Anwälte haben zu den in diesem Buch erzählten Geschichten beigetragen. Mein Dank gilt hier Dapo Aklande, Carlos Arguello, Caleb Christopher, John Dugard, Shotaro Hamamoto, Ben Juratowich, Likando Kalaluka, Marcelo Kohen, Robert McCorquodale, Pauline Mcharo, Alina Miron, Namira Negm und Jennifer

Robinson sowie dem Andenken an Dewa Mavhinga von Human Rights Watch. Meine Anerkennung möchte ich auch den vielen ausgezeichneten Gegnern in dieser Zeit aussprechen, die durch ihre jeweilige Rolle einen Beitrag zur Idee der Rechtsstaatlichkeit geleistet haben.

Über Den Haag hinaus danke ich Arshan Barzani, Daniel Bethlehem, Douglas Blausten, Owen Bowcott, Alan Boyle, Ian Brunskill, Richard Burt, Fran Burwell, James Cameron, Sara Collins, Jeremy Corbyn MP, Duncan Currie, Elizabeth de Santo, Agnès Desarthe, Richard Dunne, Adriana Fabra, Richard Gifford, Andrew Harding, Afua Hirsch, Ben Jaffey, Andrew Jampoler, Peter Jones, Iain Macleod, Sindiwe Magona, Diana Matar, Hisham Matar, dem verstorbenen Thomas Mensah, Andrew Mitchell MP, Cullen Murphy, Lisa Nandy MP, Sandeep Parmar, Nigel Pleming, Andrew Sanger, Haroon Siddique, Gerry Simpson, David Snoxell (und der parteiübergreifenden parlamentarischen Gruppe der Chagos-Inseln [Britisches Territorium im Indischen Ozean]), Nick Timothy, Peter Tomka, Tom Tugendhat MP, David Vine, Michael Waibel, Nigel Wenban-Smith und Abdulqawi Yusuf. Mein Dank geht außerdem an all meine Kollegen an der Juristischen Fakultät des University College London für ihre Unterstützung und Nachsicht, allen voran Dean Piet Eekhout, und an alle Kollegen und Mitarbeiter bei Matrix Chambers 11 KBW.

In London hat mir über viele Jahre Luis Viveros Montoya als wissenschaftlicher Mitarbeiter außerordentliche Dienste geleistet. Bei den Illustrationen mit Mark Rowson und bei der englischsprachigen Hörbuchfassung mit Adjoah Andoh zusammenzuarbeiten war eine wundervolle Erfahrung.

Auf der *Bleu de Nîmes* während der Reise nach Chagos

gilt mein tiefer Dank Kapitänin Mascia Poma und ihrer wunderbaren Crew, allen voran Oguz Aybec, Michele Celentano, Ozan Degirmeci, Giorgio Mercenaro, Rocco Zullino und dem Koch Luca Strafella und all unseren Mitreisenden, nicht zuletzt Rezah Badal, Ed Habershon, Tomas Mennerdahl, Ola Oskarsson, Stuart Phillips und Bruno Rinvolucri.

Jenny Lord, meine Lektorin bei Weidenfeld & Nicholson, bot andauernde, intelligente und präzise Unterstützung, ebenso mein Korrektor Richard Mason, dazu Georgia Goodall, Cait Davies, Katie Espiner und Maura Wilding. Bei Alfred Knopf schätze ich mich glücklich, mit Vicky Wilson zusammenzuarbeiten. Meine Agentinnen Georgia Garret und Melanie Jackson sind mehr, als irgendein Autor sich erhoffen könnte.

Zu Hause vergeht kein Tag, an dem ich nicht meinen Glückssternen für ein gemeinsames Leben mit Natalia Schiffrin danke, die dafür sorgt, dass ich auf dem Boden der Tatsachen bleibe, die jedes Wort liest, mir ständig zur Seite steht und dabei eine kritische, unerlässliche und wunderbare Partnerin ist. Mein Dank gilt auch meiner Familie – meinen Eltern, meinen Kindern und meinem Bruder – für ihre Liebe und Unterstützung.

Zum Schluss möchte ich den beiden Menschen meine tiefe Dankbarkeit ausdrücken, denen dieses Buch gewidmet ist und die beide in den letzten Monaten verstorben sind, nachdem sie mir ein halbes Leben lang Kollegialität und Liebe geboten haben, ohne dass jemals ein böses Wort gefallen wäre.

Louise Rands hat über 30 Jahre jedes Interview, das ich jemals geführt habe, transkribiert, jedes Manuskript, das ich geschrieben habe, getippt und korrigiert sowie mir Rückmeldung zu Figuren und Themen gegeben und Ideen beigesteuert und dabei stets meinen Horizont erweitert. Dass ich von solchen profunden Beiträgen profitieren durfte, ist gar nicht hoch genug einzuschätzen; dass all das einherging mit Herzlichkeit, Intelligenz, Humor und seelischem Großmut, ist darüber hinaus ein Segen. Die Reise, die wir gemeinsam unternommen haben, bedeutet mir mehr, als Worte jemals ausdrücken könnten.

Noch länger hat mir James Crawford mit seinem besonderen australischen Temperament in großzügiger Weise seine einzigartige Freundschaft geschenkt und mir intellektuell und beruflich den Weg gewiesen. Seit wir uns 1987 zum ersten Mal begegneten, lehrte er mich Unabhängigkeit, Integrität und Prinzipien und ermutigte mich, nur Rechtssachen anzunehmen, die einem wichtig sind. Und er vermittelte mir ein Gefühl dafür, was es heißt, in und gemeinsam mit einem Team zu arbeiten. Es war James, der mir eine erste Chance bot, vor dem Internationalen Gerichtshof zu arbeiten, und ich bezweifle, dass sich mir ohne ihn die Gelegenheit geboten hätte, die Themen Chagos und Selbstbestimmung zu bearbeiten. Die in diesem Buch erzählten Geschichten – und das juristische Ergebnis – sind in vielerlei Hinsicht Teil seines außerordentlichen Vermächtnisses.

Ich werde euch beide sehr vermissen.

BILDNACHWEIS

Seite	*Abbildung*
Cover	Peros Banhos, der Anlegesteg, 1960er-Jahre
13	Der Chagos-Archipel
14 f.	Chagos in der Welt
16	Karte von Peros Banhos, 1837
22	Liseby Elysé, Standfoto aus dem Video, IGH, 3. September 2018
33	Ralph Bunche, fotografiert von Carl Van Vechten, 1951 (© Alamy / Science History Images)
49	Peros Banhos, Residenz des Verwalters, 1960er-Jahre
53	Kinder auf Chagos, 1960er-Jahre
59	Percy Spender, Richter, IGH, 1960er-Jahre
85	Britische Diplomaten-Depesche (»Freitage«), 24. August 1966 (© The National Archives, UK)
90	Liseby und France Elysé, Port Louis, 1974
101	Bob Hope, Diego Garcia, 1971
115	Wandgemälde von Clément Siatous, Haus von Liseby Elysé, Port Louis, 2021
119	»Verbrechen gegen die Menschlichkeit«, Demonstration, Port Louis, 2004 (© John Pilger, Stealing a Nation)
157	Friedenspalast, Den Haag, ca. 1913 (© C. J. de Gilde / Carnegie Foundation / Peace Palace)
172	Luftaufnahme, Diego Garcia, 1970er-Jahre (© Andrew Jampoler / LTJG Steve Newberry / USN)

181	Mauritius-Briefmarke, Anerood Jugnauth und Sir Seewoosagur Ramgoolam, 1990 (© Shutterstock/Olga Popova)
209	Abdulqawi Yusuf, Richter, IGH, 2018
223	Darstellung der Chagos Refugee Group (CRG), Resource Centre, Port Louis, 2021
236	BIOT-Briefmarke, Pfauenkaiserfisch, 2021
241	Banyanbaum, Peros Banhos, Februar 2022
247	Liseby Elysé, wieder zu Hause, Île du Coin, Peros Banhos, 12. Februar 2022

ANMERKUNG DES ILLUSTRATORS

MARTIN ROWSON

Im Herbst 2018 waren Philippe und ich zufällig Tischnachbarn bei einem Abendessen, das auf die Verleihung des PEN Pinter Prize folgte. Philippe war in seiner Eigenschaft als Präsident des englischen PEN dort, während ich die Karikatur jedes Pinter-Preisträgers (dargestellt als Mitglied von Harold Pinters Cricket-Team) beisteuerte, die den glücklichen Gewinnern jeweils anstatt einer Medaille überreicht wurde. Beim Essen erzählte Philippe mir von einer Reihe wissenschaftlicher Vorträge, die er in Den Haag halten sollte. Er erwähnte, dass er überlege, das Ganze als Comic oder Bilderbuch zu präsentieren, und fragte, ob ich irgendwelche guten Comicbuch-Künstler kennen würde. Ich antwortete, vielleicht ein wenig unbescheiden, dass der einzige, den ich kennen würde, der dieser wichtigen Aufgabe gewachsen wäre, ich selber sei. Dies war die Geburtsstunde einer wunderbaren und unverhofften Zusammenarbeit.

Nach mehreren Monaten, während derer wir unseren jeweiligen Brotberufen nachgingen, nahmen in Philippes Kopf allmählich Ideen Gestalt an, und schließlich (und dankenswerterweise, in Anbetracht der Zeit und Arbeit, die damit verbunden gewesen wäre) verflüchtigte sich die Idee einer in aufeinanderfolgenden Einzelbildern als *Gra-*

phic Novel erzählten Geschichte zugunsten dessen, was Sie gerade gelesen haben: Philippes Text, dessen einzelne Großkapitel jeweils von einer anschaulichen Darstellung eingeleitet werden, welche die Geschichte der Dekolonisierung und die missliche Lage der Chagossianer, verkörpert von Madame Elysé, schildert. Meine Aufgabe war es, in jedem Bild eine Reihe sich vermischender Geschichten zu erzählen: den Verlauf einer juristischen Auseinandersetzung; die sich entfaltende Geschichte und Rolle des Internationalen Gerichtshofs, einschließlich einiger richtungsweisender Fälle und des Stroms historischer und geopolitischer Zeitumstände, unter denen das Gericht verhandelte; den sich beschleunigenden Prozess der Dekolonisierung seit dem Ende des Zweiten Weltkriegs im Kontext fortwährender, durch den europäischen und dann den amerikanischen Imperialismus verübter Ungerechtigkeiten. Und all dies vor dem Hintergrund der schleppenden rechtlichen Verankerung der Menschenrechte und des Aufkommens der Idee des Völkerstrafrechts.

Ich denke, Sie werden mir zustimmen, dass das eine ganze Menge ist, um es in sechs Zeichnungen zu packen, und lange Zeit mühte ich mich mit der Möglichkeit der Visualisierung eines erzählerischen Bindeglieds zwischen den Bildern ab. Dann, am 6. März 2021, nachdem ich angefangen hatte, Philippes im Entstehen begriffenen Text noch einmal zu lesen, und wieder einmal auf der Suche nach Inspiration war, stand mir die generelle Herangehensweise plötzlich klar vor Augen. (In meiner Branche geschieht oft genau das: Man hat einen plötzlichen Moment der Erleuchtung.)

Jede Zeichnung sollte das Bühnenbild eines Gerichtssaals zeigen, mit den Richtern auf den die Szene beherrschenden Plätzen in der Mitte. Jeweils zu ihrer Linken und Rechten würden die historischen Akteure platziert werden, sie säßen einander auf Anklagebänken gegenüber. Die erste Zeichnung zeigt den Internationalen Militärgerichtshof in Nürnberg, den ersten internationalen Strafgerichtshof überhaupt, der über »Verbrechen gegen die Menschlichkeit« und andere Gräuel richtete. Auf der Anklagebank auf der rechten Seite des Bildes sitzen die Nazi-Angeklagten in Nürnberg (ihre Porträts sind größtenteils inspiriert von den in Nürnberg angefertigten zeitgenössischen Skizzen des großartigen Karikaturisten David Low). In jeder der nachfolgenden Zeichnungen sind die Leserinnen und Leser aufgefordert, ihre eigenen Schlüsse darüber zu ziehen, wer nun die Plätze wärmt, die zuvor von führenden Nazis besetzt waren. Die Kulisse des Gerichtshofs ist ausdrücklich der Große Saal des Friedenspalastes in Den Haag mit den schönen Buntglasfenstern des Gebäudes, die hinter den Richtern flüchtig zu sehen sind.

Unterhalb des Richterkollegiums und der Anklagebänke, im Parkett des Gerichts, jagen die Strömungen der Geschichte vorwärts. Wie im Bühnenbild für eine Schmierenkomödie ist das Parkett voller Nischen und Türdurchgänge, in denen weitere historische Akteure – und sogar Ereignisse – lauern oder lungern und die Beratungen des oberhalb sitzenden Gerichts prägen. Und verstreut auf dem Boden des Parketts des Gerichts liegen die Folgen, die Trümmer oder das Blut oder die Überbleibsel der sich entfaltenden Geschichte, die ihrerseits ebenfalls die Beratungen des Gerichts prägen.

Es ist diese Landschaft, durch welche Madame Elysé, eine Repräsentantin der deportierten und im Exil lebenden Chagossianer, sich einen Weg bahnt und auf einen Ausgang zusteuert, der sich unterhalb der Richterbank befindet und der sie in das nächste Großkapitel führt, in die nächste Phase, durch 27 Jahre politischer, juristischer und persönlicher Geschichte, immer in Richtung auf das schlussendliche Licht. Auf jedem Bild wendet sie uns den Rücken zu, ein beabsichtigter Anklang an Handala, das zehnjährige palästinensische Flüchtlingskind, eine Figur, die im gesamten Werk des 1987 in London ermordeten palästinensischen Karikaturisten Naji al-Ali immer wieder auftaucht.

Zum Schluss ein Wort zu der Methode, wie ich die fertigen Bilder zustande gebracht habe. Sie sind alle mit einer Zeichenfeder in Tusche ausgeführt, hin und wieder habe ich einen Mundzerstäuber zu Hilfe genommen, dann mit weißer Tusche überzeichnet, die selbst wieder überzeichnet wurde, manchmal mit Tipp-Ex (dem besten Freund des Karikaturisten). Ich wollte bewusst den Eindruck eines Palimpsests erzeugen, eines Schriftstücks, das immer wieder überschrieben wird und dabei die ursprüngliche Botschaft halb verbirgt – ein bisschen wie die Geschichte selbst mit ihrer Vielzahl an Verbrechen und Siegen, und vielleicht auch wie die Geschichte des Völkerrechts.

Aber das ist Erklärung genug. Nun sollen die Zeichnungen die Phantasie beflügeln, allein und geprägt durch Philippes Text, so dass sie ihre eigene Wirkung entfalten können.

SCHLÜSSEL ZU DEN ILLUSTRATIONEN

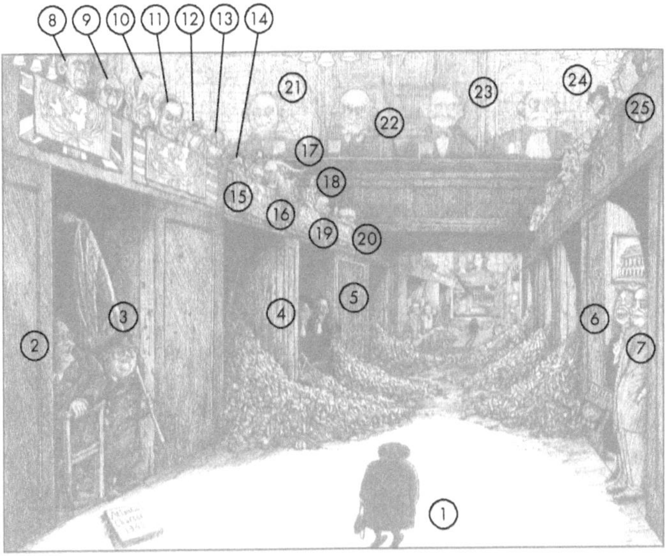

Abbildung 1: 1945 (S. 10–11)
Nach dem Zweiten Weltkrieg – Atlantik-Charta – Charta der Vereinten Nationen – Nürnberg

1. Liseby Elysé
2. Franklin D. Roosevelt
3. Sir Winston Churchill
4. Richter Jin-Hyun Paik
5. Richter Abdulqawi Yusuf
6. Eleanor Roosevelt
7. Ralph Bunche
8. Sir John Rennie
9. Harold Wilson
10. Lyndon B. Johnson
11. Anthony Greenwood
12. Jack Straw
13. Tony Blair
14. David Miliband
15. Barack Obama
16. Donald Trump
17. Jeremy Hunt
18. Theresa May
19. Dominic Raab
20. Boris Johnson
21. Richter Iona Nikitchenko
22. Präsident Sir Geoffrey Lawrence
23. Richter Francis Biddle
24. Richter Henri Donnedieu de Vabres
25. Hermann Göring, Rudolf Heß und andere Angeklagte in Nürnberg

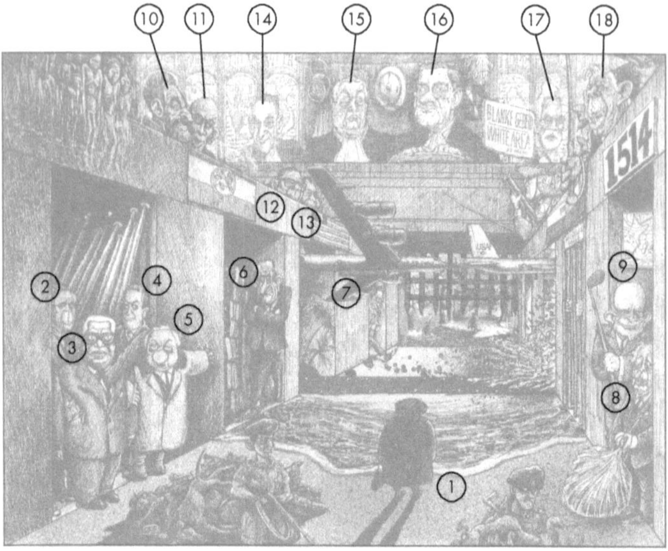

Abbildung 2: 1966 (S. 28–29)
Wind des Wandels – Dekolonisierung – Vietnam – Zwangsdeportation der Chagossianer – Südwestafrika (Äthiopien & Liberia vs. Südafrika)

1. Liseby Elysé
2. Sir Hilary Blood
3. Sir Seewoosagur Ramgoolam
4. Lord Anthony Greenwood
5. Harold Wilson
6. Lyndon B. Johnson
7. Bob Hope
8. Harold Macmillan
9. Dwight D. Eisenhower
10. Haile Selassie
11. Tesfaye Gebre Egzy
12. William Tubman
13. Nathan Barnes
14. Richter Philip Jessup
15. Richter Sir Gerald Fitzmaurice
16. Präsident Sir Percy Spender
17. Richter Sir Zafarullah Khan
18. Hendrik Verwoerd

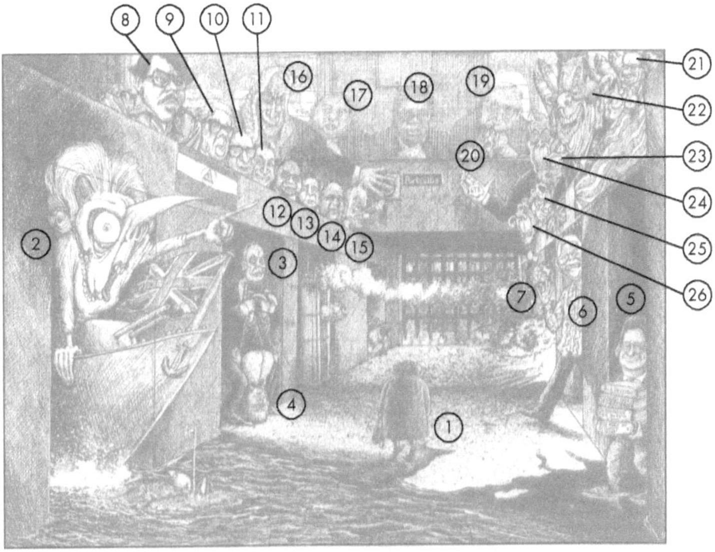

Abbildung 3: 1984 (S. 54–55)
Kalter Krieg – Falklandinseln (Malvinen) – 11. September – Chagos vor den englischen Gerichten – Nicaragua vs. Vereinigte Staaten

1. Liseby Elysé
2. Margaret Thatcher
3. Richter Sir Zafarullah Khan
4. Richter Sir Gerald Fitzmaurice
5. Philippe Sands
6. Nelson Mandela
7. Lord Peter Goldsmith
8. Daniel Ortega
9. Sir Ian Brownlie
10. Louis B. Sohn
11. Abram Chayes
12. Richter Thomas A. Mensah
13. Paul Reichler
14. Olivier Bancoult
15. Robin Cook
16. Lord Leonard Hoffmann
17. Richter Nagendra Singh
18. Richter Taslim Elias
19. Richter Stephen Schwebel
20. Anastasio Somoza Debayle
21. Ronald Reagan
22. Tony Blair
23. Donald Rumsfeld
24. David Miliband
25. Jack Straw

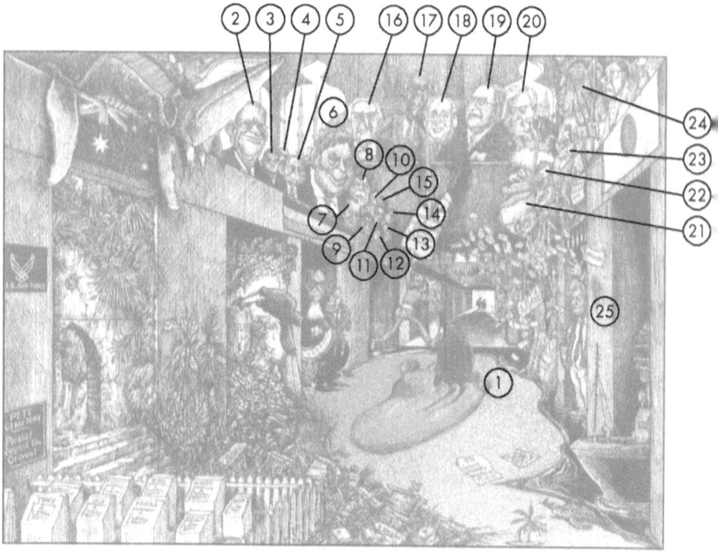

Abbildung 4: 2003 (S. 78–79)
Irak – WikiLeaks – Brexit – Chagos und das Seerecht – Walfang (Australien vs. Japan)

1. Liseby Elysé
2. Navin Ramgoolam
3. Remi Reichhold
4. Douglas Guilfoyle
5. Paul Reichler
6. Richter James Crawford
7. Philippe Sands
8. Elizabeth Wilmshurst
9. Dheerendra Dabee
10. Alison Macdonald
11. Milan Meetarbhan
12. Martine Young Kim Fat
13. Andrew Loewenstein
14. Suresh Seeballuck
15. Aruna Devi Narain
16. Ivan Shearer
17. Richter James Kateka
18. Richter Rüdiger Wolfrum
19. Richter Albert Hoffmann
20. Richter Sir Christopher Greenwood
21. Boris Johnson
22. Dominic Grieve
23. David Miliband
24. Gordon Brown
25. Julian Assange

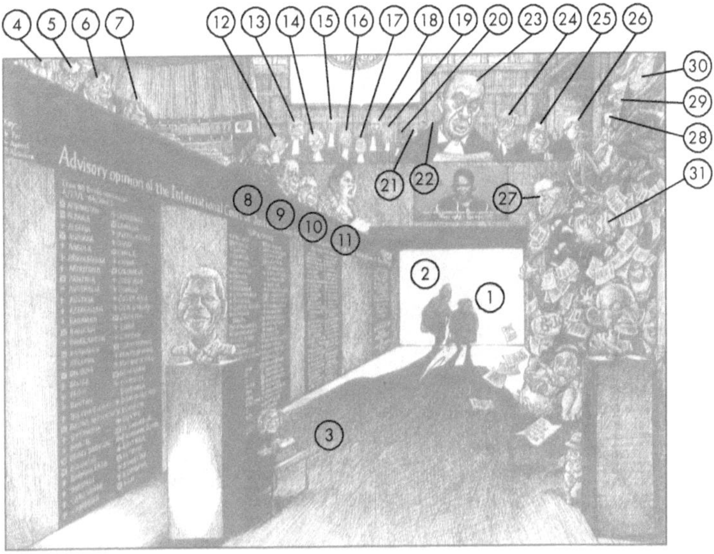

Abbildung 5: 2019 (S. 110–111)
Madame Elysé in Den Haag – Mauritius und das Vereinigte Königreich am IGH – Generalversammlung der Vereinten Nationen – Gesetzloses Großbritannien

1. Liseby Elysé
2. Olivier Bancoult
3. Louise Rands Silva
4. Angela Merkel
5. Emmanuel Macron
6. Xi Jinping
7. Wladimir Putin
8. Jagdish Koonjul
9. Sir Anerood Jugnauth
10. Pravind Jugnauth
11. Namira Negm
12. Richter Yuji Iwasawa
13. Richter Kirill Gevorgian
14. Richter Giorgio Gaja
15. Richter Antônio Cançado Trindade
16. Richter Ronny Abraham
17. Richter Xue Hanqin
18. Richter Peter Tomka
19. Richter Mohamed Bennouna
20. Richter Julia Sebutinde
21. Richter Patrick Robinson
22. Richter Nawaf Salam
23. Präsident Abdulqawi Yusuf
24. Richter Joan Donoghue
25. Richter Dalveer Bhandari
26. Richter Christopher Greenwood
27. Boris Johnson
28. Jeremy Hunt
29. Theresa May
30. Donald Trump
31. Sir Robert Buckland
32. Dame Karen Pierce

Abbildung 6: Epilog (S. 142–143)
Heimkehr

1. Liseby Elysé
2. Marcel Humbert
3. Rosemonde Berthin
4. Suzelle Baptiste
5. Olivier Bancoult

WEITERFÜHRENDE LITERATUR

Sachbücher

Robert Scott: *Limuria. The Lesser Dependencies of Mauritius* (Oxford University Press, 1961)

Richard Edis: *Peak of Limuria. The Story of Diego Garcia and the Chagos Archipelago* (Friends of the Chagos, 2004)

David Vine: *Island of Shame. The Secret History of the U.S. Military Base on Diego Garcia* (Princeton, 2009)

Sandra Evers: *Eviction from the Chagos Islands* (Brill, 2011)

Laura Jeffery: *Chagos Islanders in Mauritius and the UK. Forced Displacement and Onward Migration* (Manchester University Press, 2011)

Stephen Allen: *The Chagos Islanders and International Law* (Hart Publishing, 2014)

Nigel Wenban-Smith und Marina Carter: *Chagos. A History – Exploration, Exploitation, Expulsion* (Chagos Conservation Trust, 2015)

Nando Bodha: *L'Archipel du Chagrin* (Immedia, 2018)

Thomas Bürri und Jamie Trinidad (Hrsg.): *The International Court of Justice and Decolonisation. New Directions from the Chagos Advisory Opinion* (Cambridge, 2021)

Florian Grosset: *The Chagos Betrayal. How Britain Robbed an Island and Made Its People Disappear* (Myriad Editions, 2021) (Comicroman)

Romane

Shenaz Patel: *Die Stille von Chagos*. Aus dem Franz. übers. (Weidle, 2019)

Caroline Laurent: *Rivage de la Colère* (Les Escales, 2020)

Natasha Soobramanien und Luke Williams: *Diego Garcia* (Fitzcarraldo Editions, 2022)

Lyrik

Saradha Soobrayen: »Out of Place, Out of Language, Out of Home« (aus *Crossings. Journal of Migration and Culture*, 2019)

Theater

Adrian Jackson: *A Few Man Fridays* (Oberon Books, 2012)

Dokumentarfilm

John Pilger: *Stealing a Nation* (2004)

ANMERKUNGEN

S. 33 *»Die moderne Welt ist zu der Erkenntnis gelangt«:* Brian Urquhart: *Ralph Bunche. An American Odyssey* (W. W. Norton & Company, 1998), S. 115.

S. 34 *Kapitel XI der UN-Charta:* Vereinte Nationen, UNRIC – Regionales Informationszentrum der Vereinten Nationen: Die Charta der Vereinten Nationen, https://unric.org/de/charta/#kapitel11

S. 34 *»weitreichendste jemals verfasste Erklärung«:* Urquhart, *Ralph Bunche*, S. 121.

S. 34 *Bunche erkannte die Grenzen:* Ralph Bunche: »Trusteeship and Non-Self-Governing Territories in the Charter of the United Nations«, *Department of State Bulletin*, 13 (1945), 1025, auf 1037.

S. 35 *Die Ursprünge von Kapitel XI:* John Stuart Mill: *Betrachtungen über die Repräsentativregierung.* Aus dem Engl. übers., Frankfurt am Main 2013 [die englische Originalausgabe *Considerations on Representative Government* erschien erstmals 1861].

S. 35 *Solche Ideen veranlassten Wladimir Iljitsch Lenin:* Zum ersten Mal veröffentlicht 1914 in der Zeitschrift *Prosweschtschenije* Nr. 4, 5 und 6. Nach *Sämtliche Werke*, Bd. 17, Moskau-Leningrad 1935, S. 537–606.

S. 35 *Einer seiner Vierzehn Punkte:* »President Woodrow Wilson's Speech to the US Congress, ›Fourteen Points‹ (Transcript)« (8. Januar 1918), https://millercenter.org/the-presidency/presidential-speeches/january-8-1918-wilsons-fourteen-points

S. 35 *»Selbstbestimmungsrecht«:* Arnulf Becker Lorca: »Petitioning the International. A ›Pre-History‹ of Self-Determination«, *European Journal of International Law*, 25 (2014), 497, auf 499.

S. 35 *Sie bedrohten die britische Kontrolle:* »The Atlantic Conference & Charter, 1941 (Milestones: 1937–45)« (Office of the Historian, US Department of State), https://history.state.gov/milestones/1937-1945/atlantic-conf, zuletzt aufgerufen am 25. Oktober 2019.

S. 36 *einer »höchst aufgeladenen« Auseinandersetzung:* Theodore A. Wilson: *The First Summit. Roosevelt and Churchill at Placentia Bay 1941* (Macdonald, 1969), S. 122.

S. 37 *Nichtsdestotrotz hoffte Roosevelt:* Ebd., S. 13.

S. 38 *Eine Absichtserklärung:* »The Talk of the Town« [1944], *The New Yorker*, S. 19.

S. 38 *»ihren eigenen Nationalstaat«:* Stefan Oeter: »Self-Determination«, in: B. Simma, D. E. Khan, G. Nolte und A. Paulus (Hrsg.): *The Charter of the United Nations. A Commentary*, 3. Aufl. (Kindle, Oxford University Press, 2012), Paragraph 5.

S. 38 *Nein, versicherte er dem britischen Unterhaus:* Ebd.

S. 38 *Diejenigen, die der Krone Loyalität schuldeten:* HC Deb 9. September 1941, Bd. 374, Sp. 69 (Hansard).

S. 38 *Überall in Afrika bezogen viele:* Bonny Ibhawoh: »Testing the Atlantic Charter. Linking Anticolonialism, Self-Determination and Universal Human Rights«, *International Journal of Human Rights*, 18 (2014), 842.

S. 38 *Verpflichtung zur »Afrikanisierung«:* Bonny Ibhawoh: *Human Rights in Africa* (Cambridge University Press, 2018), S. 130 f. (zit. aus UK National Archives CO 554/133/3, Memorandum der westafrikanischen Pressedelegation an das Vereinigte Königreich zur Atlantik-Charta und zu Britisch-Westafrika, 1. August 1943).

S. 38 *In Südafrika verstand ein junger Nelson Mandela:* Nelson Mandela: *Der lange Weg zur Freiheit.* Aus dem Engl. übers., Frankfurt am Main 1994, S. 136.

S. 39 *»Niemals, niemals, niemals …«:* Daniel Todman: *Britain's War. A New World, 1942–1947* (Allen Lane, 2020), S. 692.

S. 40 *»Für die künftigen kolonialen Probleme«:* James S. Sutterlin: »Interview with Alger Hiss« [1990], United Nations Oral History Project 3, https://digitallibrary.un.org/

record/474711?ln=en, zuletzt aufgerufen am 1. November 2021.

S. 40 *Dieser Mann war Ralph Bunche:* Ebd., 12.

S. 40 *»das wichtigste beratende, politikgestaltende und repräsentative Organ«:* Vereinte Nationen, UNRIC – Regionales Informationszentrum der Vereinten Nationen, https://unric.org/de/un-aufgaben-ziele/frieden-und-sicherheit/

S. 40 *»Gebote der Menschlichkeit«: Application Instituting Proceedings, Corfu Channel Case (UK v Albania)* [1949], Internationaler Gerichtshof [im Folgenden IGH] Beschwerde, Britische Eingabe und Anhänge, 9.

S. 41 *»Gutachten zu jeder Rechtsfrage«:* UN-Menschenrechtsabkommen: Statut des Internationalen Gerichtshofs, Kapitel IV Gutachten, Art. 65,1, https://www.menschenrechtsabkommen.de/statut-des-internationalen-gerichtshofs-1154/

S. 41 *»am härtesten arbeitende Konferenz«:* Urquhart, *Ralph Bunche*, S. 117–119.

S. 41 *Die Worte waren kühn:* Oeter, »Self-Determination«, Paragraph 6.

S. 41 *»Nicht so gut, wie ich es mir gewünscht hätte«:* Urquhart, *Ralph Bunche*, S. 121.

S. 41 *»dass die Interessen der Einwohner« und die nachfolgenden Zitate aus der UN-Charta:* https://unric.org/de/charta/#kapitel13

S. 42 *Das »Lebensraum«-Konzept war brutal:* Der Prozeß gegen die Hauptkriegsverbrecher vor dem Internationalen Militärgerichtshof Nürnberg. 14. November 1945–1. Oktober 1946. Amtlicher Wortlaut in deutscher Sprache [im Folgenden IMT], Hauptverhandlungen. Zweiter Tag. Mittwoch, 21. November 1945. Nachmittagssitzung, http://www.zeno.org/Geschichte/M/Der+Nürnberger+Prozeß/Hauptverhandlungen/Zweiter+Tag.+Mittwoch,+21.+November+1945/Nachmittagssitzung/3.+Verbrechen+gegen+die+Juden%3A

S. 43 *mit der Befugnis, hochrangige NS-Führer*: Statut für den Internationalen Militärgerichtshof (8. August 1945), insb. II. Zuständigkeit und allgemeine Grundsätze, Artikel 6©; in: IMT. Materialien und Dokumente, http://www.zeno.org/Geschichte/M/Der+Nürnberger+Prozeß/Materialien+und+

Dokumente/Einsetzung+des+Gerichtshofs/Statut+für+den+Internationalen+Militärgerichtshof

S.43 *Die Anklagepunkte gegen viele:* IMT. Hauptverhandlungen. Erster Tag. Dienstag, 20. November 1945. Vormittags- und Nachmittagssitzung, http://www.zeno.org/Geschichte/M/Der+Nürnberger+Prozeß/Hauptverhandlungen/Erster+Tag.+Dienstag,+20.+November+1945/Vormittagssitzung, http://www.zeno.org/Geschichte/M/Der+Nürnberger+Prozeß/Hauptverhandlungen/Erster+Tag.+Dienstag,+20.+November+1945/Nachmittagssitzung

S.43 *»Selbstbestimmungsrecht«:* IMT. Hauptverhandlungen. Zweiter Tag. Mittwoch, 21. November 1945. Vormittagssitzung, http://www.zeno.org/Geschichte/M/Der+Nürnberger+Prozeß/Hauptverhandlungen/Zweiter+Tag.+Mittwoch,+21.+November+1945/Vormittagssitzung

S.44 *»Angriffskrieg«:* Ebd.

S.44 *hob auf die Legitimität:* IMT. Hauptverhandlungen. Zwölfter Tag. Dienstag, 4. Dezember 1945, http://www.zeno.org/Geschichte/M/Der+Nürnberger+Prozeß/Hauptverhandlungen/Zwölfter+Tag.+Dienstag,+4.+Dezember+1945/Vormittagssitzung, http://www.zeno.org/Geschichte/M/Der+Nürnberger+Prozeß/Hauptverhandlungen/Zwölfter+Tag.+Dienstag,+4.+Dezember+1945/Nachmittagssitzung

S.44 *Deutschlands Krieg gegen das Empire:* Ebd.

S.45 *Das Genfer Abkommen von 1949:* Genfer Abkommen (IV) über den Schutz von Zivilpersonen in Kriegszeiten (12. August 1949, in Kraft seit 21. Oktober 1950), Artikel 49.

S.45 *Großbritannien unterstützte die Entwicklung aktiv:* Das Vereinigte Königreich unterzeichnete das Abkommen am 8. Dezember 1949 und ratifizierte es am 23. September 1957. »Status of Signatures and Ratifications Geneva Convention (IV) Relative to the Protection of Civilian Persons in Time of War«, https://ihl-databases.icrc

S.45 *war er eine Quelle der Inspiration:* Peter Pan: »The Challenge of University Education«, *Mauritius Times*, 24. Mai 1957.

S.45 *Eines dieser Protokolle:* »Protokoll Nr. 4 zur Konvention zum Schutz der Menschenrechte und Grundfreiheiten, durch das gewisse Rechte und Freiheiten gewährleistet werden, die nicht bereits in der Konvention oder im ersten Zusatzprotokoll enthalten sind« (16. September 1963, in Kraft seit 2. Mai 1968), Artikel 3(1), 4.

S. 46 *Großbritannien hat es nie unterzeichnet:* Chart of Signatures and Ratifications of Treaty 046 (ECHR Protocol 4) (*Europarat*), https://www.coe.int/en/web/conventions/full-list/-/conventions/treaty/046/signatures?p_auth=MZr6nTco, zuletzt aufgerufen am 5. November 2019.

S. 47 *Es hieß zuweilen:* Nigel Wenban-Smith und Marina Carter: *Chagos. A History* (Chagos Conservation Trust, 2016), S. 17 f.; Nigel Wenban-Smith: *Conceicao History* (2021), Notiz in den Unterlagen des Autors.

S. 47 *»Gruppe schwarzer Menschen«:* Bernardo Gomes de Brito: *História Trágico-Marítima. Em que se escrevem chronologicamente os naufrágios que tiverão as naus de Portugal, depois que se poz em exercício a Navegação de India* (1735) (Classic Reprint), Bd. 1 (Forgotten Books, 2018).

S. 48 *Die Versklavten von Peros Banhos:* Peter Burroughs: »The Mauritius Rebellion of 1832 and the Abolition of British Colonial Slavery«, *Journal of Imperial and Commonwealth History*, 4 (1976), S. 243–265.

S. 48 *Es ist nicht leicht:* »Chagos and Peros Banhos« (Emily Grace, 3. Juni 2012), http://mvemilygrace.blogspot.com/2012/06/chagos-and-perosbanhos.html, zuletzt aufgerufen am 3. November 2021.

S. 50 *»Taschentuchparadies«:* Sumathi Ramaswamy: The *Lost Land of Lemuria* (University of California Press, 2004), S. 233 (unter Berufung auf Sir Hilary Blood: »The Peaks of Lemuria«, *Geographical Magazine*, 29:10 [Februar 1957], S. 516–522).

S. 51 *Mein Vater erzählte uns gerne:* Im November 2021 traf ich mich in Crawley mit einem [Cousin] von Liseby, Joseph [Volly], der ein wenig mehr Information über die Familie preisgab (»meine Großeltern wurden auf Peros Banhos geboren, auf Six Îles, unsere Vorfahren kamen aus Mosambik, mein Ururgroßvater, ich glaube, ein Sklave, kam, um in der Kopra-Industrie zu arbeiten. Lisebys Vater arbeitete als

Gärtner, er wusste alles über Heilpflanzen, und er erzählte gerne Geschichten«).

S. 53 *Es gab ein Krankenhaus:* Fernand Mandarin: »Living Memories. A Worker's View of the 1950 s«, in: Nigel Wenban-Smith und Marina Carter: *Chagos. A History* (Chagos Conservation Trust, 2016), S. 422–444. Siehe auch Mary Darlow: »Report by Public Assistance Commissioner and Social Welfare Advisor«, Port Louis, PRO, CO1023/132 (1953).

S. 53 *In dem Lagerhaus:* Fernand Mandarin, unveröffentlichte Erinnerungen, aufgezeichnet von Robert Furlong in Wenban-Smith und Carter, *Chagos*, S. 419.

S. 60 *ein Mann seiner Zeit:* David Lowe: *Australian Between Empires. The Life of Percy Spender* (Routledge, 2010), S. 183 f.

S. 60 *Er verteidigte energisch:* Jean Spender: *Ambassador's Wife* (Angus & Robertson, 1968), S. 114, 136, 143, 152.

S. 60 *Er genoss das Leben:* Ebd., S. 163, 165.

S. 60 *»Neger-Stallburschen«:* Ebd., S. 155.

S. 61 *»Wir alle müssen das als Tatsache akzeptieren«:* Harold Macmillan: »The Wind of Change Speech« (3. Februar 1960), https://web-archives.univ-pau.fr/english/TD2doc1.pdf, zuletzt aufgerufen am 1. November 2021.

S. 61 *In der Generalversammlung:* »Reports of the Special Committee on Information Transmitted under Article 73e of the Charter (1947–1951)«, https://digitallibrary.un.org/search?ln=enas=1m1=ep1=Report+of+the+Special+Committee+on+Information+Transmitted+under+Article+73e+of+the+Charterf1=830op1=am2=ap2=f2=op2=am3=ap3=f3=rm=ln=enaction_search=Searchfti=0sf=yearso=drg=25sc=0c=United+Nations+Digital+Library+System of=hb, zuletzt aufgerufen am 3. November 2021; »Reports of the Committee on Information from Non-Self-Governing Territories (1952–1963)«, 3 November 2021; Jessica Lynne Pearson: »Defending Empire at the United Nations. The Politics of International Colonial Oversight in the Era of Decolonisation«, *Journal of Imperial and Commonwealth History*, 45 (2017), S. 525, 531–533.

S. 61 *Großbritannien hatte nicht vor:* Pearson, »Defending Empire at the United Nations«, 526, unter Berufung auf Alan Burns: *In Defence of Colonies* (George Allen and Unwin, 1957), S. 5.

S. 61 *»umgekehrtem farbigen Vorurteil«:* Ebd.

S. 62 *»globalen Kampfs«:* Pearson, »Defending Empire at the United Nations«, S. 540 f.

S. 62 *Solche Stützpunkte mussten:* »United States Policy Toward Dependent Territories, Paper Prepared by the Colonial Policy Review Sub-Committee of the Committee on Problems of Dependent Areas (26 April 1950) FRUS 1952–54, III UN Affairs 775« (Office of the Historian, US-Außenministerium, 26. April 1950), 1078, https://history.state.gov/historicaldocuments/frus1952-54v03/d775, zuletzt aufgerufen am 5. November 2019.

S. 62 *erklärt, der Kolonialismus sei »ein Übel«:* »Final Communiqué of the Asian-African Conference of Bandung« (24. April 1955), https://www.cvce.eu/en/obj/final_communique_of_the_asian_african_conference_of_bandung_24_april_1955-en-676237bd-72f7-471f-949a-88b6ae513585.html, zuletzt aufgerufen am 3. November 2021.

S. 63 *Präsident Dwight D. Eisenhower verstand:* UNGA [United Nations General Assembly, Generalversammlung der Vereinten Nationen] A_PV-868-EN (15. Tagung, 868. Vollversammlung, Donnerstag, 22. September 1960), 45.

S. 63 *»politische Unabhängigkeit« als Ziel:* UNGA A_PV-877-EN (15. Tagung, 877. Vollversammlung, Donnerstag, 29. September 1960), 225.

S. 63 *Er brachte die Hoffnung zum Ausdruck:* UNGA A_PV-935-EN (15. Tagung, 935. Vollversammlung, Montag, 5. Dezember 1960), 1139, Paragraphen 112–113 (Mr. Aiken).

S. 64 *»Die Unterwerfung von Völkern«:* Resolution der Generalversammlung verabschiedet am 14. Dezember 1960 »1514 (XV) Erklärung über die Gewährung der Unabhängigkeit an koloniale Länder und Völker«, https://www.un.org/depts/german/gv-early/ar1514-xv.pdf

S. 64 *Ein gedemütigter Delegierter:* UNGA A_PV-947-EN (15. Tagung, 947. Vollversammlung, Mittwoch, 14. Dezember 1960), Paragraph 48.

S. 64 *Das US-Außenministerium hoffte:* Ebere Nwaubani: »The United States and the Liquidation of European Colonial Rule in Tropical Africa, 1941–1963«, *Cahiers d'études africaines*, XLIII (2003), S. 505, 528.

S. 65 *eine Tat, welche die Bundesrepublik Deutschland:* Philip Oltermann: »Germany Agrees to Pay Namibia 1.1bn Euros Over Historical Herero-Nama Genocide«, *Guardian*, 28. Mai 2021.

S. 65 *und sie ersuchte die Richter in Den Haag:* James Crawford und Paul Mertensköttter: »The South West Africa Cases (1949 to 1971) (Ch. 11)«, in: Eirik Bjorge und Cameron Miles (Hrsg.): *Landmark Cases in Public International Law*, (Kindle, Hart, 2017), Teil I.

S. 65 f. *Kurz, der Gerichtshof entschied: International Status of South-West Africa (Advisory Opinion)* [1950], ICJ Rep 128, 143 f.

S. 66 *gab der Gerichtshof ein zweites Rechtsgutachten: South-West Africa – Voting Procedure (Advisory Opinion)* [1955], ICJ Rep 67.

S. 66 *ein drittes Rechtsgutachten: Admissibility of Hearings of Petitioners by the Committee on South West Africa (Advisory Opinion)* [1956], ICJ Rep 23, 32.

S. 66 *»ein Ort progressiver Möglichkeiten«:* Crawford und Mertensköttter, »The South West Africa Cases«, Untersektion IV.A.

S. 66 *die beharrliche Missachtung von Entscheidungen: South-West Africa – Voting Procedure (Advisory Opinion)* (Sep Op J. Lauterpacht) [1955], ICJ Rep 90, 120.

S. 66 *Die Generalversammlung griff Lauterpachts Hinweis:* UNGA Res 1142 (XII) (709. Vollversammlung, 25. Oktober 1957) (Legal action to ensure the fulfilment of the obligations assumed by the Union of South Africa in respect of the Territory of South West Africa); UNGA Res 1361 (XIV) (838. Vollversammlung, 17. November 1959) (Legal action to ensure the fulfilment of the obligations assumed by the Union of South Africa in respect of the Territory of South West Africa).

S. 67 *Es versicherte sich der Dienste von:* Michael T. Kaufman:

»Ernest Gross, a Key Diplomat During Cold War, Dies at 92«, *New York Times*, 4. Mai 1999, https://www.nytimes.com/1999/05/04/world/ernest-gross-a-keydiplomat-during-cold-war-dies-at-92.html, zuletzt aufgerufen am 4. November 2021.

S. 67 *Äthiopien folgte dem Beispiel unverzüglich:* Carol A. Johnson: »Conferences of Independent African States«, *International Organization*, 16 (1962), S. 426, 428 f.; siehe auch »Conferences of Independent African States«, https://encyclopedia2.thefreedictionary.com/Conferences+of+Independent+African+States, zuletzt aufgerufen am 4. November 2021.

S. 67 *Liberia und Äthiopien ihre Klagen: South West Africa Cases (Ethiopia v South Africa; Liberia v South Africa) (Preliminary Objections)* [1962], ICJ Rep 319, 322–326.

S. 67 *Sie wollten der Apartheid: Pleadings (Application) South West Africa Cases (Ethiopia v South Africa; Liberia v South Africa)* [1966], ICJ Pleadings 1, Paragraph 4.

S. 67 *die, so argumentierte Südafrika: Pleadings (Respondent's Memorial of Preliminary Objections) South West Africa Cases (Ethiopia v South Africa; Liberia v South Africa) (Preliminary Objections)* [1961], ICJ Pleadings 212, 376 ff.

S. 67 *mit knapper Mehrheit: South West Africa Cases (Ethiopia v South Africa; Liberia v South Africa) (Preliminary Objections)*, 342–344, 347.

S. 67 *Die beiden schrieben gemeinsam: South West Africa Cases (Ethiopia v South Africa; Liberia v South Africa) (Preliminary Objections) (Joint Diss Op J Spender & J Fitzmaurice)* [1966], ICJ Rep 465.

S. 67 *»Wohlergehen und den sozialen Fortschritt«:* Ebd., 466 f.

S. 68 *mit tatkräftiger Unterstützung:* Lowe, *Australian Between Empires*, S. 167.

S. 68 *einer starb, ein anderer wurde krank:* Richter Abdel Hamid Badawi (Ägypten) starb im August 1965; Richter José Bustamante y Rivero (Peru) war krank.

S. 68 *»Meilenweit vor«:* Victor Kattan: »Decolonizing the International Court of Justice. The Experience of Judge Sir Muhammad Zafrulla Khan in the South West Africa Cases«, *Asian Journal of International Law*, 5 (2015), S. 310, 317,

Anm. 34 (zit. aus »The Election of Judges to the International Court of Justice« [streng vertraulich] von W. E. Beckett, 19. Januar 1946, DO 35/1216. TNA).

S. 69 *»fanatisch antikoloniale«:* »Letter to the United Nations Political Department, Foreign Office, from the United Kingdom Delegation to the United Nations, FO 371/112421/255/124 (9 October 1954)«.

S. 69 *Im Jahr 1960 lehnte er: South West Africa Cases (Ethiopia v South Africa; Liberia v South Africa) (Correspondence)* [1960], ICJ Rep 510, 534.

S. 69 *war Spender kaum willkommen:* Lowe, *Australian Between Empires*, S. 175.

S. 69 *»satte Mehrheit«:* Ebd., S. 156.

S. 69 *»Wir werden Ihre Entscheidung«:* Ebd., S. 166, 192.

S. 69 *»äußerst schwer zu beeinflussen«:* Kattan, »Decolonizing the International Court of Justice«, S. 316, Anm. 27, 29 (zit. aus einem vertraulichen Telegramm des Außenministeriums in London an die UN-Delegation des Vereinigten Königreichs, 19. November 1954, unterzeichnet von Kelvin White im Auftrag von P. E. Ramsbotham, in: »Election of the Successor to the Late Sir Benegal Rau as Judge at the ICJ«, 14. Dezember 1954, DO 35/7123 TNA).

S. 70 *»alten Freund«:* Spender, *Ambassador's Wife*, S. 113.

S. 70 *Als Spender zur Schlussausführung des Gerichts kam:* Lowe, *Australian Between Empires*, S. 168 (zit. aus Peter Garran, The Hague, Brief an Sir Roger Alan, 21. Juli 1966, FO371/188151 TNA).

S. 71 *Drei Jahre später hob das Gericht: Barcelona Traction, Light and Power Company, Limited (Belgium v Spain)* [1970], ICJ Rep, 3 Paragraphen 33–36; *Application of the Convention on the Prevention and Punishment of the Crime of Genocide (The Gambia v Myanmar) (23. January 2020) (Prov Measures)* [2020], ICJ Gen List 178 1, Paragraph 41.

S. 71 *»entbehrt[e] jeder [rechtlichen und faktischen] Grundlage«: South West Africa Cases, Second Phase (Diss Op J Jessup)* [1966], ICJ Rep 325.

S. 71 *»Klugheit künftiger Zeiten«:* Ebd.

S. 39 *der ihn tadelte: South West Africa Cases, Second Phase (Declaration J Spender)* 1966, ICJ Rep 51, Paragraph 28.

S. 71 *Manche sahen in der Entscheidung:* James Crawford. »›Dreamers of the Day‹. Australia and the International Court of Justice«, *Melbourne Journal of International Law*, 14 (2013), S. 520, 536.

S. 72 *»Es gab keinen Grund«:* »Ich habe mich nie ausgeschlossen. Es gab keinen Grund, mich auszuschließen. Der Präsident des Gerichts (Sir Percy Spender) war der Ansicht, es sei unangebracht, dass ich in dem Fall als Richter amtiere, da ich einmal als Ad-hoc-Richter für die beschwerdeführenden Staaten (Liberia und Äthiopien) nominiert worden war, obwohl ich in dieser Eigenschaft nicht amtiert hatte. Ich war mit dieser Ansicht absolut nicht einverstanden und nannte dem Präsidenten meine Gründe, die ich nach wie vor für gute Gründe halte. Aber er sagte mir, dass eine große Mehrheit der Richter ihm beipflichte, dass ich in diesem Fall nicht als Richter amtieren solle. So hatte ich keine Wahl.« *Observer* (London, 31. Juli 1966), S. 22.

S. 72 *Viele … waren der Meinung:* Ernest A. Gross: »The South West Africa Case. What Happened?« [1966], *Foreign Affairs*, https://www.foreignaffairs.com/articles/namibia/1966-10-01/south-west-africa-casewhat-happened, zuletzt aufgerufen am 5. November 2019.

S. 72 *Einhundertvierzehn Staaten stimmten:* UNGA Res 2145 (XXI) (1454. Vollversammlung, 27. Oktober 1966) (Südwestafrikafrage).

S. 73 *Die Versammlung änderte:* UNGA Res 2372 (XXII) (1671. Vollversammlung, 12. Juni 1968) (Südwestafrikafrage).

S. 73 *»Alle Völker haben das Recht«:* Internationaler Pakt über bürgerliche und politische Rechte (verabschiedet am 16. Dezember 1966, in Kraft seit 23. März 1976), 999 UNTS 14668, Artikel 1.

S. 73 *Spender schied aus:* Crawford und Mertenskötter, »The South West Africa Cases«, Teil V.

S. 75 *»bestimmter kleiner Inseln«:* David Vine: *Island of Shame. The Secret History of the U. S. Military Base on Diego Garcia* (Princeton University Press, 2009), S. 71–76.

S. 75 *»Strategic Island Concept«:* Ebd., S. 56–63. Barbers Sohn schrieb: »[Mein Vater] wusste nicht (...), was mit den Insulanern geschah. Er gehörte sogar zu jenen, denen das Märchen aufgetischt wurde, dass es auf Diego Garcia, abgesehen von einer kleinen Anzahl nichtansässiger Vertragsarbeiter auf den Plantagen, keine Bevölkerung gebe (...). Er war schockiert über die Gefühllosigkeit und Grausamkeit, mit der diese Evakuierungen durchgeführt wurden. Nachdem der Schaden angerichtet war, hielt er es für unerlässlich, dass die Regierungen der USA und Großbritanniens beträchtliche Reparationen leisteten«: Richard Barber: »›Island of Shame‹. An Exchange on Diego Garcia«, *New York Review of Books* (2009), https://www.nybooks.com/articles/2009/0702/island-of-shame-an-exchange-on-diego-garcia/, zuletzt aufgerufen am 10. November 2021.

S. 75 *»Wir haben die Macht«:* UK Foreign Office, Colonial Office and Ministry of Defence: »US Defence Interests in the Indian Ocean, D.O. (O)(64)23, FCO 31/3437 (23. April 1964)«, Paragraphen 8 und 11.

S. 76 *»die Maurier vor vollendete Tatsachen«:* Ebd., Paragraphen 11–12.

S. 77 *Die Briten erkannten Chagos:* Robert Newton: »Report on the Anglo-American Survey in the Indian Ocean«, CO 1036/1332 (1964), Paragraphen 48, 49, 60, 67.

S. 77 *»so schnell wie möglich«:* Jonathan Coleman: »Harold Wilson, Lyndon Johnson and the Vietnam War, 1964–68« (American Studies Today Online, 7. Dezember 2004), http://www.americansc.org.uk/online/Wilsonjohnson.htm, zuletzt aufgerufen am 10. November 2021.

S. 77 *»großzügiger Entschädigung«:* »Telegram from the Foreign Office to Washington, No 3582, FO 371/184523« (30. April 1965), Paragraph 3.

S. 78 *»Der Premierminister möchte daher vielleicht ...«:* »UK Colonial Office: ›Note for the Prime Minister's Meeting with Sir Seewoosagur Ramgoolam, Premier of Mauritius' PREM 13/3320« (22. September 1965), 1, 5.

S. 79 *»Inakzeptabel«:* »United Kingdom: ›Record of a Meeting Held in Lancaster House at 2.30 p.m. on Thursday 23rd

September: Mauritius Defence Matters‹ CO 1036/1253« (23. September 1965), Paragraph 3.

S. 79 *Die Briten willigten ein:* Ebd., Paragraph 22.

S. 79 *wurden Briten und Amerikaner informiert:* »United Kingdom, ›Record of UK–US Talks on Defence Facilities in the Indian Ocean‹, FO 371/184529 (23–24 September 1965)« (23. September 1965); »Summary Record of ›Plenary‹ Meeting between the United Kingdom and United States Officials (Led by Mr. Kitchen), Mr. Peck in the Chair on 24 September 1965«.

S. 80 *gab Großbritannien die Entscheidung bekannt:* »UK Colonial Office, ›Mauritius Constitutional Conference Report‹ (24 September 1965)«, Paragraph 20.

S. 80 *»möglichst bald«:* »UK Foreign Office, ›Minute from Secretary of State for the Colonies to the Prime Minister‹, FO 371/184529 (5 November 1965)«, Paragraphen 5–6.

S. 80 *»uns dem zusätzlichen Vorwurf«:* Ebd., Paragraphen 6–9.

S. 81 *»Taktik abzustimmen«:* »Telegram from the UK Foreign Office to the UK Mission to the UN, No 4310, FO 371/184529 (6 November 1965)«, Paragraph 5; »Telegram from the UK Foreign Office to the UK Mission to the UN, No 4327 (8 November 1965)«, Paragraph 2(h).

S. 81 *»keine dauerhaften Bewohner«:* »Telegram from the UK Mission to the UN to the UK Foreign Office, No 2837 (8 November 1965)«, Paragraph 4.

S. 81 *»Wir trennen diese Inseln ab«: Chagos Islanders v Attorney General & HM BIOT Commissioner* [2003], EWHC 222 (QB) [70] (Ouseley J).

S. 82 *»rechtlich oder im Prinzip nichts falsch«:* UK Foreign Office, »Minute Written by Anthony Aust, FO Legal Adviser (23 Oct 1968)«; UK Foreign Office, »Minute ›Immigration Legislation for BIOT‹ (Anthony Aust, FO Legal Adviser) (16 Jan 1970)«.

S. 82 *Die UN-Generalversammlung verabschiedete rasch:* UNGA Res 2066 (XX) (1398. Vollversammlung, 16. Dezember 1965) (Question of Mauritius).

S. 82 *Ein Jahr später folgte eine zweite Resolution:* UNGA Res

2232 (XXI) (1500. Vollversammlung, 20. Dezember 1966) (Question of American Samoa, Antigua, Bahamas, Bermuda, British Virgin Islands, Grenada, Guam, Mauritius, Montserrat, New Hebrides, Niue, Pitcairn, St. Helena, St. Kitts-Nevis-Anguilla, St. Lucia, St. Vincent, Seychelles, Salomon Islands, Tokelau Islands, Turks and Caicos Islands, and the United States Virgin Islands).

S. 83 *Sie wurde ebenfalls nicht beachtet:* UNGA Res 2357 (XXII) (1641. Vollversammlung, 19. Dezember 1967) (Question of American Samoa, Antigua, Bahamas, Bermuda, British Virgin Islands, Grenada, Guam, Mauritius, Montserrat, New Hebrides, Niue, Pitcairn, St. Helena, St. Kitts-Nevis-Anguilla, St. Lucia, St. Vincent, Seychelles, Salomon Islands, Tokelau Islands, Turks and Caicos Islands, and the United States Virgin Islands).

S. 84 *»heiligen Auftrag«:* Charta der Vereinten Nationen (26. Juni 1945, in Kraft seit 24. Oktober 1945), 59 Stat 1031, Artikel 73 (Kapitel XI); https://unric.org/de/charta/#kapitel11

S. 84 *»sehr hart«:* »Diplomatic Cable Signed by D. A. Greenhill (24. Aug 1966)«, https://commons.wikimedia.org/wiki/File:Diplomatic_Cable_signed_by_D.A._Greenhill,_dated_August_24,_1966; jpg, zuletzt aufgerufen am 12. November 2021.

S. 84 f. *»mitsamt den Vögeln«:* ebd.

S. 85 *im Anschluss an eine Entscheidung:* David Snoxell: »Denis Healey and the Chagos Archipelago«, *Guardian*, 8. Oktober 2015 (Brief); David Snoxell: »Anglo/American Complicity in the Removal of the Inhabitants of the Chagos Islands, 1964–73«, *Journal of Imperial and Colonial History*, 37 (2009), S. 127–134.

S. 85 *Jahre später trafen einige, die deportiert worden waren:* Laura Jeffery: *Chagos Islanders in Mauritius and the UK. Forced Displacement and Onward Migration* (Manchester University Press, 2011), S. 95–108.

S. 85 *»verlangte nur die Räumung von Diego Garcia«; »Sie hatten keine Einwände dagegen«:* M. W. Hewitt and W. A. Ward, Hochkommissar von Mauritius, 4. Dezember 1980, FO 119 von FCO-Akte 31/2770.

S. 86 *etwa 1500 Menschen:* Richard Gifford und Richard Dunne: »A Dispossessed People. The Depopulation of the Chagos Archipelago 1965–1973«, *Population Space and Place*, 20 (2014), S. 37–49.

S. 86 *Als diese Lösung scheiterte:* Vine, *Island of Shame*, S. 113 f.

S. 86 *»verschrumpelten, knochigen«:* Geoffrey Trease: *This Is Your Century* (Heinemann, 1965), S. 300.

S. 86 *»Am Ende setzt das Kind meist seinen Kopf durch:* Ebd., S. 306.

S. 87 *John Rawling Todd:* »British Indian Ocean Territory (Chronology)«, https://www.worldstatesmen.org/Br_Indian_Ocean_Terr.html, zuletzt aufgerufen am 12. November 2021.

S. 89 *MS Nordvær:* »Stamps of the British Indian Ocean Territory« (5. Dezember 2008), https://shipstamps.co.uk/forum/viewtopic.php?t=6422, zuletzt aufgerufen am 12. November 2021.

S. 89 *Von der Regierung von Mauritius:* Gespräch mit Joseph Bertrand, 24. November 2021.

S. 98 *Clyde Ferguson:* »UNESCO Statement on Race and Racial Prejudice«, *Current Anthropology*, 9 (1978), S. 270.

S. 99 *»Nicaragua bringt Klage gegen die USA«:* Stuart Taylor Jr: »Nicaragua Takes Case Against U.S. to World Court«, *New York Times* (10. April 1984), https://www.nytimes.com/1984/04/10/world/nicaragua-takes-case-against-us-toworld-court.html?searchResultPosition=9, zuletzt aufgerufen am 10. November 2021.

S. 99 f. *»nicht im Rahmen der Aufgaben«:* Mary Thornton: »In the World Court«, *Washington Post* (7. Dezember 1984), https://www.washingtonpost.com/archive/politics/1984/12/07/in-the-world-court/f9398029-8e4b-47b2-bf80-d82d2572fe19/, zuletzt aufgerufen am 12. November 2021.

S. 100 *Die beiden gründeten ihre eigene Kanzlei:* Ebd.

S. 100 *die Rede, die der mauritische Premierminister Anerood Jugnauth:* »An dieser Stelle möchte ich gerne bei einem Thema verweilen, das die vitalen Interessen von Mauritius berührt; ich meine die mauritianische Forderung nach Souveränität über den Chagos-Archipel, die in Verstoß gegen die Resolutionen 1514 (XV) und 2066 (XX) der Generalversammlung durch die damalige Kolonialmacht vom Territorium von Mauritius aus ausgeübt wurde. Diese Zerstückelung mauritianischen Territoriums, die Verletzung unserer territorialen Integrität, ist umso inakzeptabler gemacht worden durch die Tatsache, dass eine der Inseln genau dieses Archipels, Diego García, heute eine ausgewachsene Nuklearbasis ist, die ein ständige Bedrohung für die Sicherheit von Mauritius und aller Küsten- und Binnenstaaten des Indischen Ozeans darstellt, ausgerechnet des Ozeans, der 1971 von dieser Versammlung zur Friedenszone erklärt worden ist.« »Verbatim Record of the 34th Meeting, 37th Session, General Assembly, Friday, 15 October 1982«, 641, Paragraph 68, https://digitallibrary.un.org/record/36935/files/A_37_PV.34-EN.pdf, zuletzt aufgerufen am 12. November 2021 (Jugnauth).

S. 101 *»Muss unbedingt weg«:* Vine, *Island of Shame*, S. 111 (zit. aus dem Memorandum für den Stellvertretenden Chef der Marineoperationen [Pläne und Strategie], 24. März 1971).

S. 102 *Die* Washington Post *brachte eine Reportage:* David Ottaway: »Islanders Were Evicted for U. S. Base«, *Washington Post*, 9. September 1975; siehe auch »Diego Garcia. The Islanders that Britain Sold«, *Sunday Times*, 21 September 1975.

S. 102 *Ein Bericht der Minority Rights Group:* John Madeley: Diego Garcia. A Contrast to the Falklands, Minority Rights Group, Report Nr. 54, August 1982, überabeitet im Februar 1985.

S. 103 *Der Sicherheitsrat hatte Südafrika aufgefordert:* UNSC Res 264 (1969), Paragraph 3; UNSC Res 269 (1969), Paragraph 5.

S. 103 *Der Sicherheitsrat wies Staaten an:* UNSC Res 264 (1969), Paragraph 7; UNSC Res 269 (1969), Paragraph 7.

S. 103 *Die Zusammensetzung des Internationalen Gerichtshofs: Legal Consequences for States of the Continued Presence of South Africa in Namibia (South West Africa) Notwithstanding Security Council Resolution 276 (1970) (Advisory Opinion)* [1971], ICJ Rep 16, 16.

S. 104 *Die Entscheidung des Gerichts:* Ebd., Paragraph 105.

S. 104 *Eine weitere Resolution, 2145 (XXI):* Ebd., Paragraph 106.

S. 104 *Mit großer Mehrheit:* Ebd., Paragraphen 131, 133.

S. 104 *»eine Verweigerung«: Legal Consequences for States of the Continued Presence of South Africa in Namibia (South West Africa) Notwithstanding Security Council Resolution 276 (1970) (Advisory Opinion) (Declaration J Khan)* [1971], ICJ Rep 59, 63.

S. 104 *des langatmigen, verärgerten Sondervotums von Fitzmaurice: Legal Consequences for States of the Continued Presence of South Africa in Namibia (South West Africa) Notwithstanding Security Council Resolution 276 (1970) (Advisory Opinion) (Diss Op J Fitzmaurice)* [1971], ICJ Rep 208, 220–224, 308.

S. 104 *»humanitären Ansichten«:* Ebd., Paragraphen 91, 105.

S. 105 *»natürliche Verdrehtheit«: Tyrer v UK (Sep Op J Fitzmaurice)* App No 5856/72 (ECtHR, 25 Apr 1978), Paragraph 12.

S. 106 *Mit den neuen Regeln gingen:* Tulio Treves: »The United Nations Convention on the Law of the Sea« (UN Audiovisual Library of International Law), https://legal.un.org/avl/ha/uncls/uncls.html, zuletzt aufgerufen am 12. November 2021. Seerechtsübereinkommen der Vereinten Nationen (am 16. November 1994 in Kraft getreten), Amtsblatt Nr. L 179 vom 23/06/1998, S. 0003–0134, https://eur-lex.europa.eu/legal-content/DE/TXT/?uri=CELEX:21998A0623(01)

S. 106 *»Interessen des Kolonialismus«:* »Third U. N. Conference on the Law of the Sea (A/CONF.62/SR.60) (60th Plenary Meeting, 6 Apr 1976)«, 24, Paragraph 26 (LAI Ya-Lo, China).

S. 106 *Namibia trat dem Übereinkommen:* Seerechtsübereinkommen der Vereinten Nationen (am 16. November 1994 in Kraft getreten), Amtsblatt Nr. L 179 vom 23/06/1998, S. 0003–0134, Artikel 305–07, https://eur-lex.europa.eu/legal-content/DE/TXT/?uri=CELEX:21998A0623(01)

S. 107 *Kuba machte klar:* »Third U. N. Conference on the Law of the Sea (A/CONF.62/SR.61) (61st Plenary Meeting, 6 Apr 1976)«, 35, Paragraph 55 (D'Stefano Pissani, Kuba); »Third United Nations Conference on the Law of the

Sea (A/CONF.62/SR.62) (62nd Plenary Meeting, 7 Apr 1976)«, 38–39, Paragraph 36 (Ballah, Trinidad & Tobago).

S. 107 *Madagaskar wollte einen neuen Gerichtshof:* »Third U.N. Conference on the Law of the Sea (A/CONF.62/SR.61) (61st Plenary Meeting, 6 Apr 1976)«, (Anm. 139) 34, Paragraph 44 (Ranjeva, Madagaskar).

S. 107 *ebenso Nigeria:* Ebd., 35, Paragraph 59 (Adeniji, Nigeria).

S. 107 *Mauritius schlug für jeden Streitfall:* »Third U.N. Conference on the Law of the Sea (A/CONF.62/SR.62) (62nd Plenary Meeting, 7 Apr 1976)«, (Anm. 139) 37, Paragraph 12 (Gayan, Mauritius).

S. 107 *»die Bestrebungen«:* Ebd., 39, Paragraph 46 (Locato, Ecuador).

S. 107 *»einer größeren Rolle«:* »Third U.N. Conference on the Law of the Sea (A/CONF.62/SR.63) (63rd Plenary Meeting, 8 Apr 1976)«, 44, Paragraph 3 (Akrum, Surinam).

S. 107 *Bangladesch und Indonesien:* »Third U.N. Conference on the Law of the Sea (A/CONF.62/SR.62) (62nd Plenary Meeting, 7 Apr 1976)«, (Anm. 139) 41, Paragraph 65 (Rashid, Bangladesch), 72 (Jusuf, Indonesien).

S. 107 *wie Syrien:* »Third U.N. Conference on the Law of the Sea (A/CONF.62/SR.63) (63rd Plenary Meeting, 8 Apr 1976)«, (n. 144) 45, para 14 (Sibahi, Syria).

S. 107 *und die Vereinigten Arabischen Emirate:* »Third U.N. Conference on the Law of the Sea (A/CONF.62/SR.64) (64th Plenary Meeting, 9 Apr 1976)«, 49, Paragraph 28 (Al-Mour, UAE).

S. 107 *Irland äußerte Zweifel:* Ebd., 47, Paragraph 9 (Costello, Ireland).

S. 109 *Im Juli 1979 wurden die Somozas: Military and Paramilitary Activities in and against Nicaragua (Nicaragua v US) (Merits)* [1986], ICJ Rep 14, Paragraphen 18–25.

S. 109 *Präsident Reagan verhängte:* Ebd., Paragraphen 75–125.

S. 109 *Im Herbst 1983 bestand das Hauptziel darin:* Paul S. Reichler: »Holding America to Its Own Best Standards. Abe Chayes and Nicaragua in the World Court«, *Harvard International Law Journal*, 42 (2001), S. 15, 22.

S. 109 *»als gesetzestreue Nation«:* Ebd., S. 23.

S. 110 *Viele meinten, Nicaragua habe:* Ebd., S. 24.

S. 110 *»unmissverständlich«:* Reichler, »Holding America«.

S. 110 *Im April 1984 reichte Nicaragua:* Robert Kolb: »Military and Paramilitary Activities in and against Nicaragua (Nicaragua v. United States) (1984 to 1986) (Ch. 15)«, in: Eirik Bjorge und Cameron Miles (Hrsg.): *Landmark Cases in Public International Law* (Kindle, Hart, 2017), s. II.

S. 110 *Im Mai 1984 verfügte der Internationale Gerichtshof: Military and Paramilitary Activities in and against Nicaragua (Nicaragua v US) (Provisional Measures)* [1984], ICJ Rep 169; Augusto Zamora: »La Haya. Un Juicio para La Historia« [1991], *Envío*, https://www.envio.org.ni/articulo/682, zuletzt aufgerufen am 12. November 2021.

S. 111 *Die USA reagierten: Military and Paramilitary Activities in and against Nicaragua (Nicaragua v US) (Merits)* [1986], ICJ Rep 14, Paragraph 10.

S. 111 *Das State Department behauptete:* Bernard Weinraub: »U. S. Limits Its Role at Court in Hague«, *New York Times* (8. Oktober 1985), S. 5.

S. 111 *plädierte für eine weite Auslegung:* W. Michael Reisman: »Coercion and Self-Determination. Construing Article 2(4)«, *American Journal of International Law*, 78 (1984), S. 642.

S. 111 *»Volkswille«:* Ebd., S. 644.

S. 111 *»Stärkung«:* Ebd., S. 643 f.

S. 112 *»gesunden Menschenverstand vergewaltigen«:* Ebd., S. 645.

S. 112 *Sie wiesen das US-Argument: Military and Paramilitary Activities in and against Nicaragua (Nicaragua v US) (Merits)* [1986], ICJ Rep 14, Paragraph 292. Im September 1991, nach der Entscheidung Nicaraguas, das Verfahren nicht fortzuführen, wird der Fall geschlossen. *Military and Paramilitary Activities in and Against Nicaragua (Nicaragua v United States) (Discontinuance/Removal from List)* [1991], ICJ Rep 47.

S. 113 *»in Verfolgung«:* Ebd.

S. 113 *»Was eine Kolonie ist«: Military and Paramilitary Activities in and against Nicaragua (Nicaragua v US) (Merits) (Diss Op J Schwebel)* [1986], ICJ Rep 259, Paragraph 180.

S. 114 *»Verlust der Souveränität«:* »U.K. House of Commons, Written Answers. Foreign and Commonwealth Affairs – Indian Ocean, FCO 31/3836 (21 Oct. 1975)«, 130; »United Kingdom, Anglo/US Consultations on the Indian Ocean. November 1975-Agenda Item III, Brief No. 4: Future of Aldabra, Farquar and Desroches, FCO 40/687 (Nov. 1975)«, Paragraph 2(a).

S. 114 *weitere 650000 britische Pfund:* Mauritius-Brief von Premierminister Sir S. Ramgoolam an die Britische Hohe Kommission, Port Louis, 4. September 1972.

S. 116 *Um eine Zahlung zu erhalten:* Vereinbarung betreffend die *îlois* vom Chagos-Archipel (7. Juli 1982, in Kraft seit 28. Oktober 1982), 1316 UNTS 21924.

S. 116 *ein UN-Menschenrechtsgremium:* UN-Menschenrechtskommission, Arbeitsgruppe für Minderheiten der Unterkommission für die Förderung und den Schutz der Menschenrechte: Bericht über den Besuch der Arbeitsgruppe auf Mauritius, Untersuchung möglicher Lösungen für Probleme Minderheiten betreffend, darunter die Förderung beidseitigen Verständnisses zwischen und innerhalb von Minderheiten und Regierungen, U.N. Doc. E/CN.4/Sub.2/AC.5/2002/2 (3. April 2002), Paragraph 37.

S. 116 *Zur Rechtfertigung ihres Vorgehens:* Denzil Dunnett: »Self-Determination and the Falklands«, *International Affairs* (Royal Institute of International Affairs), 59 (1983), S. 415 f.

S. 117 *würde die britische Regierung sogar eine Abhandlung:* »2010 to 2015 Government Policy. Falkland Islanders' Right to Self-Determination (Policy Paper) (Updated 8 May 2015)«, https://www.gov.uk/government/publications/2010-to-2015-government-policy-falklandislanders-right-to-self-determination/2010-to-2015-government-policyfalkland-islanders-right-to-self-determination, zuletzt aufgerufen am 14. November 2021.

S. 117 *Olivier Bancoult … begann:* Olivier Bancoult: »The Historic Legal Battle of the Chagossians to Return to Their Homeland, the Chagos Islands, and to Be Compensated for Their Deportation. A Narrative«, *South Africa Yearbook of International Law*, 29 (2014), S. 21.

S. 117 *Die Macht, Regeln für: R (on the application of Bancoult) v Secretary of State for the Foreign and Commonwealth Office* [2001], Q.B. 1067, Paragraph 5.

S. 119 *»Verarmung und Vertreibung«: Chagos Islanders v Attorney General & HM British Indian Ocean Commissioner* [2004], EWCA Civ 997.

S. 120 *keineswegs »unsinnig« … Her Majesty in Council sei »berechtigt«: R (On The Application of Bancoult No 2) v Secretary of State For Foreign and Commonwealth Affairs* [2008], UKHL 61, Paragraphen 45, 49 (Lord Hoffmann).

S. 120 *Lord Bingham verfasste ein eindringliches Minderheitsvotum:* Ebd., Paragraph 72 (Lord Bingham).

S. 121 *mit der Begründung, dass: Chagos Islanders v UK (admissibility)*, App No. 35622/04 (ECtHR [EGMR], 11. Dezember 2012), Paragraphen 77–83.

S. 121 *»nicht justiziable politische«: Olivier Bancoult et al v Robert McNamara et al*, US Court of Appeals, D.C. Circuit, 21. April 2006.

S. 122 *»unveräußerliches Recht auf Menschenwürde«:* »Nelson Mandela's Inaugural Speech (Pretoria, 11 May 1994)«, https://www.africa.upenn.edu/Articles_Gen/Inaugural_Speech_17984.html, zuletzt aufgerufen am 13. November 2021.

S. 122 *Die Vertragsstaaten des Übereinkommens über die Biologische Vielfalt:* »Decision of Conference of the Parties to the Convention on Biological Diversity (UNEP/CBD/COP/DEC/VII/5) (13 Apr 2004) (Marine and Coastal Diversity)«, Paragraphen 10–31, https://www.cbd.int/doc/decisions/cop-07/cop-07-dec-05-en.pdf, zuletzt aufgerufen am 12. November 2021.

S. 122 *Der Sicherheitsrat schuf … im ehemaligen Jugoslawien:* UNSC Res 827 (1993); deutscher Text: https://www.un.org/depts/german/sr/sr_93/sr827.html

S. 122 *und in Ruanda:* UNSC Res 955 (1994).

S. 123 *»Vertreibung oder zwangsweise Überführung«:* Römisches Statut des Internationalen Strafgerichtshofs. Amtliche Übersetzung. Angenommen am 17. Juli 1998 auf der Diplomatischen Bevollmächtigtenkonferenz der Vereinten Nationen zur Errichtung eines Internationalen Strafgerichtshofs. Artikel 7 »Verbrechen gegen die Menschlichkeit«, 1(d), https://www.un.org/depts/german/internatrecht/roemstat1.html#T27

S. 123 *»dass es die Pflicht eines jeden Staates«:* Ebd., Präambel.

S. 123 *Doch das Gericht erkannte auch an: Legality of the Threat or Use of Nuclear Weapons* (Rechtsgutachten) [1996], ICJ Rep 226, Paragraph 29; *Pleadings Legality of the Threat or Use of Nuclear Weapons (written submissions of the United Kingdom)* [1995], ICJ Pleadings 1, 61–64.

S. 123 *Als der Anwalt für Samoa: Pleadings Legality of the Threat or Use of Nuclear Weapons (Verbatim Record 3 Nov 1995, CR 95/31) (Samoa's Submissions)* [1995], ICJ Pleadings 1, 36.

S. 124 *Spanien behielt ein paar Exlaven:* Ceuta und Melilla.

S. 124 *zwei Inseln standen noch unter französischer Herrschaft:* Réunion und Mayotte.

S. 124 *»Im Jahr 2001 fand eine 15-tägige Demonstration …«:* »Interview of David Raymond Snoxell by Malcolm McBain« (19. November 2007), 38, https://www.chu.cam.ac.uk/media/uploads/fi les/Snoxell.pdf, zuletzt aufgerufen am 13. November 2021.

S. 124 *»Bauchrednerpuppen«:* Ebd., 40.

S. 125 *Die US-Reaktion:* Philippe Sands: *Torture Team* (Weidenfeld & Nicolson, 2008).

S. 125 *»Entgegen früherer«:* Mark Tran: »Miliband Admits US Rendition Flights Stopped on UK Soil«, *Guardian* (21. Februar 2008), https://www.theguardian.com/world/2008/feb/21/ciarendition.usa, zuletzt aufgerufen am 12. November 2021.

S. 125 *Im Jahr 2015 bestätigte ein hochrangiger Beamter:* Ian Cobain: »CIA Interrogated Suspects on Diego Garcia, Says Colin Powell Aide«, *Guardian* (30. Januar 2015), https://www.theguardian.com/world/2015/jan/30/ciainterrogation-diego-garcia-lawrence-wilkerson, zuletzt aufgerufen am 12. November 2021.

S. 126 *Die Frage blieb ungeklärt:* Matt Dathan: »Diego Garcia Rendition Flight Logs ›Destroyed‹, *The Times* (10. Juli 2014), https://www.thetimes.co.uk/article/diego-garcia-rendition-flight-logs-destroyed-7pq0n0smcj0, zuletzt aufgerufen am 6. Mai 2022.

S. 126 *Missbilligte das Versagen der britischen Aufsicht:* UK House of Commons Foreign Affairs Committee: »Seventh Report of Session 2007–08 (Overseas Territories) (HC 147-I)« (18. Juni 2008), Paragraph 4, https://publications.parliament.uk/pa/cm200708/cmselect/cmfaff/147/147i.pdf, zuletzt aufgerufen am 12. November 2021.

S. 126 *Der Geheimdienst-Sonderausschuss des US-Senats:* »The Use of Diego Garcia for Rendition (Foreign Affairs Committee)« (britisches Parlament, 19. Juni 2014), Paragraph 15, https://publications.parliament.uk/pa/cm201415/cmselect/cmfaff/377/37704.htm#n15, zuletzt aufgerufen am 12. November 2021.

S. 126 *Zufällig geschah es während dieser Zeit:* Laura Jeffrey: »How a plantation became paradise. Changing representations of the homeland among displaced Chagossian islanders«, 13 *Journal of the Royal Anthropological Institute* 951, auf 969 (2007).

S. 126 *Brownlie verfasste ein ausführliches Memorandum:* Ian Brownlie: »Certain Questions Relating to the Status of the Chagos Archipelago. Together with Advice on Options Available to the Government of Mauritius (Opinion, 15 Dec 2003)«, 69 (in den Unterlagen des Autors).

S. 127 *Etwa um diese Zeit gab das Gericht ein Rechtsgutachten: Legal Consequences of the Construction of a Wall in the Occupied Palestinian Territory (Advisory Opinion)* [2004], ICJ Rep 136 Paragraphen 88, 123.

S. 127 *dass Großbritannien zwar die Zuständigkeit des Internationalen Gerichtshofs anerkenne:* »House of Commons – Written Ministerial Statements [6 July 2004] Parliamentary Under-Secretary of State for Foreign and Commonwealth Affairs (Mr. Bill Rammell), Column 33WS«, https://publications.parliament.uk/pa/cm200304/cmhansrd/vo040706/wmstext/40706m02.htm, zuletzt aufgerufen am 12. November 2021; »Declaration of the UK Accepting the Jurisdiction of the ICJ as Compulsory (Art 36(2) ICJ Statute)«

(22. Februar 2017), https://www.icj-cij.org/en/declarations/gb, zuletzt aufgerufen am 12. November 2021.

S. 127 *»Mauritius erwägt«: Weekend* (27. Juni 2004); *Le Mauricien* (28. Juni 2004).

S. 127 *wo er das britische Außenministerium zu einer Änderung:* »Declaration of the UK Accepting the Jurisdiction of the ICJ as Compulsory (Art 36(2) ICJ Statute)« (22. Februar 2017), https://www.icj-cij.org/en/declarations/gb, zuletzt aufgerufen am 12. November 2021, Paragraph 1(ii).

S. 128 *»Die Regierung hat gehandelt«:* »House of Commons – Written Ministerial Statements [6. Juli 2004] Parliamentary Under-Secretary of State for Foreign and Commonwealth Affairs (Mr. Bill Rammell), Column 33WS«, https://publications.parliament.uk/pa/cm200304/cmhansrd/vo040706/wmstext/40706m02.htm, zuletzt aufgerufen am 12. November 2021.

S. 133 *Viele der Flugzeuge:* Rebecca Grant: »Iraqi Freedom and the Air Force«, *Air Force Magazine*, März 2013, S. 38.

S. 133 *Jagdish Koonjul … erklärte vor dem Rat:* »Security Council Holds First Debate on Iraq Since Start of Military Action; Speakers Call for Halt to Aggression, Immediate Withdrawal (Press Release, SC/7705)« (26. März 2003), https://www.un.org/press/en/2003/sc7705.doc.htm, zuletzt aufgerufen am 14. November 2021.

S. 133 *brachte die Londoner* Times *einen Beitrag:* Christopher Greenwood QC: »Britain's War on Saddam Had the Law on its Side«, *The Times* (22. Oktober 2003); auch verfügbar in *Yearbook of Islamic & Middle Eastern Law Online*, Bd. 9, S. 29.

S. 134 f. *Der »sicherste legale Kurs«:* Philippe Sands: *Lawless World. America and the Making and Breaking of Global Rules* (Penguin, 2006), S. 264.

S. 135 *»des zweiten Kronanwalts, zweier Beamter«:* Ebd., S. 260.

S. 135 *und die nachfolgende Autorisierung:* UK House of Commons Foreign Affairs Committee: »Seventh Report of Session 2007–08 (Overseas Territories) (HC 147-I)« (18. Juni 2008), 346; »The Use of Diego Garcia for Rendition (Foreign Affairs Committee)« (britisches Parlament, 19. Juni

2014), Paragraph 15, https://publications.parliament.uk/pa/cm201415/cmselect/cmfaff/377/37704.htm#n15, zuletzt aufgerufen am 12. November 2021.

S. 140 *Eine Arbeitsgruppe für Minderheiten äußerte Bedenken:* UN-Menschenrechtskommission, Arbeitsgruppe für Minderheiten der Unterkommission für die Förderung und den Schutz der Menschenrechte: Bericht über den Besuch der Arbeitsgruppe auf Mauritius, Untersuchung möglicher Lösungen für Probleme Minderheiten betreffend, darunter die Förderung beidseitigen Verständnisses zwischen und innerhalb von Minderheiten und Regierungen, U.N. Doc. E/CN.4/Sub.2/AC.5/2002/2 (3. April 2002), Paragraphen 45–55.

S. 140 *Der Menschenrechtsausschuss empfahl:* Erörterung von Berichten, vorgelegt durch das Vereinigte Königreich gemäß Artikel 40 der UN-Satzung (CCPR/C/GBR/CO/6) (30. Juli 2008), Paragraph 22.

S. 140 *Der Ausschuss gegen Rassendiskriminierung empfahl:* Ausschuss gegen Rassendiskriminierung: Anschließende Bemerkungen, CERD/C/GBR/CO/18–20 (14. September 2011), Paragraph 12.

S. 140 *»die Macht, das Schicksal dieser Menschen …«:* G. Le Clézio: »Lavez l'injustice faite aux Chagossiens«, *Le Monde* (17. Oktober 2009), https://www.lemonde.fr/idees/article/2009/10/17/lavez-l-injustice-faite-aux-chagossiens-par-jean marie-g-le-clezio_1255254_3232.html, zuletzt aufgerufen am 14. November 2021.

S. 141 *Mr. Miliband kündigte an, dass:* Paul Rincon: »UK Sets up Chagos Islands Marine Reserve«, *BBC News* (1. April 2010), http://news.bbc.co.uk/2/mobile/science/nature/8599125.stm, zuletzt aufgerufen am 15. November 2021.

S. 142 *Ein »historischer Sieg«:* »One Year On: The World's Largest Marine Reserve« (Chagos Conservation Trust, 10. Juni 2010), https://chagos-trust.org/news/one-year-on-the-worlds-largest-marine-reserve, zuletzt aufgerufen am 16. November 2021.

S. 145 *Von besonderem Interesse war eine Depesche aus dem Jahr 2009:* »HMG Floats Proposal for Marine Reserve Covering the Chagos Archipelago (British Indian Ocean Territory) (15 May 2009)« (WikiLeaks), https://wikileaks.org/plusd/cables/09LONDON1156_a.html, zuletzt aufgerufen am 17. November 2019.

S. 145 *Der Vorschlag würde keine Schwierigkeiten:* »HMG Floats Proposal for Marine Reserve«, US-Telegramm vom 15. Mai 2009, Paragraph 7, verfügbar auf https://www.theguardian.com/world/us-embassy-cables-documents/207149. Beim Kreuzverhör im späteren Gerichtsverfahren akzeptierte Mr. Roberts, es sei wahrscheinlich, dass er sich dahingehend geäußert habe, dass es außer auf Diego Garcia keinen menschlichen Fußabdruck im Chagos-Archipel geben dürfe, aber er bestritt, im Zusammenhang mit den Chagossianern den Ausdruck »Freitag« verwendet zu haben: *R (on the application of Bancoult) v Secretary of State for Foreign and Commonwealth Affairs* [2013], EWHC 1502 (Admin) (11. Juni 2013), Paragraph 59.

S. 145 *Das Dokument legte den Schluss nahe:* Ebd., Paragraph 7.

S. 146 *Der Prozess förderte eine Fülle: R (on the Application of Bancoult No 3) v Secretary of State for Foreign and Commonwealth Affairs* [2018], UKSC 3.

S. 146 *»schwer verärgert«:* E-Mail von einem Anwalt in dem Verfahren, 2. Februar 2021 (in den Unterlagen des Autors).

S. 146 *Das Wirtschaftsprüfungsunternehmen KPMG:* KPMG: »Feasibility Study for the Resettlement of the British Indian Ocean Territory« (31. Januar 2015), 84 ff., https://www.gov.uk/government/speeches/policy-review-ofresettlement-of-the-british-indian-ocean-territory, zuletzt aufgerufen am 16. November 2021.

S. 147 *aus Gründen der »Durchführbarkeit«:* »HC Deb 17 Nov 2016, Vol 617 (Hansard)«, https://hansard.parliament.uk/commons/2016-11-17/debates/DF14B27E-3DEF-4D46-917D-33E93DDD0C5C/ChagosIslands, zuletzt aufgerufen am 16. November 2021.

S. 147 *ist Bancoult No. 5 in der Revision: R (on the application of Hoareau and Bancoult No 5) v Secretary of State for Foreign and Commonwealth Affairs* [2020], EWCA Civ 1010; siehe auch Chris Monaghan: »Challenging the United

Kingdom's Decision Not to Support the Resettlement of the Chagos Islands: R *(on the application of Hoareau and Bancoult No 5) v Secretary of State for Foreign and Commonwealth Affairs* [2020], EWCA Civ 1010 (2021), 26, Judicial Rev 62.

S. 147 *»Gegenwärtig gibt es keinen funktionierenden«:* Kate McQue: »£40 m for Islanders Exiled from British Territory Goes Unspent«, *Guardian* (3. Mai 2020), https://www.theguardian.com/world/2020/may/03/40m-for-islandersexiled-from-british-territory-goes-unspent, zuletzt aufgerufen am 16. November 2021.

S. 148 *In einer früheren Phase: Application of the International Convention on the Elimination of All Forms of Racial Discrimination (Georgia v Russia) (Provisional Measures)* 2011], ICJ Rep 353.

S. 148 *die Mehrheit befand, dass Georgien es versäumt habe: Application of the International Convention on the Elimination of All Forms of Racial Discrimination (Georgia v Russia) (Preliminary Objections)* [2011], ICJ Rep 70, Paragraphen 148–184.

S. 149 *Richter Greenwood schloss sich der Mehrheitsentscheidung an:* Ebd., 323.

S. 149 *Die abweichenden Richter beklagten:* Ebd., *Joint Diss Op J Owada, Simma, Abraham & Donoghue, & J Ad Hoc Gaja* [2011], ICJ Rep 142, Paragraph 12.

S. 152 *Er berief sich auf eine von Thomas Mensah: Chagos Marine Protected Area Arbitration (Mauritius v UK) (reasoned decision on challenge of arbitrator Greenwood)* [2011], PCA 1, Paragraph 77 (von Richter Mensah abgegebene Erklärung anführend).

S. 152 *Die britische Regierung stützte sich auf Stellungnahmen:* Ebd., Paragraphen 91, 164 (von den Richtern Higgins und Guillaume abgegebene Erklärungen anführend).

S. 152 *»Warum sollte dieses Gericht sich mit einem geringeren Grad«: Pleadings Chagos MPA Arbitration (Mauritius v UK) (Transcript Hearing 4 Oct 2011 on challenge to J Greenwood).*

S. 152 *Nachdem die vier Schiedsrichter: Chagos Marine Protected*

Area Arbitration (Mauritius v UK) (reasoned decision on challenge of arbitrator Greenwood), Paragraphen 166–183.

S. 154 *»Wir hegen keine Zweifel«: Pleadings Chagos MPA Arbitration (Mauritius v UK) (Transcript Hearing day 2 on Jurisdiction & Merits)* [2014] 2 PCA 71, 40.

S. 155 *»Ich bin selbst Taucher«:* Ebd., 48.

S. 155 *Sie ignorierte die Anweisung:* Ebd. *(Transcript Hearing day 11 on Jurisdiction & Merits)* [2014], 11 PCA 1233, 1318.

S. 155 *dem die herkulische Aufgabe oblag:* Ebd. *(Transcript Hearing day 8 on Jurisdiction & Merits)* [2014], 8 PCA 910, 929.

S. 155 *Richter Greenwood steuerte mit chirurgischer Präzision:* Ebd., 980–985.

S. 159 *gebe es »beunruhigende Ähnlichkeiten«: Chagos Marine Protected Area Arbitration (Mauritius v UK) (Dissenting and Concurring Opinion of Judges Kateka and Wolfrum)*, Paragraph 91.

S. 161 *im* Gabčíkovo-Nagymaros-*Fall: Gabčíkovo-Nagymaros Project (Hungary/Slovakia)* [1997], ICJ Rep 7, Paragraphen 136–147.

S. 161 *Im Jahr 2010 hatte Argentinien im Pulp-Mills-Fall:* Das Gericht verwies Fragen der Auswirkung auf die Umwelt auf die »im September 2006 auf Ersuchen der Internationalen Finanz-Corporation erstellte Studie über die Gesamtfolgen«. *Case Concerning Pulp Mills on the River Uruguay (Argentina v Uruguay* [2010], ICJ Rep 14, Paragraphen 210–214.

S. 162 *eines ausgezeichneten Kreuzverhörs durch den Generalstaatsanwalt: Pleadings (hearing CR 2013/14) Whaling in the Antarctic (Australia v Japan, New Zealand intervening)* [2013], ICJ Pleadings 1, 23–48.

S. 168 *Was Boris Johnson nicht erwähnte:* Pressemitteilung, Britische Hochkommission, Mauritius, 23. Februar 2017.

S. 168 *Er verschwieg den Druck:* Kate McQue und Mark Townsend: »Windrush Scandal Continues as Chagos Islanders Are Pressed to ›Go Back‹«, *Guardian* (28. Juli 2019), https://www.theguardian.com/world/2019/jul/28/windrush-scandal-continues-in-crawley-as-chagosislanders-told-go-back, zuletzt aufgerufen am 17. November 2021.

S. 168 *Im März kündigte die britische Regierung:* Pressemitteilung, Britische Hochkommission, Mauritius, 31. März 2017.

S. 169 *Unterstützt wurden sie:* E-Mail, 25. Mai 2017 (in den Unterlagen des Autors).

S. 170 *Meldungen gingen ein:* E-Mail, 1. Juni 2017 (in den Unterlagen des Autors).

S. 172 *Eine Woche vor der Abstimmung brachte die Republik Kongo:* »Ersuchen der [UN-Generalversammlung] um eine gutachterliche Stellungnahme des Internationalen Gerichtshofs zu den Rechtsfolgen der Trennung des Chagos-Archipels von Mauritius im Jahr 1965« (A/71/L.73) (15. Juni 2017).

S. 173 *»Die Austragung der Ausstellung«:* Fotografie, Juni 2017 (in den Unterlagen des Autors).

S. 174 *Großbritannien warnte, die Generalversammlung werde:* »United Kingdom Note Verbale No.357/2017«.

S. 175 *»des halb kenianischen Präsidenten«:* Sewell Chan: »Boris Johnson's Essay on Obama and Churchill Touches Nerve Online«, *New York Times* (22. April 2016), https://www.nytimes.com/2016/04/23/world/europe/boris-johnson-the-sun-brexit.html, zuletzt aufgerufen am 17. November 2021; Anushka Ashtana und Ben Quinn: »London Mayor under Fire for Remark about ›part-Kenyan‹ Barack Obama«, *Guardian*, https://www.theguardian.com/politics/2016/apr/22/boris-johnson-barack-obamakenyan-eu-referendum, zuletzt aufgerufen am 17. November 2021.

S. 181 *Am Morgen des 22. Juni 2017:* »General Assembly Adopts Resolution Seeking International Court's Advisory Opinion on Pre-Independence Separation of Chagos Archipelago from Mauritius (Press Release) (GA/11924, 22 Jun 2017)«, https://www.un.org/press/en/2017/ga11924.doc.htm, zuletzt aufgerufen amd 17. November 2021; das Video von der Sitzung ist verfügbar auf *The General Assembly Adopts a Resolution Seeking the International Court's Advisory Opinion on Pre-Independence Separation of the Chagos Archipelago from Mauritius, at 88th Plenary of the Seventy-First Session (22 Jun 2017)*, https://www.unmultimedia.org/avlibrary/asset/1916/1916290/, zuletzt aufgerufen am 17. November 2017.

S. 182 *Er sprach nüchtern: The General Assembly Adopts a Resolution Seeking the International Court's Advisory Opinion on Pre-Independence Separation of the Chagos Archipelago from Mauritius, at 88th Plenary of the Seventy-First Session (22 Jun 2017)*, 36'08«.

S. 186 *intervenierten die Vereinigten Staaten:* »EM, Gonzalo Gallegos, Senior Advisor, Western Hemisphere Affairs, US Mission to the UN, Monday November 13, 2017, 11.14 a.m«.

S. 187 *bis zum fünften Wahlgang:* Syed Akbaruddin: *India vs UK. The Story of An Unprecedented Diplomatic Win* (Harper Collins India, 2021), S. 129; *Security Council, General Assembly, Elect Four Judges to International Court of Justice at 8092nd and 8093rd Meetings (9 Nov 2017)*, https://www.unmultimedia.org/avlibrary/asset/2034/2034719/, zuletzt aufgerufen am 17. November 2021; *The Security Council, Meeting Twice Today Independently from but Concurrently with the General Assembly, Elected Four Candidates to the International Court of Justice for Nine-Year Terms, Beginning on 6 February 2018 (9 Nov 2017)*, https://www.unmultimedia.org/avlibrary/asset/2033/2033019/, zuletzt aufgerufen am 17. November 2021.

S. 187 *Großbritanniens Ständiger Vertreter:* Brief, 15. November 2017 (in den Unterlagen des Autors).

S. 187 *schlug London die Bestellung:* Artikel 12 des IGH-Statuts schreibt einen Mechanismus fest, dessen Ziel es ist, ein Patt im normalen Wahlverfahren der Richter für den IGH – nach drei Wahlgängen – zu überwinden, auf den aber noch nie zurückgegriffen worden ist; Bardo Fassbender: »Article 12«, in: Andreas Zimmermann, Christian Tomuschat und Karin Oellers-Frahm (Hrsg.): *The Statute of the International Court of Justice: A Commentary*, 3. Aufl. (Kindle, Oxford University Press, 2012), Paragraphen 1–5; Statute of the International Court of Justice (26. Juni 1945) 33 UNTS 993 Article 12; Statut des Internationalen Gerichtshofs: https://www.menschenrechtsabkommen.de/statut-des-internationalen-gerichtshofs-1154/; Ständiger Internationaler Gerichtshof (StIGH; Völkerbund, 16. Dezember 1920, abgeändert 1929), Artikel 12.

S. 187 *Die Idee scheiterte:* Akbaruddin, *India vs UK*, S. 140.

S. 188 *Über den Verlust des britischen Richters:* UK Parliament, Foreign Affairs Committee (Auswärtiger Ausschuss im britischen Unterhaus): »Loss of ICJ Judge Is a Failure of UK Diplomacy«, https://committees.parliament.uk/committee/78/foreign-affairs-committee/news/103324/loss-of-icj-judge-is-a-failure-of-uk-diplomacy/, zuletzt aufgerufen am 17. November 2021; Owen Bowcott: »No British Judge on World Court for First Time in Its 71-Year History«, *Guardian*, https://www.theguardian.com/law/2017/nov/20/no-british-judge-on-world-court-for-first-time-in-its-71-year-history, zuletzt aufgerufen am 17. November 2021.

S. 188 *Mag man eine verlorene Abstimmung:* »Ein Elternteil zu verlieren kann man ja noch als Unglück ansehen – aber gleich beide, das ist doch etwas nachlässig.« Oscar Wilde: *Bunbury oder Ernst sein ist alles.* Deutsch von Peter Thorberg (Deutscher Theaterverlag), S. 20.

S. 197 *ein französischer Freund, der oft vor dem Gerichtshof erscheint:* Alain Pellet: »The Role of the International Lawyer in International Litigation (Ch. 9)«, in: Chanaka Wickremasinghe u. a. (Hrsg.): *The International Lawyer as Practitioner* (British Institute of International and Comparative Law, 2000), S. 147–149.

S. 200 *»eine der brutalsten und grausamsten«:* Abdulqawi Ahmed Yusuf: »Foreword«, in: Elena Carpanelli und Tullio Scovazzi: *Legal and Political Aspects of Italian Colonialism in Somalia* (Giappichelli, 2020); E-Mail Yusuf an den Autor, 24. April 2021.

S. 200 *»Kein Land möchte«: Pleadings (hearing CR 2018/20) Legal Consequences of the Separation of the Chagos Archipelago from Mauritius in 1965* [2018], IGH-Plädoyers 1, 71.

S. 201 *»Es geht um echte Menschen«:* Ebd., 75.

S. 202 *so erkannte Mr. Buckland: Pleadings (hearing CR 2018/21) Legal Consequences of the Separation of the Chagos Archipelago from Mauritius in 1965* [2018], IGH-Plädoyers 1, 61.

S. 204 *»Tausende zwangsvertriebener Menschen«:* IGH, Wortprotokolle, CR 2018/22, S. 9, 4. September 2018 (Ms. De Wet).

S. 204 *Und so ging es:* Die mündlichen Erklärungen sind verfügbar auf https://www.icj-cij.org/en/case/169/oral-proceedings.

S. 206 *»Nicht ein einziger Staat«:* IGH, Wortprotokolle, CR 2018/27, S. 30, 6. September 2018 (Ms. Negm).

S. 207 *Im Chagos-Fall war eine knappe Mehrheit:* 24 weiße, 7 Schwarze, 6 hispanische, 4 asiatische, 2 arabische Personen.

S. 207 *Die Beratung nach der Anhörung:* Nach der mündlichen Phase treffen sich die Richter vertraulich zu einem vorbereitenden Meinungsaustausch. Der Präsident legt eine schriftliche Liste mit Themen vor, die nach seinem Dafürhalten in der endgültigen Entscheidung angesprochen werden sollten. Die Richter können dazu Kommentare äußern und Änderungen vorschlagen. Danach verfasst jeder Richter einen Aktenvermerk mit vorläufigen Ansichten darüber, wie der Fall gerichtlich entschieden werden sollte. Diese Aktenvermerke werden dem gesamten Richterkollegium zugänglich gemacht. Nach diesen ersten Schritten finden Beratungen statt mit Blick darauf, die Gesamtsubstanz des Schlussurteils zu formulieren. Erst nach diesen Beratungen wird ein aus drei (oder mehr, sollte das Gericht das beschließen) Richtern bestehender Entwurfsausschuss gebildet. Der Entwurfsausschuss lässt einen vertraulichen Urteilsentwurf zirkulieren, bezüglich dessen der Rest des Richterkollegiums Kommentare abgeben kann. Der Entwurf bekommt eine »erste Lesung« bei mehreren vertraulichen Treffen: Jeder Paragraph wird besprochen, um zu entscheiden, ob er so bleiben kann oder abgeändert werden soll. Der revidierte Urteilsentwurf durchläuft dasselbe Verfahren, bevor er eine »zweite Lesung« bekommt, nach welcher eine Schlussabstimmung vorgenommen wird. Diese Abstimmung wird in den rechtswirksamen Teil des Urteils aufgenommen. Richter dürfen Separate Gutachten (*separate opinions*) oder Abweichende Gutachten (*dissenting opinions*) anhängen. *Handbook of the International Court of Justice* (United Nations, 2016), S. 71 f., https://legal.un.org/avl/pdf/rs/other_resources/manuel_en.pdf, zuletzt aufgerufen am 17. November

2021; deutscher Text: https://www.mun-sh.de/tools/files/files/mun-sh/2018/handbuch/Internationaler%20Gerichts hof.pdf

S. 212 *Er las Paragraph 6 der Resolution vor:* https://www.un.org/depts/german/gv-early/ar1514-xv.pdf

S. 216 *Über die Entscheidung des Internationalen Gerichtshofs:* »Mauritius: UN Top Court Tells UK to End Rule of Chagos Islands ›Rapidly‹«, *All Africa* (25. Februar 2019), https://allafrica.com/stories/201902260553.html, zuletzt aufgerufen am 17. November 2021; »UN Court Says Britain Should ›Rapidly‹ Give Up Chagos Islands«, *Al Jazeera* (25. Februar 2019), https://www.aljazeera.com/news/2019/2/25/un-court-says-britain-shouldrapidly-give-up-chagos-islands, zuletzt aufgerufen am 17. November 2021; »UN: Britain Should ›Rapidly‹ Give Up Chagos Islands«, *Voice of America* (25. Februar 2019), https://www.voanews.com/a/un-britain-shouldrapidly-give-up-chagos-islands/4803217.html, zuletzt aufgerufen am 17. November 2021; Owen Bowcott: »UN Court Rejects UK's Claim of Sovereignty over Chagos Islands«, *Guardian* (25. Februar 2019), https://www.theguardian.com/world/2019/feb/25/un-court-rejects-uk-claim-tosovereignty-over-chagos-islands, zuletzt aufgerufen am 17. November 2021; »Chagos Archipelago Dispute: ICJ Rules against UK, Advises Rapid Decolonisation of Mauritian Islands«, *India TV News* (25. Februar 2019), https://www.indiatvnews.com/news/world-chagos-archipelago-dispute-icj-rulesagainst-uk-advises-rapid-decolonisation-of-mauritian-islands-506303, zuletzt aufgerufen am 17. November 2021; »U.K. Should Hand over Chagos Islands to Mauritius: ICJ«, *The Hindu* (25. Februar 2019), https://www.thehindu.com/news/international/uk-should-hand-over-chagos-islands to-mauritius-icj/article26367827.ece, zuletzt aufgerufen am 18. November 2021; »UN Demands UK Withdrawing Colonial Administration from Chagos Archipelago«, *Xinhua Net* (23. Mai 2019), http://www.xinhuanet.com/english/2019-05/23/c_138081226.htm, zuletzt aufgerufen am 18 November 2021; »Humiliation for Britain as UN Demands It Ends Rule of Chagos Islands in Six Months«, *South China Morning Post* (23. Mai 2019), https://www.scmp.com/news/world/europe/article/3011410/stinging-defeat-britain-un-demands-it-ends-rule-chagos-islands, zuletzt aufgerufen am 18. November 2021; »›Historic Moment to Bring End to Colonialism‹: UN Court Says UK Illegally Occupied Chagos Islands«, *Russia Today* (25. Februar 2019), https://www.rt.com/news/452400-icj-uk-chagos-decision/, zuletzt aufgerufen am 18. November 2021; »World Court – Britain Must Return Indian Ocean Islands to Mauritius«, *Reuters* (25. Februar 2019), https://www.reuters.com/article/uk-britain-mauritius-worldcourt-idUKKCN1QE1WX, zuletzt aufgerufen am 20. November 2021; »U.N. Court Tells Britain to End Control of Chagos Islands, Home to U.S. Air Base«, *New York Times* (25. Februar 2019), https://www.nytimes.com/2019/02/25/world/asia/britain-mauritius chagos-islands.html, zuletzt aufgerufen am 20. November 2021.

S. 217 *ein Staatssekretär dem Parlament mitteilte:* »HL Deb 26 Feb 2019, Vol 796 (Hansard)«, https://hansard.parliament.uk/lords/2019-02-26/debates/1F356B7D-4220-404C-A9F3-C44834DFC8F0/ChagosArchipelago, zuletzt aufgerufen am 20. November 2021.

S. 218 *»Das Vereinigte Königreich respektiert den IGH«:* »British Indian Ocean Territory Statement Made by Sir Alan Duncan (30 April 2019) (Written Questions, Answers and Statements, UK Parliament)«, https://questions-statements.parliament.uk/written-statements/detail/2019-04-30/HCWS1528, zuletzt aufgerufen am 20. November 2021.

S. 218 *Der Anführer der oppositionellen: Owen Bowcott:* »Corbyn Condemns May's Defiance of Chagos Islands Ruling«, *Guardian* (1. Mai 2019), https://www.theguardian.com/world/2019/may/01/corbyn-condemns-maysdefiance-of-chagos-islands-ruling, zuletzt aufgerufen am 20. November 2021.

S. 220 *Als Dritter sprach Premierminister Jugnauth: UNGA Debate 22 May 2019, Request for an Advisory Opinion of the International Court of Justice on the Legal Conse-*

quences of the Separation of the Chagos Archipelago from Mauritius in 1965 (General Assembly: 83rd Plenary Meeting, 73rd Session) ab 38'40«, vor allem bei 56'00, https://media.un.org/en/asset/k18/k186t870d0, zuletzt aufgerufen am 20. November 2021 (Premierminister Jugnauth, Mauritius).

S. 222 *Der Ton der Machtverschiebung:* UNGA Res 73/295 (Rechtsgutachten des Internationalen Gerichtshofs zu den Rechtsfolgen der Trennung des Chagos-Archipels von Mauritius im Jahr 1965) (2019).

S. 223 *Großbritannien engagiere sich nachdrücklich: UNGA Debate 22 May 2019, Request for an Advisory Opinion of the International Court of Justice on the Legal Consequences of the Separation of the Chagos Archipelago from Mauritius in 1965 (General Assembly: 83rd Plenary Meeting, 73rd Session)*, 2'50'30«. (Ständige Vertreterin Karen Pierce, Vereinigtes Königreich).

S. 230 »*Das Vereinigte Königreich hegt keinen Zweifel«:* Brief der Ständigen Vertreterin des Vereinigten Königreichs bei den UN an den UN-Generalsekretär vom 28. September 2021, UN doc A/76/368, 1. Oktober 2021.

S. 234 *Ohne eine Lizenz von Port Louis:* https://www.sure.io; Mauritius, Gesetz zur Informations- und Kommunikationstechnologie von 2001, Teil VI.

S. 234 *Sportsbet.io, eine Wettfirma:* »Sportsbet.io Website«, https://sportsbet.io/sports, zuletzt aufgerufen am 21. November 2021.

S. 234 *Die Prägeanstalt Pobjoy Mint:* »Sea Creatures: Clown Triggerfish – 2021 Unc. Coloured Cupro Nickel Diamond Finish 50p Coin – BIOT«, https://www.pobjoy.com/us/sea-creatures-clown-triggerfish-2021-unc-cupronickel-diamond-finish-50p-coin-biot, zuletzt aufgerufen am 21. November 2021.

S. 234 *Die angesehene Zoological Society of London:* »UK Overseas Territory – Chagos Archipelago (Zoological Society of London)«, https://www.zsl.org/regions/uk-overseas-territories/chagos-archipelago, zuletzt aufgerufen am 21. November 2021.

S. 234 *MRAG, ein bescheidenes britisches Unternehmen:* »Scientific and Technical Advice for the Management of Maritime Waters in British Indian Overseas Territory (BIOT) (MRAG)«, https://mrag.co.uk/experience/scientific-and-technical-advice-management-maritime-waters-british indian-overseas, zuletzt aufgerufen am 21. November 2021.

S. 235 *immer häufiger und nachdrücklicher:* Human Rights Watch erarbeitet zurzeit einen Bericht.

S. 235 *Doch der Vorwurf erfährt Rückendeckung:* Entscheidung gemäß Artikel 15 des Römischen Statuts über die Bewilligung einer Untersuchung der Situation in der Volksrepublik Bangladesch/Republik der Union Myanmar, ICC-01/19–27, 14. November 2019.

S. 235 f. *Präsident Bidens Beteuerung:* »Remarks by President Biden on America's Place in the World«, The White House (4. Februar 2021), https://www.whitehouse.gov/briefing-room/speeches-remarks/2021/02/04/remarks-by-president-biden-on-americas-place-in-the-world/

S. 236 *ein Knüppel, um auf Russland:* Resolution 68/262 der UN-Generalversammlung (»Territoriale Unversehrtheit der Ukraine«), 27. März 2014.

S. 236 *und China (weil es eine internationale Entscheidung …):* Schiedsverfahren Südchinesisches Meer, Republik der Philippinen vs. Volksrepublik China, Urteilsspruch vom 12. Juli 2016, https://pcacases.com/web/sendAttach/2086

S. 236 *Ein erster Schritt bestand darin:* »United Nations Map Marks Chagos Islands as Mauritian Territory« (Chagos support.org), https://www.chagossupport.org.uk/post/2020/06/29/united-nations-mapmarks-chagos-islands-as-mauri tian-territory, zuletzt aufgerufen am 20 November 2021.

S. 236 *Die Ernährungs- und Landwirtschaftsorganisation:* Nach seinem Austritt aus der EU, am 1. Januar 2021, erlaubten die UN dem Vereinigten Königreich nicht, das Abkommen als Küstenstaat zu ratifizieren (Dokumente in den Unterlagen des Autors).

S. 236 *Der Weltpostverein:* »UPU Adopts UN Resolution on Chagos Archipelago (Press Release) (25 Aug 2021)« (Weltpostverein), https://www.upu.int/en/Press-Release/2021/Press-release-UPUadopts-UN-resolution-on-Chagos-Archipelago; Alex Chaplin: »How a Territorial Dispute Made the Universal Postal Union Declare Stamps Illegal«, 135, *American Philatelist* (2021), S. 1098–1105.

S. 237 *Man spricht hier vom »Währungsgold-Grundsatz«: Monetary Gold Removed from Rome in 1943 (Italy v France, United Kingdom and United States of America)*, 1954, ICJ Reports 19.

S. 237 *Der ISGH verwarf das Argument: Dispute concerning delimitation of the maritime boundary between Mauritius and Maldives in the Indian Ocean (Mauritius/Maldives) (Preliminary Objections)* [2021], ITLOS Rep 1, Paragraph 246.

S. 237 *für Großbritannien »keine Rechtskraft«:* »British Indian Ocean Territory Questions for Ministry of Defence (3 Feb 2021) (Written Questions, Answers and Statements, UK Parliament) (J Heappey)«, https://questions-statements.parliament.uk/written-questions/detail/2021-02-03/148829, zuletzt aufgerufen am 20. November 2021.

S. 249 *Im November 2022:* Statement by Secretary of State for Foreign, Commonwealth and Development Affairs to UK Parliament, 3. November 2022, Statement UIN HCWS354; Statement by Prime Minister Pravind Jugnauth to National Assembly, 3. November 2022, *Hansard*, S. 19–20; Human Rights Watch, »That's When the Nightmare Started«: The UK and US Forced Displacement of the Chagossians and Ongoing Colonial Crimes, 15. Februar 2023.

REGISTER